ROLE MODELS AND SCAPEGOATS

なぜ富裕層は嫌われるのか？

成功者への社会的嫉妬のメカニズム

総合教育出版

「The Rich in Public Opinion は、今後数年間、このテーマに関するスタンダードとなる参考文献となるはずです。」
LIBERTARIAN BOOK REVIEWS

「この本を読むと…資本主義の美徳に関する実証的な証拠が得られるとともに、貴方の成功に繋がることでしょう。本書の価値は疑い得ないものであり、言論空間に多大な貢献をしています。貴方が政治と政策に関する賢明な受容者であるなら、今すぐ購入して読了することをお勧めします。」
THE ECONOMIC STANDARD

「金持ちに対する偏見と嫉妬に関する最初の国際研究です。」

ドイツを代表するニュースマガジン、DER SPIEGEL

●本書について

マイノリティに対する偏見に関する学術的な研究は、ユダヤ人、黒人、性的マイノリティなど、さまざまな集団に焦点が当てられてきた。また、階級差別の研究の文脈で、貧しい人々に対する偏見に関する研究も増えてきている。一方、あるマイノリティに関する偏見、つまり富裕層に関する偏見についてはほとんど調査されていない。

富裕層や超富裕層が世間の批判の的になることが多くなっている。歴史上しばしばそうであったように、富裕層は社会的な批判にさらされる形でスケープゴートになってきた。

本書においてライナー・ツィテルマンは、富裕層に対する偏見に関する初の国際的な調査を行った。著名な研究機関であるアレンズバッハとイプソスMORIの協力のもと、アメリカ人、ヨーロッパ人、アジア人に、富裕層に対する意識について質問調査が実施された。

本書は日本向けの特別版であり、日本人が富や富裕層についてどのように考えているのかについて新しい章を追加している。本書を読むと、日本人は韓国人やベトナム人と同様、ヨーロッパ人に比べて富に対して非常に肯定的な見方をしていることがわかる。また、日本では他の調査対象国よりも社会的な嫉妬心が低いことも確認されている。

「全体として、ツィテルマンの新刊は、今日我々が陥っている道徳的な泥沼についての優れた分析を提示している。新自由主義の伝統である証拠に基づく分析をまとめたことで、ツィテルマンは、空虚な雰囲気だけに支えられた偏見から有害で危険な結論を導き出しているように見えるジャコバンやガーディアンのジャーナリストと、我々がどう対抗できるのかという説得力と魅力ある処方箋を提供している。本書は、模範的な学問と分析によって、『富裕層がどのように認識されているのか』に関する社会的・経済的背景を理解する助けとなり、我々の社会がより寛容になるためのケースを提示している。この本で紹介されている情報を読み、吸収する価値は十分にある。まさにその価値は言葉では足りないほどに素晴らしいものだ。一人でも多くの人がこの本を読み、その教訓を心に刻むことを願ってやまない。」

マックス・マーロウ、アダム・スミス研究所、ロンドン

日本語版序文 2022年

富は世界中、特にアジアにおいても、多くの人々にとって重要なテーマである。ヨーロッパ7カ国、アメリカ、アジア4カ国において、同一の調査を実施し、回答者に「富裕層であることは、あなたにとって個人的にどの程度重要ですか?」と尋ねた。調査対象となったアジア諸国では、平均58%の回答者が「重要である」と答えたのに対し、ヨーロッパとアメリカでは同様の回答は28%に過ぎなかった。日本においても43%が同様に回答し、中国、ベトナム、韓国には及ばないものの、欧米諸国と比較するとかなり多い割合となっている。これは日本が高度に発達した工業国であるため、欧米諸国と同じように一定の「飽和状態」が生じているためと思われる。

しかし、今回の国際調査の結果として、私はある1つの結果に非常に驚かされた。そして、私と同じように日本の読者も同じように驚くかもしれない。富裕層に対する社会的嫉妬は、日本では他のどの国よりも弱く、富裕層に対する態度(富裕層感情指標(RSI)で測定)は、日本は他のどの国よりも好意的であった。(ベトナムと同レベルに好意的である。)これについても詳説している。

もちろん、日本には富裕層に対する偏見や固定観念が存在しないわけではない。単純に今日の欧米諸国においては、そのような偏見が遥かに強いということを意味している。

私はドイツの歴史・社会学者であり、近年、ドイツでも、また他の多くの国でも富裕層に対する偏見、場合によっては憎悪が如何に顕著であるかを繰り返し目にしてきた。しかし、富裕層に対する顕著な憎悪が公の場で明示されたとしても、それらの憎悪を表現する人たちに対して否定的な結果をもたらすことは少ない。私の故郷であるベルリンでは、2018年5月1日の夜、「地主を殺せ」と刺繍された大きなプラカードを振り回すデモ隊が写真に撮られた。その1年後、活動家たちはギロチンのポスターを街中に掲げて、デモ隊の動員を図った。ギロチンの画像には、「富裕層の街に抗して」という文章が添えられていた。

富裕層への憎悪は、他の多くの欧米諸国でも高まっている。例えば、2020年8月、ワシントンD.C.のデモ隊は、アマゾンの創業者で世界有数の富豪であるジェフ・ベゾスの自宅前にギロチンを建てた。デモ参加者は、ギロチンがフランス革命でフランス国王ルイ16世とその妻マリー・アントワネットを殺すために使われたことを人々に想起させようとしたのだ。また、フランスの革命勢力は自分たちの指導者たちを殺すのにもギロチンを使った。

このような報道や「富裕層を殺せ」というポスターやTシャツを見かけたりすると、もし、その憎悪の対象が富裕層や資産家ではなく、他のマイノリティの人々だったら、人々はどのように反応するのだろうと思わずにはいられない。それらの行為に対する憤りは正しく偉大なものとされたであろう。

しかし、本書が示すように、富裕層に対する偏見は、社会のあらゆる階層に広く存在している。現在、ステレオタイプや偏見に関する学術書や論文は、数千件にのぼる。たった一冊の本『Psychology of Prejudice and Discrimination』の参考文献には、偏見に関する研究が約2400タイトルが載っている。また、1986年に出版された偏見や文化的・国家的ステレオタイプに関する書誌には、約5500のタイトルが含まれている。これらの文献の多くは、マイノリティや女性、他国の人々に対する偏見に焦点を当てたものである。近年では、貧困層に対する偏見やステレオタイプに関する研究も盛んに行われている。一方、富裕層に対するステレオタイプについては、階級差別の分野やステレオタイプ内容モデルなど、散発的な研究が存在するにとどまっている。このテーマに関する包括的で科学的な研究は、未だに発表されていない。

私は歴史学者、社会学者として、社会的危機の際にスケープゴートとされたマイノリティの排除、追放、迫害、殺害を正当化するために、否定的偏見やステレオタイプが繰り返し用いられてきたことを歴史から痛感している。20世紀には、資本家や富農などの富裕層が致死的な迫害の犠牲になった例がたくさんある。ロシア10月革命では、チェカ（ソ連の政治警察）のトップが最初に出した指示の1つにこうある。「我々は特定の人民に対して戦争を仕掛けているのではない。われわれはブルジョアジーを階級として抹殺するのだ。捜査では、被告が何をしたか、それが行為であれ、ソ連の権威に反する発言や行動であれ、文書や証拠を収集するのではない。尋ねるべき最初の質問は、彼がどのような階級の出身か、彼のルーツは何か、彼の教育、訓練、彼の職業である」[▼1]

1920年代末、GPU（チェカの新名称）は、各地域、各地区で、「敵対的な」社会

▼1　クルトワ、8。

階級の人々を一定割合で逮捕、国外追放、射殺しなければならないという割当制を導入した。1930年代には、何十万人もの富農が、裕福であるというだけの理由で国外追放されたり、殺害されたりした。

ヒトラーは1933年に、もし自分が共産主義に反旗を翻したとしても、「それは10万人のブルジョアのせいではない、彼らが潰れようが潰れまいが全く無関心でいられる」と宣言している。彼はスターリンの革命的一貫性を賞賛し、ある親友の報告によれば、「ボルシェビズムは、これらの生物を単に排除しただけだ。なぜなら、彼らは人類にとって無価値であり、国家にとって重荷でしかなかったからだ。ミツバチも、雄バチが巣に貢献できることがなくなると刺し殺す。したがって、ボルシェビズムのやり方は、きわめて自然なものなのだ[2]」

中国文化大革命の時、毛沢東に扇動された紅衛兵は、「不潔な富農」「くそったれ地主」「吸血資本家」「新興ブルジョアジー」「異民族階級分子」などを標的にして街で暴動を起こした[3]。北京の郊外では、地元の共産党幹部が地主とその家族を含むすべての「悪人」を駆除するように命じた[4]。

若い紅衛兵は、〝悪とみなされる階級〟と判断された人たちの家を襲撃した。上海のシェル石油会社の元マネージャーの未亡人は、アパートで暴行され、すべてが壊され、荒らされた。「上海は住宅不足が深刻なのに、9部屋、バスルームが4つもある家に娘と二人で住んでいていいのか？　木材や基本的な家具が不足しているのに、羊毛のカーペットを使い、各部屋にローズウッドやブラックウッドの家具を置くのは正しいことなのか？　絹

▼2　ヒトラー、Zitelmann、Hitler、145 に引用されている。
▼3　ディケッター『文化大革命』62。
▼4　ディケッター『文化大革命』78。

や毛皮を身につけ、羽毛布団で寝るのは正しいことなのか?」と党幹部が問い詰めた。その後、未亡人は刑務所に入れられ、労働者階級の家族が彼女の家に移り住むことになった。[▼5] 上海では収用の波が押し寄せ、3万世帯が国に財産を明け渡すことになった。その多くが小さな居住空間を与えられ、その家賃を請求された。

社会集団に対する偏見がこのような劇的な結果をもたらすのは、例外的な状況に限られるが、より穏やかな形であっても、それは富裕層だけでなく、社会全体に害を及ぼす。この事実は２００８年の金融危機の例で示されている。あのような劇的な危機の本当の、非常に複雑な原因が適切に分析されず、政治家やメディアが富裕層、強欲な銀行家、経営者をスケープゴートにすることに依存した時、本当の問題は決して解決されない可能性が極めて高い。欧米諸国では、１９７０年代にスウェーデンやイギリスが国有化政策と懲罰的な高税率政策によって、その繁栄から大きく後退させたように、富裕層に対する恨みはしばしば経済に悪影響を及ぼしてきた。本書は、間違いなく力を持っていながらも、負のステレオタイプ、偏見、スケープゴートの対象となり、しばしば私たち全員に悲惨な影響を及ぼすマイノリティについて、私たちがどのように考えるかを検討することを目的としている。

どの国でも、富裕層への嫉妬が社会を分断し、進歩を阻害する危険は常にある。だからこそ、私たちは警戒を怠らず、「社会的嫉妬」の問題に対処しなければならない。もちろん、他の多くの国ほどには顕著ではないにせよ、この問題は日本にも存在する。

社会にはロールモデルが必要である。そして、そのロールモデルには起業家精神で皆の

▼5 ディケッター『文化大革命』87、92。

繁栄に貢献し、その過程で自分も豊かになった人たちも含まれるべきだ。

日本の読者の皆さんにお祝いを言わせてほしい。この本がドイツとアメリカで出版されたとき、アメリカ、イギリス、フランス、ドイツの4カ国だけの世論調査に基づいていた。その後、イタリア、スペイン、スウェーデンでも出版され、さらに調査は追加された。現在手にしている版は、国際プロジェクト「The Rich in Public Opinion」のために11カ国で実施された調査に基づいている。

ライナー・ツィテルマン、2022年1月。

＊目次

パートA：「富裕層と偏見」の研究

第1章　偏見やステレオタイプとは？

偏見に関する誤解。偏見は、常に間違っていたり、否定的であったり、性急であったりするわけではない

人はさまざまなことに対して偏見を持つことができるが、今日では、この言葉は主に人々の集団に対する意見に関連して使われ、しばしばマイノリティに関する主張に結び付けられている。ある人がある集団に対して肯定的な意見を持っている場合、この言葉を使うことはほとんどない。また、相手の意見に共感したり、正しいと思ったりした場合にも、この言葉を口にすることはない。誰かを偏見を述べていると非難することで、私たちが本当に言いたいことは、「あなたはある集団に対して否定的な意見を持っているが、その意見は間違っている」ということだ。

「偏見」という言葉は非常に厄介だ。なぜなら、そこには批判的に問い直されるべき暗黙の前提があるからである。

一つ目の前提は「偏見とは根拠のない誤った意見である」というものであり、第二の前提は「偏見とは、否定的な意見や態度のことである」というものだ。そして三つ目の前提は、「偏見で非難している人がもっと情報を持っていれば、その人はそれとは異なる肯定的な意見にたどり着いたはずだ」というものである。

このように使われる「偏見」は、科学的な用語ではなく、論争的な用語である。そして、この言葉は日常語としてほぼ使われている。例えば、ある人を「移民に対して偏見を

持っている」と表現する場合、話し手は「その偏見を持っている人は移民に対して否定的な意見や感情を持っているが、その意見は間違っているか正当化されるものではなく、移民について十分な情報を持っていないために偏見が存在しているだけだ」と言っているということだ。

「偏見」という言葉とその意味について集中的に研究してきた研究者たちは、この言葉の日常の中での使われ方について疑問を投げかけている。多くの研究者は、偏見が必ず間違っているということを否定している。また、偏見が否定的でなければならないことに異議を唱える研究者もいる。この二つの点については、後ほど論じる。

私たちの判断は、本当にバランスよく、事実に基づいているのか？

偏見が生じるのは、誰かがある問題、あるいはある集団に対して徹底的かつ十分に満足するまで、詳細に取り組んでいないからではないか、という最も複雑な問題から始めたい。偏見という言葉の意味は「事前に」という接頭辞が判断の前にあることから、誰かがすべての事実を知る前に判断を下したものであることを意味する。

Merriam-Webster 辞書では、偏見を「正当な根拠なく、あるいは十分な知識がないうちに形成される先入観に基づく判断や意見」と定義している。▼6

これらの定義を、より注意深く考えると多くの疑問が生まれる。意見を述べる前に、誰

▼6　Merriam-Webster Online Dictionary, https://www.merriam-webster.com/dictionary/prejudice, accessed on December 11, 2018

もが常に利用可能なすべての事実を用いているのだろうか？　大多数の人が、自分が判断する物事についてすべての事実を知っている、あるいは考慮していると期待し、包括的な調査、解明、考察を経て初めて判断に至ると考えるのは、まったく非現実的ではないだろうか？　この広い意味での偏見を極端に言えば、専門家以外の判断はすべて、その性質上、偏見であると認めざるを得ないだろう。

偏見に関する多くの概念の根底にある暗黙の誤解は、専門家になって特定のテーマについて幅広い知識を持つことが、否定的な偏見が生まれるのを防ぐ防壁となるというものである。この前提は成り立たない。なぜなら、価値判断は一般に事実の発見や考察から導き出すことはできないからである。ある集団に否定的な感情を抱いている人が、その集団について事実関係を深く理解しても、必ずしも肯定的な態度になるとは限らない。多くの人は、外集団に対する自分の見解と矛盾する情報に直面したとき、その情報を認めながらも、自分の既存の偏見を強化するように解釈してしまう。それは「ルールを確認するための例外に過ぎない」のだ。事実の積み重ねと冷静な言葉で自分の否定的な態度を正当化するか、それとも否定的な感情をただ侮蔑的な発言という形で垂れ流すかは、その人の教養と言語能力に大きく関わっている。

あるテーマについて、自分の偏見を補強するような事実を生涯かけて収集する研究者さえいる。このようなアプローチは、客観性という基準を満たさないため、これらの研究者は科学的な基準を全く守っていないと主張することは当然に可能だ。しかし、彼らは高い評価を得ており、中には一流大学の教授になっている人もいて、科学的な方法、議論、言葉を用いている。彼らは多くの批判を受けることはあっても、ある問題に十分に対処していないことを非難されないことは確かである。

この問題の複雑さは、偏見の定義の数が、それについて書いている著者の数とほぼ同数であるという事実が物語っている。私が本書で偏見という言葉をどのように使っているかを説明するために、これらの定義のいくつかを紹介する。

オールポートの古典『The Nature of Prejudice』には、「十分な根拠もなく他人を悪く思うこと」[7]という偏見の最も短い定義が書かれている。

オールポートはまた、この最初の定義づけの試みは不十分であるとし、「ある集団に属する人が、その集団に属するというだけの理由で、その集団に帰属する好ましくない性質を持っていると推定されることへの嫌悪的あるいは敵対的な態度」という定義を提唱している。[8]

すべてのネガティブな一般化が偏見というわけではないが、オールポートは、矛盾する情報に直面しても自分の判断を変える用意がない場合、この言葉は正当化されると考えている。「偏見が偏見になるのは、新しい知識に触れても元に戻らない場合だけである」[9]。

その後、私たちは、偏見は必ずしも不可逆的なものではなく、人々や社会全体が他のグループに対する態度を変えることができるということを学んだ。

後者は、多くの西洋社会における同性愛者に対する態度の変化が示すように、時には数十年のうちに起こり得ることである。

したがって、1964年にデイヴィスが提案した定義は、不変性と硬直性の問題につい

▼7　オールポート、6。
原文では強調されています。
▼8　オールポート、7。
▼9　オールポート、9、原文のまま強調。

てのみではあるが、いくぶん正確であるように思われる。彼は、偏見が不可逆的であるとは主張せず、偏見を修正することが困難であると述べており、より正確である。「偏見とは、ある人や集団に対する否定的あるいは拒絶的な態度のことであり、それによって、ステレオタイプな考えの結果として、ある特性が最初からこの集団に帰属させられる。これは、たとえ矛盾する経験をしても、硬直性と感情移入によって訂正が困難である。[10]」としている。しかし、この定義は、一般的に偏見を否定的な態度に還元してしまうため、他の弱点がある。

初期の偏見研究では、偏見はしばしば病気とみなされ、人格障害の表れであるとさえ考えられていた。したがって、偏見はルールではなく例外となる。1969年、ウルフは例外説と平等説を区別した。

平等説によれば、偏見の出現はすべての人間に影響を与える必然的なプロセスである。「したがって、誰も偏見と無縁ではなく、偏見の強さと対象が区別されなければならない[11]」。

一方、例外説は、偏見は特定の人格タイプに典型的に見られる個人的な行動形態であるとするものである。アドルノらが展開した「権威主義的人格」という概念は、その典型的な例である。問題は、研究者の政治的意見に同調しない人々を「病的な性格構造を持つ偏見に満ちた人々」として、あまりにも早く切り捨ててしまうことであった。[12]したがって、これらの研究者が開発したいわゆるE-Scaleでは、「服従と権威への尊敬は、子どもが学ぶべき最も重要な美徳である」といった記述が、エスノセントリズム（自民族中心主義・自

▼10　エステルより引用、35。
▼11　ティーレ、89。
▼12　エステル、64。

文化中心主義）の要素として評価されたのである。[13] これらの定義は、常に偏見は不適切であるという見解を永続させた。偏見は、それが向けられた社会集団に対して正義を執行するものではなく、したがって間違っている。

エステルによれば、一般的な意識における偏見の重要な特徴は「事実関係において不適切であること、その虚偽性」にある。[14] 偏見は、次のような場合、主に虚偽であるか、少なくとも偏ったもの、一方的なものとみなされる。

- (1)基礎となる（正しい）情報の根拠が狭すぎて、本当に判断ができない場合（「予断」）
- (2)判断する人が、利用可能な限られた情報のみに基づいて判断する場合（「バイアス」、「先入観」）
- (3)自分の判断と矛盾する（新しい）情報に注意しようとしない場合（「硬直性」[15]）

この基準には疑問が残る。結局のところ、この基準によれば、私たちが日常的に行っているほとんどすべての判断が偏見に分類されることになる。ある判断の基礎となる情報の根拠が狭すぎる、とはどのような場合なのだろうか？　また、ある判断が十分な情報に基づいており、したがって偏見でないかどうかを判断する基準とは何であろうか？　事実や社会集団に直接、個人的に触れることは十分な前提条件と言えるだろうか、それとも更に綿密な、あるいは準科学的な調査によって補われなければならないのだろうか？　誰もが

▼13　エステル、63。
▼14　エステル、17、強調は原文ママ。
▼15　エステル、17。

そのような調査を実施できる立場にあるわけではない。ほとんどの人は、入手可能な情報のごく一部しか判断の根拠にしていないという主張は、広い意味での判断の大部分にも当てはまると思われる。そして、自分の判断と矛盾する情報にはあまり注意を払わないことが多い（選択的知覚）。

また、同等の知識や情報を持つ人々の間でも、情報の重み付けや評価の仕方について必ずしもコンセンサスが得られるとは限らない。そうでなければ、例えば、同じように情報を持っている人たちがみな、同じような政治的信念やイデオロギーを共有していなければならない。そうでないことは誰もが知っている。あるテーマについて非常に広範かつ集中的に研究した後でさえ、人々は異なる結論に到達するだろう。たとえば、同じ結論であったとしても、ある人にとっては現実の誤った認識に基づく重大な偏見であり、他の人にとっては事実の発見であることもある。

エステルは、偏見の非妥当性に固執することに関して批判している。「心理学は、偏見が持つ現実的あるいは仮置き的な非妥当性を考慮し、判断者の真の意図、彼の意識の中に現れる判断の源、彼の経験を無視する調査方法として理解されることが必要だ。比喩的に言えば、偏見の説明は、弁明できず、擁護者もいないプロセスにおいて個人を断罪するということだ。」[16]

ウルフは「偏見とは、経験的な事実構造に関する十分かつ客観的な知識を持たず、あるいはそれを考慮することなく、ある対象についてなされた確定力がある発言」としている。この定義は、1つの主基準と2つの副基準を含み、最後の2つは相互に排他的である。

▼16　エステル、150。

る：a）確定性（主基準）、b）十分かつ客観的知識の欠如、c）それらの知識を無視すること、である。したがって、偏見はa＋bまたはa＋cの基準によって定義される。[17]

この定義の弱点は、とりわけ、判断が偏見とみなされないために必要な「十分な、客観的知識」を構成するものが明確でないことにある。私の知識が十分であるとはどのような場合だろうか？「経験的な事実構造に関する十分かつ客観的な知識」を持たない人が有するほとんどすべての意見は、そのテーマを集中的に扱った専門家も同様に持っている。このように、専門性が高いからといって自動的に特定の判断ができるわけではなく、専門性が低いからといって必ずしも誤った判断に至るわけでもない。例えば株式取引において、売り手と買い手が同じ情報を入手し、事実を徹底的に研究したにもかかわらず、反対の結論を導き出し、一方は買い、他方は売るということがある。

すべての偏見は間違っているのか？

アメリカの研究者は、偏見やステレオタイプそのものが、これらの「特徴」に関する実証的な研究を実施することなく、「不正確」「不当」「誇張」「経験則に基づかない」といった特徴を繰り返し付与することでステレオタイプ化されていたことを指摘している。[18]

ある科学者たちは、偏見と表現される判断が事実関係において正しいかどうかを調べようとした。そこで、彼らは被験者に、アメリカ黒人に起因するステレオタイプ的な行動が

▼17　ウルフ、948、原文に強調あり。
▼18　ティーレ、58。

どれくらいの頻度で起こるかを推定してもらった。それぞれの参加者について、アメリカ黒人の間で推定されるこの行動の確率と、同じ行動を示すアメリカ人全体の割合を割って「診断比率」を求め、これを米国の公式人口統計のデータと比較した。[19]

また、別の実験では、9つの異なるエスニックグループからなるカナダの高校生の成績を推定するよう被験者に求めた。その結果得られたランキングを実際のランキングと比較した。どちらの場合も、推定値は比較的正確であることが判明した。[20]

ジュシムは、科学者がステレオタイプが正確か否か、どの程度正確かを統計上の比較によって確認しようとした数多くの研究を挙げている。[21] このことは、どのような場合にステレオタイプが適用され、どのような場合に適用されないのか、ステレオタイプが正しくないと判断されるためには、推定される所見と実際の所見がどの程度違っていなければならないのだろうか、といった多くの問題を提起している。ジュシムは一般的なガイドラインを採用し、ステレオタイプと現実の間に少なくとも0・4の統計的相関があれば、ステレオタイプは正しいとした。[22]

研究者の中には、ステレオタイプと現実のデータとの相関が示されたとしても、それは一般的なステレオタイプの特徴から個人についての結論を導くことが可能であることを意味しないとして、ステレオタイプの正確さに焦点を当てた研究をすべて否定する人もいる。ただし、ステレオタイプの本質は、必ずしも集団の中のすべての人に適用しなければならないわけではないので、このような研究に対する正当な反論とはならない。「私の友人ホンの特徴を基準として、アジア人一般に関する信頼性を評価することは不可能であ

▼19　カイト／ウィットリー、118。
▼20　カイト／ウィットリー、119。
▼21　ジュシム、第六章を参照。
▼22　ジュシム、320。

る」[23]

私の考えでは、上記のようなテストによる偏見研究への批判は、正当なものとそうでないもの、両方がある。不当な批判は、教育学的な議論が含まれ、結局のところ、偏見に関する研究は望ましくなく、さらには「危険」な結果につながる可能性があると主張していると考えられる。「社会状況の改善に関心を持つ科学者として、ステレオタイプの使用を正当化するような議論には注意しなければならない」というものだ。[24]

このような「ありえないものは、あってはならない」というモットーに従った教育的な論法は、あまり説得力がない。

しかし、偏見の正確さや虚偽性を検証する手順についても、正当な疑問がある。場合によっては、ステレオタイプが正しいかどうかを判断することは可能であろう。しかし、多くの偏見やステレオタイプは、上記の例のような検証可能な属性ではなく、「親切」「怠け者」といった抽象的な属性に関するものであり、当然ながら検証は困難である、という問題がある。[25]

ブラウンは、多くの偏見についての定義に明示的あるいは暗黙的に含まれている、偏見は間違っている、不合理である、あるいは受け入れがたい一般化に基づいているものである、という前提に正しく反対している。この定義は、ある判断が正しいか間違っているかを決めることができるという前提に立っている。しかし、偏見はしばしば曖昧で漠然とした形で定式化されるため、客観的に評価することが難しく、ある判断が正しいかどうかを決めることはしばしば不可能である。もし大家が、有色人種はしばしば『問題を起こす』

▼23　ジュシム、309。
▼24　Stangor、Thiele, 59に引用されている。
▼25　カイト／ウィットリー、120。

と主張して、有色人種の人にアパートを貸すのを拒否するなら、これは、大家が使う曖昧な表現もあって、事実関係の確認が困難な発言である、とブラウンは主張する。[26]

例えば、イタリア人は他の人より良い恋人なのか（肯定的な偏見）、アメリカ人は文化的に洗練されていないのか、など検証するのが難しいものも多い。これは、何が良い恋人なのか、何が文化的に洗練されていないのかについて、非常に異なる意見が存在することが確実だからである。また、そのような主張の真偽を確かめるための実証的な研究が存在しないことも多い。

しかも、多くの偏見には、その偏見を持たない人であっても認めざるを得ないような真理が含まれている。したがって、彼らが異議を唱えることができるのは、その発言の一般化された性質だけである。このことは、「カーネル・オブ・トゥルース」理論の支持者によって強く強調されており、彼らは、ステレオタイプの唯一の問題は、包括的な一般化をしていることだと考えている。これに対して、「構成主義者」は、ステレオタイプに内在する真実や現実の度合いについての議論を一切排除し、いかなる場合も客観的な現実は認識できず、究極的には認識によって構成されたものであるという彼らの考え方を主張している。[27] このような構成主義の立場をとらないとしても、偏見やステレオタイプが全面的にあるいは大部分において虚偽なのか、ある程度現実に即しているのかを判断することは、上記のような理由から困難な場合が多い。

さらに、日常的な言葉と科学的な言葉が異なることは別の問題を生み出す。誰かが「富裕層は税金泥棒だ」と言ったとき、その人が言いたいことはおそらく「富裕層はみんな脱

▼26　ブラウン（2010）、5。
▼27　このテーマについては、Thiele, 56も参照。

税している」という意味ではないだろう。このような発言をする人に対して、確かにすべての富裕層に当てはまるわけではないことを指摘して反論しようとするのはアンフェアであろう。厳密に言えば、脱税しない富裕層を一人挙げることで、「富裕層は税金泥棒」という発言に（「すべての富裕層」という意味で理解するなら）反論することは可能である。しかし、以上のように指摘するのはあまりに簡単でありフェアではない。なぜなら、「富裕層は税金泥棒だ」というとき、その人が主張したいことは、おそらく「富裕層は平均的な人口や低所得者よりも脱税が多い」ということだからである。

しかし、この解釈であっても検証は困難である。まず「富裕層」とは何を意味するのか明確ではない。調査によると、誰が富裕層かについての国民の考え方は様々である。ある人は世帯収入4万ドルから、またある人は数十億の資産を持った人を富裕層だと考える。仮に「富裕層」の定義に同意できたとしても、その発言を検証することは依然として困難だ。では、富裕層は他の層より税金逃れが多いのだろうか？　脱税の未報告事例が多いので、それに対して答えを出すことはできない。また、素人は、法的な意味での脱税と精巧なタックス・ストラクチャリング（合法的な租税回避策）を言語的に区別していないことも念頭に置いておく必要がある。

当然ながら、人は科学者のように発言を定式化することはない。そして、これだけでは、次の思考実験が示すように、他の集団に関する発言が正しいかどうかをチェックすることは難しい。もし学生が上記のような発言（偏見）を科学的に検証すべき仮説として定式化したとしたら、教授なら間違いなく、この発言はあまりにも曖昧で、科学的に検証するのであれば定式化し直す必要があると指摘するだろう。

しかし、科学者や研究者に要求するのと同じことを、日常の言葉にも要求してはならない。普通の人なら、「法律に違反する移民の割合は、それに対応する非移民の割合よりも著しく高い」と日常会話で言うことはない。この発言は検証可能な正確な発言であるが、ここでも一部の科学者は、――リンゴとオレンジの比較を避けるために――いかなる比較も社会的に同一のグループ間のみで、例えば、若い男性移民で学校卒業資格なしと、若い男性移民で学校卒業資格なしとの間で行うべきと要求するだろう。

ある種の犯罪（滞在許可証違反など）は外国人にしかできないので、そのような犯罪は比較の対象から除外すべきだと考える科学者もいる。また、上記の発言の正誤を検証するためにはそのような区別や調整は必要ない、という意見もある。結局のところ、二人の科学者が上記の記述を検証しようとすると、全く異なる結論に達することになるだろう。

ある偏見が正しいか間違っているかというコンセンサスを得ることが、しばしば不可能であるという事実そのものが、それが偏見であるかどうかを判断する際の基準として使われるべきではないことを示唆しているのである。

ブラウンは、偏見を「ある集団のメンバーに対するあらゆる態度、感情、行動で、その集団に対する何らかの否定、反感を直接的、間接的に意味するもの」と定義している。[28] この定義の弱点は、ブラウン自身が集団に対する肯定的な偏見もあることを認めているにも関わらず、集団に対する否定的な態度のみを偏見とみなしていることである。一方、ドビディオは、肯定的な態度も含めた偏見の定義を提唱し、「偏見とは、集団とその構成員に

▼28　ブラウン（2010）、7、原文強調。

対する（主観的にポジティブかネガティブかに関わらず）個人レベルの態度であり、集団間の階層的な地位関係を作り出すか維持するものである」と定義している。[29]

したがって、上記の定義を応用すると、偏見は否定的なものだけではないことがわかる。結局のところ、偏見は第一に誤りであり、第二に否定的であるという仮定は、ある集団に関する「正しい」判断は常に肯定的なものでなければならないという結論を論理的に導き出すのである。これは、「啓蒙された」人間の楽観的な見解に対応するものであるが、それ自体が偏見である。

価値判断を含まない「偏見」と「ステレオタイプ」の定義

哲学者ハンス・ゲオルク・ガダマーは、これまで提示されてきた多くの定義とは対照的に、偏見を、知識の誕生時以前に存在する無価値な前置物として説明している。彼は、偏見とは、その本来の法的な意味である「prae judicum」において、肯定的あるいは否定的な判断を前提としたものではないと主張している。「啓蒙された人間のこの基本的な偏見は、一般的な偏見に対する偏見であり、したがって伝統の無力化である。啓蒙によってのみ、偏見という概念は、我々が慣れ親しんでいる否定的な意味合いを帯びるのである」。[30]

より最近の定義は、この価値判断を含まない定義の探求の原則に近いもので、それによれば、偏見は、社会集団の集合的記憶と否定的（あるいは肯定的）判断との関連として理

▼29　ドビディオ（2010）、7。
▼30　ガダマー、ティーレ、36に引用されている。

解され、判断対象の存在によって多かれ少なかれ自動的に想起されるもの、とされている。[31]

「ステレオタイプ」と「偏見」という言葉の区別は、完全には明確ではない。使用される定義によっては、両方の用語が同じものを指していることさえある。カイトとホイットリーによる標準的な教科書では、偏見はブレワーとブラウンに基づいて次のように定義されている：「偏見とは、特定の社会集団のメンバーであるという理由で人々に向けられる態度である。態度は、社会集団全体またはその集団のメンバーである個人に対する評価または感情的反応と考えられる[32]」。ステレオタイプは次のように定義されている。「ステレオタイプとは、様々な集団の構成員の特徴、属性、行動に関する信念や意見のことである[33]」。

ティーレは、この分野の研究の概要の中で次のように述べている。「陳腐な文句とステレオタイプは、偏見という言葉と密接に関係しており、それはステレオタイプ的で陳腐な思考の表出として説明される。ネガティブな意味合いを主に持つ偏見とステレオタイプの区別は完全には明確ではない。どちらもカテゴライズを用いる。しかし、両者は同じではない。それどころか、偏見は異なるステレオタイプから構成されており、それらはステレオタイプの束であり、態度や信念に凝集される。しかし、ステレオタイプも偏見も、肯定的あるいは否定的な特性の帰属なしには考えられない」。このことが、偏見とステレオタイプを「カテゴリー」という中立的な概念と区別するのだ。偏見とステレオタイプの違いを、ステレオタイプが知覚や思考過程とより強く結びついているのに対し、偏見は（ネガティブな）感情や価値判断とも結びついている点に見る研究者もいる。[34]

▼31　デグナー／ウェンチュラ、150。
▼32　カイト／ウィットリー、15。
▼33　カイト／ウィットリー、13。
▼34　ティーレ、36。

しかし、私から言わせてもらえば、ステレオタイプと偏見の区別は、実はそれほど重要ではない。どちらの言葉も定義の幅が広く、その多くが重なり合っている。最終的に偏見とは、より強く感情に結びつく「ステレオタイプの束」と定義されるのであれば、定義としてはこれでいいのだろう。

ステレオタイプという言葉には否定的な意味合いが含まれていることが多いのだが、私から見ると、少なくとも偏見という言葉よりは、早合点や、対象を十分に検討する前に決めつけるという意味合いがない、という利点があるように思われる。

非規範的科学の原則では、ステレオタイプは「一方では集団への帰属、他方では特性や行動との間に認識される相関関係」と定義されることができる。[35] したがって、ステレオタイプは、「社会的カテゴリーの特性に関する社会的に共有された知識に基づく認知構造」である。[36]

セルフ・カテゴライズ理論によれば、ステレオタイプは分類の一つの結果である。したがって、それらは与えられた社会的文脈の中で意味を生成する正常なプロセスの結果となる。この理解によれば、ステレオタイプは、他の定義が示唆するように、認知の歪みでも、非合理的でも、硬直的でも、定型的でもない。[37]

しかし、ティーレは「ステレオタイプ」という用語の使用には規範的な傾向があることを指摘し「この用語の発展を長期的に見ると、ステレオタイプが誤った認識として概念化され、それゆえそれ自体「悪い」ものであり、闘うべきものであるという規範的な傾向が浮かび上がってくる」と述べた。[38] 本当にステレオタイプという用語を規範的に使う傾向が

▼35　マイザー、53。

▼36　エッケス、97。

▼37　Wenzel & Waldzus, 234.

▼38　ティーレ、96-97、原文強調。

あったのかどうかは、実は疑問である。2012年に出版された『社会的知覚と社会的現実』の第6章で、ジュシムは、一連の説得力のある議論を提唱し、固定観念は本質的に間違っているという広範な概念に異議を唱えている。ジュシムによれば、誰かが日常的な言葉で、ある集団をステレオタイプ化していると非難するとき、それは相手の信念を非難しているに等しいという。その主張は、明示的であろうと暗黙的であろうと、次のようなものになる。「私の信念は合理的、理性的、そして適切である。あなたの信念は、少なくとも私と違うときは、単なる固定観念に過ぎない。[39]」

現代の定義の中で、ジュシムはアシュモアとデルボカのものが最も説得力があると述べている。「ステレオタイプとは、ある社会集団の個人的属性に関すると信じられていることの集合である[40]」。この定義は、他の定義で想定されている側面を未解決のままにしているため、適切である。

〃ステレオタイプ〃は、～かもしれないし、そうでないかもしれない

1. 正確で合理的であること。
2. 広く共有されている。
3. 意識的である。
4. 厳格である。
5. グループ差を誇張する。
6. 集団の違いが本質的または生物学的であると仮定する。

▼39　ジュシム、301。
▼40　アシュモアとデルボカ、引用。ジュシム、302。

7. 偏見を引き起こす、または反映させる。
8. バイアスや自己実現的予言の原因となる。[41]

ステレオタイプは、時に真実で合理的であり、時に不正確で非合理的であることをジュシムは示している。彼は、ステレオタイプが精神的な近道や一般化として表現されるときに生じる否定的な意味合いを批判している。「しかし、一般化は、怠惰や単純さの反映ではなく、人間の重要な強みの1つを示す、並外れた認知的・知的達成と見なすことができる。一般化や抽象化に到達できない人は、深刻な認知障害者であり、科学的理論はしばしば特定の事例から一般原理への並外れた飛躍を必要とする。一般化の力がなければ、ホモサピエンスが地球上の支配種として現在の地位に到達したとは考えにくい[42]」。

もう少し簡単に考えてみよう。例えばある集団に対して偏見を抱いている人の心の中はどうなっているのだろうか？

1. 彼はまず、相手を特定のグループの一員であると認識する。彼はこのグループの人々と特定の特徴や行動を関連付けるので、自発的な精神的連想が想起される。これらの連想は、特定の判断（「冷たい」「怠け者」「勤勉」「知的」）に結びつき、非常に特異な感情を引き起こす。
2. 私の考えでは、人がこうした連想を感情的な発話の形で自発的に表現するか、あるいはそれに関連する判断や感情を合理化し、より洗練された方法で表現しようとするかは関係ないことである。
3. 彼はこれらの連想を相手に投影する。なぜならそのグループに対する偏見によっ

▼41　ジュシム、302。
▼42　ジュシム、300。

て、相手に対する判断が、そのグループに関連した連想がない場合よりも有利になったり、不利になったりするのだ。

4．これらの連想が客観的に相手に当てはまらないことが明らかであっても、集団全体に対する判断は変わらず、この人物を「ルールを確認する例外」と見なす。偏見は、それに反する知識、事実、経験によって容易に修正することができないので、偏見は強固に保持されたままである。

したがって、社会的偏見とは、ある集団の特徴に対して、別の集団が特徴的だと考えるような連想（通常は判断的な性質のもの）である。しかし、これらの連想は、ある集団の議論の余地のない特徴を表しているわけではないので、決してすべての人に共有されているわけではない。むしろ、偏見を持つ人から見れば正しいが、その正当性には議論の余地があるため、特にその連想や属性が極端にネガティブな場合、激しい議論に発展してしまう。

対象集団のメンバーは、一般に、対象集団との関連に基づいて──偏見の性質に応じて──、その集団に属していることのみを根拠として、より良いか悪いかを判断されるというのが、偏見の特徴である。イーグリーとディークマンはこう書いている。「集団に属しているという理由で、対象集団のメンバーの評価を下げることこそが、役割不一致の偏見を構成する」。例えば、黒人の歯科医は、黒人に対して偏見を抱いている人からは（その人が歯科医であるから）肯定的に評価されるかもしれないが、肌の色によって白人の歯科医よりも肯定的に評価されることはないだろう。[43]

私の考えでは、その偏見が正しいか間違っているか、肯定的か否定的かは関係ない。肯定的な偏見とは、次のような文言に代表される。イタリア人は良い恋人だ。しかし、偏見が肯定的か否定的かは、必ずしも明らかではない。女性を「役に立つ」「暖かい」「理解力がある」と表現することを肯定的な偏見の例と見なさず、そのような属性に隠された否定的な偏見を察知する学者もいる。[44]

このように、ある判断が正しいか間違っているかを判断することは、しばしば困難であり、不可能でさえある。本書では、富裕層に対する偏見やステレオタイプが真実かどうかという問題には、ごくまれにしか触れない。場合によっては、これを定量化することが困難なこともある。たとえば、富裕層が「冷淡」であるかどうかは、どのように測定すれば良いのだろう？たとえば、富裕層は平均的な人口よりも知能が高いか否か、という場合のように、原理的にはある偏見が正しいかどうかを判断することは可能だろう。しかし多くの場合、原理的には可能であっても、学術的な研究がなされていないことにより、特定の偏見が正しいかどうかを判断することは不可能になってしまう。

露骨な偏見と微妙な偏見、そして測定が困難な理由

ペティグリューとミールテンスは、露骨な偏見と微妙な偏見とを区別している。価値

▼43　イーグリー／ディークマン、24。
▼44　ブラウン（2010）、6。

観の変化や政治的正しさの浸透により、特定のグループ（移民など）に対する偏見がしばしば公然と表現されなくなったため、この区別はこれまで以上に重要になってきている。人々は、そのような偏見を表明することは、社会的に受け入れがたいことだと認識している。そのため、直接的に質問をする調査、つまり、回答者に外集団に関する否定的な発言をオープンにすることで偏見を測定することは、もはや容易ではないと主張されている。たとえば、反ユダヤ主義者は、匿名で質問されたとしても、自分の偏見を率直に認める人はほとんどいない。なぜなら、彼らは自分をより肯定的に見せようと必死だからである。そこで、研究者たちは、直接的な質問に加えて、より微妙な偏見の形を識別できるような別の分析方法を開発し始めている。例えば、反応時間法では、特定の用語がどれだけ早く関連づけられるかを測定することができる。[45]

微妙な偏見は、3つの要素で特徴付けられる。[46] 第一は「伝統的価値観の擁護」であり、外集団のメンバーはその価値観に従って行動していないという批判的な見方である。第二は、内集団と外集団の違いを激しく強調する「文化的差異の誇張」であり、第三の構成要素は、外集団のメンバーに対する「肯定的感情の否定」である。[47]

「微妙な」偏見という概念の問題点は、それがインフレ的な使われ方をしやすいことである。例えば、露骨な偏見と微妙な偏見の違いを説明するあるエッセイでは、微妙な偏見を持つ人々は、すべての移民を強制送還したいわけではなく、「表向きは偏見でない理由が見出せる（例えば、有罪判決を受けた犯罪者の強制送還）」人々を強制送還したいと言う、と述べている。[48] 犯罪者の国外退去を支持する人々は、このように偏見を持っていると

▼45　直接測定法と間接測定法の比較については、Eckes, 98-104を参照。
▼46　より詳しい情報については、Lars-Eric Petersen (2008), 195を参照されたい。
▼47　Pettigrew and Meertens, "Subtle and blatant prejudice in Western Europe," *European Journal of Psychology*, Vol. 25, 57-75 (1995), 71
▼48　Lars-Eric Petersen (2008), 195.

表現されるが、これは恣意的なこじ付けであると私は考える。

同じように、「雇用、教育、福祉などにおいて黒人を進出させるためのアファーマティブ・アクションをとることに消極的なこと」という態度は「象徴的人種主義」と表現される（この言葉は「微妙な偏見」のそれと似ている）。[49] こうして、「アファーマティブ・アクション」に反対する人は皆、黒人に対する偏見を持っていると評されるのである。黒人に偏見を持っている人は皆「アファーマティブ・アクション」にも反対していると考えられるが、だからといって「アファーマティブ・アクション」に反対している人が皆黒人に偏見を持っていると分類することは正当化されるものではない。

三つ目の例を紹介しよう。イスラム恐怖症のステレオタイプに関する研究論文では、「イスラム教徒は嘘つきで偽善者だ」「イスラムは無文化で西洋より劣っている」といった明らかな偏見が、「イスラムは同性愛嫌悪者だ」「イスラムは反近代だ」といったイスラム嫌いに限らず共有されている意見と同一視されている。[50]

ペティグリューとミールテンスは、「露骨な」偏見と「微妙な」偏見という二つの形態を区別している。しかし、二人の研究者は、ある人が伝統的な価値観を重視し、保守的な信念を持っているという事実を、微妙な偏見のいくつかの構成要素の一つとしてとらえている。[51] また、不法移民や犯罪移民は強制送還されるべきだという発言さえも、微妙な人種差別の表れだとして挙げている。[52] 例えば、「外集団が重大な犯罪を行い、出入国証明書を持っていない場合は国外退去させる」という希望を公然と表明する人[53]は、微妙な偏見を持っていると見なされるのである。つまるところ、この見解によれば、ある種の移民・難民

▼49　Zick ／ Küpper, 113.
▼50　ティーレ、217。
▼51　ペティグリューとミールテンス、59。
▼52　ペティグリューとミールテンス、63。
▼53　ペティグリューとミールテンス、70。

政策を提唱する極端な平等主義者だけが、偏見を持っていないとみなされることになる。こうして、偏見という言葉は、政治的異端者、この場合は保守派に向けられた極論となる。「背反的レイシズム」「象徴的レイシズム」「近代的レイシズム」「嫌悪的レイシズム」などの概念の共通の出発点は、〝ポジティブな多文化的態度は、しばしば少数民族に対する反感を隠すために用いられるリップサービス〟という考えである。[54]「現代のセクシズム」といった概念も同様で、女性に対する偏見や差別的な行動は、男女平等に関する公的な議論によって社会的に好まれなくなったため、数年前、数十年前に比べて公然と直接的に表現されることが少なくなったとするものである。[55]

偏見のない人と、あからさまな偏見を持つ人、微妙な偏見を持つ人を「偏見のない人は規範を内面化するが、あからさまな偏見を持つ人はそれを無視するか拒否する。微妙な偏見を持つ人は、可能な限り規範に従って行動するが、そのような行動を許容する環境に身を置いたり、目上の人から差別を勧められ、それによって自分を免罪することができれば、微妙な外国人嫌いの態度にしたがって外国人嫌いの振る舞いをする」。[56]

偏見の烙印を押された態度をあえて公言しなくなったというのは、少なくとも沈黙の螺旋理論によればもっともらしいが、たとえば同性愛者に対する態度が過去50年間で実際に（表面的にだけでなく、一般的にも）根本的に変化していることもまた事実である。また、間接的な測定によって、ある種の見方が人種差別主義者や性差別主義者に分類される可能性があり、そのような見方をする人すべてが、たとえそうでなくとも、誤って人種差別主義者や性差別主義者に分類されてしまう危険性がある。

▼54　ピーターセン／シックス、109。
▼55　シックスマテルナ、124。
▼56　Lars-Eric Petersen (2008), 197.

Aosvedらは、不寛容さを測定するための質問票を開発した。彼らはある集団に対して偏見や不寛容を示す人は、しばしば他の集団に対しても不寛容であることを発見した。彼らのテストは、以下のような6つのグループに対する偏見に関する質問から構成されている。

- 性的指向に基づく偏見（例：同性愛者に対する偏見）
- 階級的な偏見（例：貧困層に対するもの）
- 性差別的偏見（例：女性に対するもの）
- 人種差別的偏見（例：黒人に対するもの）
- エイジスト的偏見（例：老人に対する偏見）
- 宗教的不寛容

このアンケートの54問は、偏見を測定することがいかに難しいかを示している。一方では、偏見を単純に人種差別や性差別などの直接的な発言に基づいて測定することができないのは事実である。なぜなら、そうした発言は非常に社会的に好ましくないとみなされるため、回答者は、例えば、黒人やユダヤ人を差別していることを公然と認めることはないからである。一方、偏見を持つ人々がよく口にするような、正当な政治的発言も含めることは、同様に問題である。なぜならそのような正当な政治的発言をするのは決して偏見を持つ人々に限ったことではないからだ。アンケートからの例では以下のようなものがある。[57]

〃レズビアン同士の結婚を合法化すべき〃

〃私は不動産の売買や賃貸を提供する人が、人種的マイノリティへの売買や賃貸を望んでいない場合でも、家の賃貸や購入を許可する法律に賛成する〃

〃人種的マイノリティは学校分離計画に必要以上の影響力を持っている〃

〃人種的マイノリティは平等な権利を激しく求めすぎている〃

〃たいていの年寄りは、同じ話を何度もするのでイライラする〃

〃自分のことは自分でする気のない人の面倒を見るのに、私の税金が使われすぎている〃

〃刑務所には富裕層より貧乏人の方が多い、なぜなら貧乏人の方が犯罪に手を染めるからだ〃

現代の偏見研究では、社会的に望ましい回答に関する問題を軽減するために、暗黙の測定方法を採用することが多くなっていることは指摘した。社会が公然と人種差別や性差別をすることを禁止すればするほど、この問題は大きくなる。このような場合、直接インタビューでは必ずしも偏見を特定することはできないだろう。フランコとマースは、どのような場合に偏見を明示的手法で測定し、どのような場合に暗黙的手法で測定すべきかを検討した。

暗黙的な方法には、以下のようなものがある。[58]

- 回答者が自分の同意が性差別や人種差別と解釈されることを心配しないように、調査において「ソフト」な記述をすること。

▼57　Aosved ら、2351-2353。
▼58　フランコ／マース、470。

・マイノリティとの交流の際に行われる生理的な測定（接近、アイコンタクトなど）。
・言語の抽象化に基づく測定。もし人々が自分のグループについてよりも、外国のグループについてより一般的に話す場合（「外国人は…」）、これは偏見の兆候とみなされる。
・カテゴリーやグループラベルが想起されたことを被験者が意識しない反応時間測定。

伝統的なインタビューは、暗黙の偏見測定よりも実施しやすく、後者は、上述の偏見の概念の問題ある拡張を助長するので、大きな歪みを恐れず、どのような場合に直接インタビューを用いることができるかを決定する必要がある。著者らは、マイノリティを差別することに対する道徳的規範規定が弱ければ弱いほど、明示的測定の問題は少なくなると仮定している。

研究者達は13の社会集団が公然の差別に対してどの程度規範的な保護を享受しているかを調査した。1（否定的判断の表明は絶対に許されない）から9（否定的判断の表明は絶対に許される）までの尺度で、ユダヤ人は2・1点、イスラム原理主義者は7・1点であった。この調査が行われた1990年代末のイタリアでは、障害者、ユダヤ人、黒人を公然と差別することは社会的に非常に好ましくないこととされていた。一方、制裁を恐れずに否定的に語れる集団としては、マフィア、スキンヘッド、イスラム原理主義者などがあった。同性愛者、エホバの証人、ハーレクリシュナ信者は中間のスコアだった。[59]

フランコとマースは、偏見に満ちた反応の抑制を促すような規範がある集団（例：ユダヤ人）と、人々が外集団に対する嫌悪感を公に表明することを懸念する特別な理由がない

▼59　フランコ／マース、472。

集団（例：イスラム原理主義者）では、明示的・暗示的な測定は異なる結果をもたらすだろうという仮説を立てた。この仮説は、いくつかの実験で確認されている。

本書の調査は、富裕層が対象である。調査を始める前の私の仮説は、人々は他のマイノリティ（黒人やユダヤ人など）よりも富裕層について否定的な発言を明確にすることを望むというものだった。この仮説は、今回の調査の設問の一つを使って検証され、確認された。しかし、富裕層に対して他のマイノリティよりも公然と否定的な発言をすることが「容認できる」ことが真実であると判明したとしても、この調査では、質問があまりに観念的すぎないようにすることが重要だと思われる。なぜなら、これはおそらく、より社会的に望ましい回答（「他人の悪口を言ったり一般化するのは間違っている」）を提供しようとする反射を引き起こすからだ。特に、富裕層への嫉妬に関する質問では、嫉妬の表現は──一般的に──望ましくないとされており、多くの人は自分が嫉妬していることに気づいていないことが、心理学の研究から判明している。

第2章　階級主義とは？

ほとんどの研究が人種差別と性差別に焦点を当てている

約100年前（1921年）にウォルター・リップマンの古典「Public Opinion」が出版されて以来、研究者は偏見やステレオタイプについて検証してきた。この数十年間だけでも、学者たちは何千もの論文、記事、本を発表してきた。特に、以下のような偏見やステレオタイプに焦点を当てた研究が行われてきた。[60]

- 地理的な固定観念（例：他の国や地域に関するもの）
- 民族・人種のステレオタイプ（例：黒人、シンティやロマ人に関するもの）
- ジェンダーや性的な固定観念（女性や同性愛者に関するものなど）
- 年齢による固定観念
- 職業に基づく固定観念
- 経済的、階級的な固定観念
- 身体的な固定観念（例えば、肥満に関するもの）

「なぜ、研究者は他のステレオタイプではなく、これらのステレオタイプに注目してきたのか」という疑問はよくあるものだ。〝ある種のステレオタイプは、他のものよりも学

▼60　以下、Thiele, 83-84 参照。

術的に注目されてきた〟ことは明らかである。特に、人種差別的偏見や性差別的偏見に注意が向けられてきた。一方、職業に基づくステレオタイプの研究は、はるかに従属的な役割を担ってきた。職業に基づくステレオタイプを調査する研究は、ジャーナリスト、政治家、科学者、医師を対象に行われる傾向がある。学術的な訓練を必要とする職業、主に古典的な職業が優先されてきた。[▼61]

スペンサーとカスタノは、「伝統的なステレオタイプと偏見に関する先行研究は、人種と性差の問題に焦点を当てている」と指摘している。[▼62] 人種差別や性差別に類似した「階級主義」として知られる研究分野である、階級および／または階級への所属に基づく偏見については、あまり研究が行われていない。スペンサーとカスタノによれば、下層階級の人々は、民族的マイノリティや女性よりもはるかに目立たない存在である。[▼63]

この手の文献では、２０００年８月６日にアメリカ心理学会が行った、アメリカにおける貧困層と富裕層の生活状況の違いを厳密に調査するよう求める決議が頻繁に言及されている。アメリカ心理学会は、17項目からなるカタログを示し「社会正義」をより効果的に提唱することに取り組んでいる。このカタログの最初のポイントは、階級主義を検証する研究の重要性を明確に扱っている。[▼64]

民族性や階級に基づく偏見は往々にして密接に関係している。「ラテンアメリカでは、『お金は人を白くする』と言われる。富裕層や高学歴のマイノリティは、より高いステータスを得ることができる。ますます多くの場合、階級が民族性に勝ることがある」。[▼65] いくつかの研究で、階級に基づく偏見は、民族性や性別に基づく偏見よりも顕著であることが

▼61　ティーレ、363。
▼62　スペンサー／カスタノ、421。
▼63　スペンサー／カスタノ、428。
▼64　ケンパー／ワインバッハ、100。
▼65　Fiske (2011), 49.

確認されている。研究者たちは、自分の子どもが所属する保護者会（PTO）の副会長に応募してきた女性を評価する際に、参加者が抱く印象を調査。「ターゲットとなる女性は、ラテン系、ユダヤ系、アングロサクソン系、労働者階級、中産階級と認識されていた。労働者階級のターゲットは、中流階級のターゲットに比べ、民族を問わず、より厳格でなく、完璧主義でなく、より無感情であり、おとなしく、粗野で、より無責任で、よりふさわしくないと評価された。ターゲットの民族性は、階級的背景ほどステレオタイプ化には至らなかった[66]」。

スペンサーとカスタノは、社会経済的地位に基づくステレオタイプに関する心理学的研究は、性差、民族性、その他の特徴に基づくステレオタイプに関する研究よりもはるかに限られていると説明している。スペンサーとカスタノによれば、これは心理学者が一般に中流階級に属しているため、無意識のうちにそのような偏見を自ら広めていることが示唆されており、「心理学の研究におけるこのギャップは、低SES[67]の人々が対人関係や制度において、すでに直面している不可視性と排他性と併存している。その理由は、心理学者が一般に自分と似た人々、つまり中産階級の人々をベースにして理論を展開し、それによって階級主義を助長し、永続させているからであろう。」としている[68]。

その重要性にもかかわらず、階級に基づくステレオタイプは、他のステレオタイプに比べ、特定され、研究された回数がはるかに少ない。「この考えがより広く受け入れられるようになれば、おそらく社会経済的地位に焦点を当てた心理学的研究がより多く行われるようになり、次に低SESの個人に対するステレオタイプや偏見、それらが彼らの人生に

▼66　スペンサー／カスタノ、421。
▼67　SES＝社会経済的地位
▼68　スペンサー／カスタノ、421。

与える負の影響に対抗する方法が見つかるだろう」[69]。しかし、高ＳＥＳの個人に対する偏見やステレオタイプに関する研究がないことも、低ＳＥＳの個人に対する偏見に関する研究がないことと同様の原因に帰着するのかどうかについては、著者は疑問を呈していない。

下向きの階級主義と上向きの階級主義

「階級主義」という言葉は、「性差別」という言葉に比べてあまり知られていないが、どちらも歴史上ほぼ同時に生まれたものであることは事実である。階級主義が初めて登場したのは、１９７０年代にワシントンＤ．Ｃ．で活動していた共同体のレズビアン・グループ「フューリーズ」が発表した文章の中であった。彼らは、社会的背景を理由にした女性労働者への差別を指す言葉として、階級主義という言葉を使ったのである[70]。〃人種差別、性差別、反ユダヤ主義とは対照的に、階級主義の学術的、あるいは大衆科学的な文脈でさえ、階級主義の精緻化の歴史は始まったばかりだ〃と、２０１６年にケンパーとワインバッハは述べている[71]。

「階級主義の分析は、社会経済的地位と密接に関係し、その結果正当化されるステレオタイプや侮辱的事柄を扱う」と、ケンパーとワインバッハは述べている[72]。しかし、この言葉はしばしば、社会的に不利な立場にある人に対するステレオタイプや偏見に還元される。〃歯がない、服がぼろぼろ、一日中テレビやＤＶＤを見ている、高い文化に興味がな

▼69　スペンサー／カスタノ、429。
▼70　ケンパー／ワインバッハ、33。
▼71　ケンパー／ワインバッハ、47。
▼72　ケンパー／ワインバッハ、11。

い、アルコール中毒、子供を放置する、乱れた生活、うまく営業できない、自制心がないなどが、失業者、低SES個人、低所得者のステレオタイプな汚名になっている〟[73]。

階級主義を論じるとき、下向きの階級主義と上向きの階級主義に区別される。「第一の形態の階級差別は、通常考えられている階級差別で、権力者や社会階級の上位者が社会階級の下位者を疎外し、差別するものである。これは、社会階級の立場が低いと思われる人を対象とした下降型階級主義、階級主義的偏見・差別と呼ぶべきものだ」とリュウは説明する。[74]第二の形態は、上向きの階級主義である。「上方階級主義とは、社会的階級が高いと認識されている人たちに対して行われる偏見や差別のことである。例えば、エリート主義者、俗物、ブジー（ブルジョアのスラング）と認識したり、レッテルを貼ったりすることは、上昇階級主義の一形態である。また、対人関係では、嫉妬や妬みとして現れることもある[75]」。さらにリュウは、「横並び階級主義」「内面化された階級主義」という言葉も紹介しているが、これらはまだ研究として定着していない。

しかし、上昇階級主義という概念に基本的に批判的な著者も、「ブルーカラー労働者の側にも、たとえば富裕層や知識人に対する偏見が存在すること」は認めている。[76]政府の所得扶助の受給者による、たとえば富裕層や学者に対するステレオタイプや侮辱も、「前者が社会的不利益を被っているために、その差別を強権的・規範的にすることができないとしても、差別の一形態である。しかし、このような差別は、人々を侮辱し、切り捨てるという政治的風潮を助長するものでもある[77]」。

階級主義に、富裕層や高SESの個人に対する偏見も含めるべきかどうかについては、

▼73　ケンパー／ワインバッハ、18。
▼74　リュウ（2011）、199。
▼75　リュウ（2011）、200。
▼76　ケンパー／ワインバッハ、23。
▼77　ケンパー／ワインバッハ、51。

多くの議論がある。富裕層に対する偏見も取り上げるこの拡張的アプローチの反対にする人々は、階級主義を、本質的に「構造的優位」に基づく「トップダウンの慣習」と限定的に定義している。[78] 階級主義は、単なる偏見ではなく、抑圧の一形態であると主張する。抑圧は、偏見と権力の組み合わせとして理解することができる。これは、人種差別や性差別など、他の形態の抑圧にも当てはまる。「被支配集団と支配集団のメンバーは互いに偏見を持っているが、支配集団だけが抑圧によってその偏見を構造的に有効にする力を持っている」。[79]

このような理由から、階級主義的な偏見やステレオタイプに関する分析の多くは、ブルーカラー労働者や低SESの人々に向けられたものに限定されるのである。この理解によれば、階級主義は常に力の弱い者に向けられたものである。「性差別、人種差別、異性愛と同様に、階級主義は社会的に切り捨てられた力の弱い者に向けられた否定的な態度、信念、行動を示す」とされている。[80] しかし皮肉なことに、階級に基づくステレオタイプに関する研究の欠如を嘆きながら、同じ著者であるバーニス・ロットは、富裕層に対する否定的な偏見やステレオタイプを永続させることを自ら選んでいる。彼女は貧しい人々の社会的状況を最大の共感をもって記述しているが、一方で富裕層のライフスタイルについての記述は、人気ジャーナリストの著書『リッチスタン』から特に極端な個別例を繰り返すにとどまっている。[81] キャビアが9800ドル、自宅フラワーアレンジメント3ヶ月分が2万4525ドル、葉巻25本のセットが730ドルといった具合である。[82] これは、階級に基づく偏見の研究をもっと進めるべきだと主張する人たちが、長い間批判してきたこと

▼78　ケンパー／ワインバッハ、23。
▼79　ケンパー／ワインバッハ、105。
▼80　ロット（2012）、654。
▼81　ロバート・フランクの「リシスタン」を参照。
▼82　ロット（2012）、654。

の典型的な例である。著者自身は明らかに富裕層を知らないので、メディアで伝えられるステレオタイプを繰り返している。もちろん、そのような贅沢品に多額のお金を使う富裕層はいる。しかし、そのような目立つ消費は決してしない人はもっとたくさんいるはずだ。バーニス・ロットの論文では、富裕層は過度の贅沢をし、法律を破り、交渉で嘘をつき、非倫理的な行動をとり、自分の努力よりも主に人間関係（つまり知り合い）によって富を手に入れるというステレオタイプな描かれ方をしている。このように、階級主義の研究者自身が、富裕層に言及するときに、階級主義的なステレオタイプを永続させているのである。

リュウは、世帯年収30万ドルの家庭が生活に苦しんでいるという新聞記事を引用している。この家族の税引き後の月収は1万5千ドルから1万7千ドルで、明らかに著者が想像もつかない額である。著者は、この家族の「ニーズ」や「必需品」を引用形式で表現しており、その中には年間4万ドルのシッター代も含まれていることから、このことは明らかである。[83]〝つまり、もし「怠惰」という内的な気質的帰結が貧しい人々に向けられるなら、貪欲や快楽主義を同じように特徴づけることはフェアだろうか[84]？〟

米国の心理学者たちは、反ユダヤ主義、人種差別、性差別などに比べて、階級的偏見に関する研究がはるかに少ない理由を説明しようと繰り返し試みている。ひとつの説明は、心理学者が人種差別、性差別、年齢差別、同性愛者差別、能力差別を経験したことがあるからだ。しかし、自分の社会的起源を低SESや労働者階級の家庭に求める心理学者はごく少数人であり、この少数人にとっても、貧困は現在の現実というよりも、間違いなく過

▼83　リュウ（2011）、183。
▼84　リュウ（2011）、184。

去の関心事である。[85]

２００２年、ロットは「心理学において貧困層がほぼ不可視化されていることと、心理学者が社会階層一般に注意を払っていないことは、多文化主義や多様性に直接焦点が当たっているときでさえも続いている。多文化問題を考察する際に社会階層が明らかに省かれていることは、心理学という学問についてのある種の現実を示している。心理学の理論は、理論を構築する人々と同じような人々、つまり、中産階級の人々（主にヨーロッパ系アメリカ人）に偏っている」と批判している。[86]

この議論は説得力があるが、研究者が上昇階級主義をあまり扱わない理由にもなっている。反ユダヤ主義の研究を進めてきたのは主にユダヤ人であり、性差別に焦点を当てたのは女性研究者、性的少数者に対する偏見の研究を先導してきたのは同性愛者であった。バーバラ・ジェンセン（後述）のように、労働者階級に対する階級的偏見を扱う研究者が、労働者階級の家庭の出身であることは偶然ではないだろう。そして、中流階級から富裕層にのし上がった私が、富裕層に対する偏見やステレオタイプに対処していることも、決して偶然ではない。

階級差別の研究者は、下向きの階級差別を非常に一方的に重視し、富裕層に対する偏見やステレオタイプは、それとは見なされていない場合が少なくない。米国における代表的な階級主義研究者の一人であるリュウは、例えば、好ましくない行動が富裕層に対するステレオタイプを強化するような一般化を招くことを否定している。「例えば、白人で、裕福で、男性である人に対するアイデンティティの攻撃は、事実上意味がない。そして、そ

▼85　ケンパー／ワインバッハ、101。
▼86　ロット（2002）、101。

れぞれの白人富裕層は独立して評価されるので、ある白人富裕層の悪い行動が、必ずしもすべての白人富裕層に対して集団ステレオタイプや力の低下を生み出すわけではない」[87]。もちろん、ある人の好ましくない行動が、その人の内集団全体に向けられたステレオタイプを強化するとは限らない。しかし、これはたしかによくあることだ。リュウの議論とは裏腹に、この点では富裕層も他のマイノリティと変わりはない。経営者や銀行員が非倫理的な行動をとったり、疑わしい行動にもかかわらず多額のボーナスを受け取ったりすると、多くの人々やメディアはこれを個人の問題とみなすだけでなく、「強欲な経営者」「強欲な銀行員」というステレオタイプを強調するものとして見なすのである。

コルボウらは、下降階級主義と上昇階級主義を測定するための一連の尺度を開発した。上昇階級主義を測定するために、以下の項目が用いられた。

- 困難な状況に陥ったとき、富裕層は安易な道を選ぶものである
- 富裕層は、平均的な人々の経験とはかけ離れている
- 富裕層の子供はトラブルメーカーだ
- 社会的地位の高い人を妬む
- 多くの富裕層が制度を悪用しようとしている
- 富裕層は利己的であることが多い[88]

回答者の間で最も強い負の相関を示したのは、上昇階級主義と「生活満足度」の間で、[89]

▼87　リュウ（2013）、4。
▼88　コルボウら、577。
▼89　コルボウら、578。

重回帰分析で他の変数を調整した場合でも同様であった。[90] 生活満足度は七段階評価で測定された。サンプル項目は、「これまでのところ、人生で望む重要なものを手に入れている」、「もし自分の人生をやり直せるなら、ほとんど何も変えないだろう」などである。[91]

著者らは、この調査結果を説明するために、次のような仮説を立てた。「自分の生活環境や上昇志向に不満を持つ人は、責任を外在化しようとし、経済的に裕福だと思われる人も成功に値しないと合理化するかもしれない。裕福な人は、不平等や不協和音を減らすために、誰かを問題のはけ口としたり、誰かの状況を合理化するための簡単なスケープゴートかもしれない」。[92]

また、所得と性別の間にも、ごくわずかではあるが、統計的に有意な負の相関が認められた。また、上方階級主義は女性よりも男性でより顕著であった。[93]

アメリカのメディアにおける階級主義

富裕層に対するステレオタイプも扱った、階級主義研究の分野で出版された数少ない広範で詳細な著作のひとつが、『Framing Class, Media Representations of Wealth and Poverty in America』である。これは定量的なメディア内容分析ではないが、著者は広範な資料－ニューヨーク・タイムズや、富裕層とその消費習慣に焦点を当てた著名なＴＶ番組であるリアル・ハウスワイフやバチェロレッテ、特別な顧客向けの雑誌などを調査している。そ

▼90　コルボウら、581。
▼91　コルボウら、574。
▼92　コルボウら、581。
▼93　コルボウら、581。

の結果、ケンダルの著書は純粋な政治やビジネス報道にとどまらない。その本では、「メディア・フレーミング」を検証しているが、その定義は次のようなものである。「メディア・フレーミングという用語は、メディア（新聞、雑誌、ラジオやテレビのネットワークと局、インターネット）が情報やエンターテインメントを視聴者に提示する前にパッケージ化するプロセスを説明するものである」[94]。メディアは、読者や視聴者の富裕層に対する感情を糧にしており、それは賞賛と拒絶の同時発生で成り立っている。「富裕層に関するニュース記事や娯楽テレビ番組のストーリーラインで最も人気のあるメディアのフレームは、富裕層を愛することと憎むことを同時に行っても良いという多くの人々の心の中にある既存のスキームを利用している」[95]。著者は、6種類のメディアフレームを区別している[96]。

- コンセンサスフレーム：富裕層は他の人たちと同じ
- 憧れのフレーム：富裕層は気前がよくて思いやりのある人たち
- エミュレーション・フレーム：富裕層はアメリカンドリームを体現している
- プライスタグ・フレーム：富裕層は物質主義の福音を信じている
- 酸っぱいブドウのフレーム：富裕層は不幸で機能不全に陥っている
- 悪党としてのフレーム：一部の富裕層は悪党である

コンセンサス・フレームにおいては、メディアは、富裕層とそれ以外の人々との間の重

▼94　ケンダル、8、原文ではイタリック体。
▼95　ケンダル、22歳。
▼96　ケンダル、29歳。

要な違いを軽視することで、富裕層が多くの点で他の階層の人々と似ていることを強調する。メディアにおけるコンセンサス・フレームの例としては、2008年の不況や住宅価格の下落によって富裕層も苦しんでいるとする記事がある。ケンダルはこうしたフレームを説明するだけでなく、常に反資本主義の立場から批判している。「もし、大富裕層が他の誰よりもお金を持っているだけの平凡な人々として見られるなら、資本主義経済に固有の不利な区別はあいまいになり、ニュース記事や娯楽番組において階級ベースの抑圧は軽視されるか、存在しないかのように見える[97]」。

しかし、富裕層と他の人々との共通点を強調するこのような報道の心理的機能は、全く別の解釈も可能である。富裕層の日常的な問題、特に富裕層が他の人々と大差ないことを強調する報道は、富裕層でない人々に「結局、富裕層も他の人々と同じ問題を抱えているのなら、富裕層になる意味があるのか」と慰めを与えるのだ。お金だけでは幸せになれないというメッセージが込められていることは明らかだ。このような考え方は、心理的に安心感を与える。なぜなら、お金によって問題が解決されるわけではないとするからだ。そして、むしろお金は新たな問題を生み出してしまうとされる。その際にはもうひとつのフレームである「酸っぱいブドウのフレーム」が用いられる。

憧れのフレームは、富裕層は寛大で、慈善寄付や善意の活動を支援する思いやりのある人々であるというイメージを与えるためのものだ。このフレームはチャリティーパーティーや慈善活動を宣伝する。このようなフレーミングは「この場合、メディアは富裕層の

▼97　ケンダル、32-33。

広報の役割を果たし、彼らの善行を他の人に知らせることで、彼らのビジネス取引や（時には）不謹慎な行為を打ち消すことに役立つかもしれない」と批判されている。[98]

エミュレーション・フレームというものは、貧困から富を得た下層階級上がりの人々に関する記事を指す。このような感動的なストーリーは、アメリカンドリームを体現するものとして取り上げられる。ケンダルは、そのような物語のひとつ、Oprah Winfrey の実話に注目している。[99] このようなメディアによる成功者の描写は、努力の重要性、正しい考え方や性格を持つことの重要性を強調する。ケンダルは、このことがアメリカンドリームの神話を永続させることになると批判しており、[100]「そのような結果にならない可能性が非常に高いことを考えると、エミュレーション・フレームは、2000年代の経済や社会の現実を考えると非現実的な期待を生み出すだけでなく、経済的に恵まれている人がそうでない人を軽蔑する口実を与えることになる」としている。[101] ただし、この際にケンダルが言及していないのは、1980年代と比較して、現在では、相続によって富裕層になった人の数よりも、自分で富を築いた超富裕層の割合がはるかに高いということである。[102] また、ジャーナリストは無事に着陸したすべての飛行機よりも、墜落した飛行機を報道する可能性が高いのと同様に、メディアは一般的な出来事よりも尋常ではない出来事を報道するのが普通である。つまり、「英雄」が賞賛されるのは、まさに彼らが大衆とは一線を画しているからであり、それによって他の人々を動機づけ、鼓舞することができるというのは、現代に限ったことではない。

▼98　ケンダル、34歳。
▼99　ケンダル、41歳。
▼100　ケンダル、42。
▼101　ケンダル、42。
▼102　UBS／PWC, 13.

プライスタグのフレームは、アメリカのメディアが、富裕層だけが買えるものの値段について、非常に正確な情報を提供する傾向があることを扱っている。高価な別荘、豪華なヨット、自家用飛行機、高級車、富裕層の子供用の高価なおもちゃなどがプライスタグ・フレームの例である。[103]「裕福な親が子供のために購入することに関するメディア報道によって、平均的あるいは平均より低い収入の親の中には、自分の子供に買い与えたいはるかに安価な品物さえ買えないので、物足りなさを感じる人がいる」とケンダルは批判する。[104] 3万ドルもするスーパープレクサスというおもちゃのメディア報道が、[105]本当に一般の親からそのような反応を引き出すかどうかは、純粋な憶測に過ぎない。そもそも子供に贅沢なプレゼントを贈る余裕のない親なら、このような報道を読むずっと前から気づいていたことだろう。繰り返しになるが、このような富裕層が目立つほど高価な贅沢品を持っているという描写には別の解釈もあり、それはケンダルができなかった批判のポイントにつながるものである。それはプライス・フレーミングは、富裕層のすべて、あるいは少なくとも大多数が、見せびらかすために高価な贅沢品を買うことだけが人生の目的である表面的な物質主義者であるという印象を与えていると言うものだ。

「酸っぱいブドウ」のフレームには、大金を相続した人々の個人的、心理的、その他のトラウマが描かれている。これらの記事の多くは、自尊心の低さや自己規律の欠如、退屈や疎外感、罪悪感や疑心暗鬼など、富裕層の苦しみを伝えている。また、富裕層は、自分

▼103　ケンダル、46-47。
▼104　ケンダル、48歳。
▼105　ケンダル、47歳。

自身を愛してくれているのか、それともお金のために愛してくれているのかが分からないため、富裕層が他者と良好な関係を築くことがいかに難しいかということも、しばしば指摘されている。特に、不倫や個人的な揉め事を起こすメンバーがいる裕福な家庭の欠点は、世界中で人気を博した「ダラス」などのテレビ番組でもしばしば描かれている。[106] 著者の「酸っぱいブドウ」的解釈は、要するに、こうした描写が視聴者に「やっぱり富裕層はそれほど偉くないかもしれない」という気持ちを抱かせる。私に言わせれば、このフレーミングは心理的な安心感を与えてくれる。富裕層になることはそれほど素晴らしいことではないので、なぜ自分は経済的に成功しないのかと、普通の人が自問する必要はなくなる。このことは、上記のようなメディアの描写のように、富裕層であることの利点よりもむしろ問題点が強調される場合、読者や視聴者がまさにこのような結論を導き出すことになるのである。

悪党としてのフレームとは例えば、一部の富裕層は何でも買えると信じていたり、他人を買収していたりするなど、メディアが描く富裕層のネガティブなイメージを表すフレームだ。また、違法行為によって富裕層になった詐欺師や犯罪者の報道にも、このフレームが使われている。ケンダルは、このフレームが、問題の根源が資本主義システムや社会的不平等にあることを提示していないことを批判している。ケンダルによれば、こうした現象は「個人の病理であって、社会におけるより大きな経済的、政治的、社会的不平等に根ざした構造的な問題ではない」ようにしていると言う。[107] 彼女は、ジャーナリストが少数

▼106　ケンダル、58-59。
▼107　ケンダル、71歳。

の悪いリンゴに焦点を当てることを選択することによって、システムに本質的に何か問題がある可能性を無視することに疑問を呈している。▼108 しかし、このような報道に対して、全く逆の視点から批判することも可能であろう。つまり、このような報道は、明示的であれ暗黙的であれ、一流の経営者や富裕層が貧困層よりも不正や脱税を行い、法律やモラルに対して自由奔放であるという印象を与えるものである。このようなステレオタイプはその性質上メディアで描かれる個々の事例によって実証できないものであり、実際に当てはめてはならないものだ。当然ながら、有名人や富裕層の不祥事が頻繁に報道されるが、それは、例えば平均的な所得者の脱税などよりもはるかに高額であることが多いからである。メディアジャングルの法則に従えば、世界中で毎年100万人が死亡している交通事故よりも、200人が死亡した一度の航空事故の方がより多くの関心を集めることになる。自動車事故はそれぞれ1人か数人の死者を出すだけだからである。多くの場合、メディアは実際の割合や規模とは一致しない印象を事象に与えている。

ケンダルの仕事は、階級主義研究の偏りを体現している。彼女は、富裕層に関するメディアの報道が過度に肯定的傾向を批判している一方で、貧困層や労働者の描写に対する批判では真逆のことを主張してる。彼女は、メディアの報道は概ね正確なもので、そして貧困問題に人間の顔をつけることによって共感を呼び起こすことを認めてはいる。彼女は、貧困層を主に統計として見るニュース項目は、貧困層の個人的な経験を描いていないという理由で批判する。同時に個人的な経験についてのストーリーは、貧困の構造的な要因が

▼108　ケンダル、71歳。

取り上げられていないために批判する。「経済的不平等の割合の増大、利用可能な仕事の数の減少、継続する人種・性別差別、その他機会を減少させる社会的・技術的変化など、貧困を永続させるより大きな構造的問題を依然として検証していない」としている。▼109

また、ケンダルは、ニュースなどで、貧困層が違法薬物を摂取したり、職を探さないなどの特定の行動によって、「現在の自分の窮状には、自分自身にも責任の一端がある」という印象を与えることがあることを嘆いた。▼110 ケンダルの批判の根底にあるのは、「人は自分の人生において、良い結果にも悪い結果にも責任がない」という考え方に基づく人道性の概念である。ボロ儲け話や富裕層に関するメディア報道は、時に成功が性格や個人の努力によるものであるかのような印象を与えるとして批判する。同時に、貧困層に関する報道は、ある人々が、少なくとも部分的には、自分の置かれている状況が自分の運命のせいであるという印象を永続させるという理由から批判する。▼111 ケンダルや他の階層主義研究者の視点からすれば、資本主義システムや「構造的」な不正は、常に人々を豊かにしたり貧しくしたりする原因であり、個々の原因に関する報道は、貧しい人々の運命を非難しようとする試みであるという烙印を押されることになる。

ケンダルはまた、統計を使って貧困率の増減や飢餓人口の増減を探るような事実に基づいた記事も批判している。「数字の議論に関する記事は、飢餓を数字のゲームのように思わせ、ほとんど意味をなさない」と言う。▼112 「これまで見てきたように、ニュース報道におけるテーマの枠組みは、データとその収集方法を強調するものだ。メディアは時折、視聴者に貧困層の『人間的な顔』を見せることがあるが、貧困、飢餓、ホームレスに関連する

▼109　ケンダル、84歳。
▼110　ケンダル、87。
▼111　ケンダル、87。
▼112　ケンダル、92歳。

大きな問題は、政府の統計がどのように作成され、解釈され、普及し、社会政策の決定に採用されるかという議論の中で簡単に失われてしまう」と彼女は続ける。▼113

ケンダルによれば、個人の貧困体験に関する記事におけるネガティブなフレーミングは、「しばしば微妙であり、それゆえに読者によるさまざまな解釈が可能」であるという。▼114 しかし、ケンダルは、富裕層がメディアで非常にオープンに激しく批判されるのに対して、貧困層に関するニュースの（実際または推定される）ネガティブな傾向は微妙である理由を問うまでには至っていない。その理由に対する説明の一つとして、貧乏人に対する直接的な批判は政治的に不適切であり、富裕層に対する批判は絶対に必要であると考えられていることがある。また、貧困層の犯罪については、エリート層の犯罪（ホワイトカラー犯罪など）に比べて、はるかに関心が低いという批判もある。▼115

ケンダルは、特に貧困から抜け出した人たちを取り上げたメディアが、意志の力やポジティブシンキングの重要性を強調していると批判している。このような報道は、「自分の心持ちだけあれば、自分も貧困から抜け出せるかもしれない」というメッセージを間接的に伝えているという。▼116「生活環境を改善し、苦難や依存症を克服し、より幸福な生活を手に入れた個人は、自分の力で立ち上がる明確な事例だが、例外主義の枠組みは、貧しい人々やホームレスのより典型的な経験を無視し、メディアの視聴者には、貧困やホームレスに関する個人主義的な見解が残り、これらの問題に関連するより大きな『社会問題』には焦点が当たらない。」とする。▼117

この論理から導き出される結論としては、メディアは、貧困から脱出できた人たちの情

▼113　ケンダル、93。
▼114　ケンダル、99。
▼115　ケンダル、117。
▼116　ケンダル、109。
▼117　ケンダル、111。

熱的なストーリーを報道するのは控えるべきだろうということになる。そうでなければ、読者や視聴者は、大多数の貧困層が貧困からの脱却に成功しないことを忘れかねない。ケンダルによれば、そのような物語は、貧困に関連したより大きな社会的問題を無視することにもなるという。これに対する反論は明快だ。読者や視聴者に、意気消沈した絶望的なメッセージを伝える方がよいのだろうか。たとえば、「システムが悪いんだ。システムが根本的に変わらない限り、あなたにチャンスはないのです」と。そして統計的によくあることだけを取り上げて報道するのは、本当にメディアの役割なのだろうか？珍しく尋常ではない出来事を報道するのは、彼らの本質ではないのか？

ケンダルの例は、階級主義研究者は、富裕層や資本主義体制を厳しく批判する一方で、貧困層や労働者階級を擁護し、一方的な党人性にならざるを得ないということを明らかにしている。事実に基づく報道、たとえば貧困率の増減に関する統計は、個人の運命に冷淡な関心を示すものとして批判される。また、個人の体験に関する報道は、貧困の「システム的」「構造的」な原因に対処していないとして批判される。この観点からすれば、「システム的な問題」を提起しない、つまり社会的な不正義をしっかりと批判しない記事は、すべて批判に値するということになる。このような人間性の根底にある概念は、ある個人が貧困から立ち上がることができた具体的な理由を無視し、「自力で立ち上がる」ことに成功した人々に関する報道を、資本システムを強化するものとして糾弾している。

同様の傾向は、「Media Images of the Poor」という論文で研究概要を発表したブロック、ワイケー、ウィリアムズの研究にも見ることができる。１９９９年の３ヶ月間、ブロックはアメリカの主要新聞（USA Today, The Washington Post, The New York Times）といくつかの地域メディアに掲載された412本の記事の内容を分析した。▼118 その結果、次のことがわかった。生活保護受給者に同情的な記事が圧倒的に多い。全体として、60％の記事が貧困層や生活保護受給者を支援に値する存在として、また困っている子どもを持つ勤勉な家族として描いている。一方、否定的な論調の記事は17％で、貧困層や生活保護受給者を麻薬中毒者や怠慢な親として描いている。14％の記事は中立的であった。▼119

この結果は、メディアにおいて貧困層が軽んじられ、ステレオタイプ化されているという著者の主張と矛盾する。ブロックらによれば、米国の主流メディアにおける階級主義的な表現は、主要メディアが少数の強力な企業によって支配されており、支配的な社会集団の利益を反映しているという事実の結果である。▼120 メディアは経済的強者によってコントロールされているため、メディアは貧困層を否定的に描いているという彼らの理論と、彼ら自身の実証研究の結果が矛盾していることから、著者らは陰謀論の領域に踏み込み、この矛盾を説明しようとしている。著者によれば、調査対象期間に貧困層がより好意的に描かれたのは、米国政府が3年前にPROWORA法（個人的責任と就労機会に関する調停法）を可決し、メディアが政府に代わって、福祉改革の成功と貧困層の就労増加を宣伝するようになったからであるという。▼121

実証的な調査結果、すなわち貧困層や生活保護受給者に対する圧倒的な同情的報道は、支配的な階級主義的ステレオタイプの予想と一致しなかったため、ブロックの主な批判は、とりわけ貧困の構造的原因に関するメディア報道の少なさに向けられ、「ほとんどの

▼118　ブロック他、245名。
▼119　ブロックら、240。
▼120　ブロックら、230。
▼121　ブロック他、242名。

記事は中立的なトーンで、生活保護受給者や貧困層が直面する困難を同情的に描いていたが、貧困の文脈を説明したり、その原因を明らかにすることはほとんどなかった」としている。▼122 そして「個人主義、資本主義の強いアメリカでは、公的扶助に頼ることは失敗を意味する。」とも。▼123

著者らは、「テーマ別」フレーミングよりも「エピソード別」フレーミングが優勢であることを批判している。つまり、貧困の構造的要因に焦点を当てたニュース番組よりも、貧しい個人あるいは家庭の状況を描いたものの方が多いということである。1981年から1986年にかけての貧困に関するテレビニュースの報道を分析したところ、エピソード的な枠組み、つまり貧困の個人的な体験を扱うストーリーが、テーマ的な枠組み、つまり貧困の原因についての一般的な分析を提供する番組よりも一般的であることがわかった。▼124 しかし、これは驚くべきことではなく、個人に焦点を当てたストーリーの方が、抽象的な分析よりもテレビ番組に適しているからである。著者らは、テーマ別の構造的な分析とは対照的に、エピソード的な報道では、貧困層の運命に対する個人的な責任に焦点を当てる傾向がはるかに強かったと述べており、「貧困を、経済的・政治的不平等に根ざした社会的問題ではなく、個人の問題として提示するフレーミングのテクニックは、貧困層が不当な扱いを受けているという認識をさらに強めることになる」と指摘する。▼125

階級差別に関する研究の多くは、明示的・暗黙的に、貧困の原因はほとんど貧困層になく、富裕層はその富に値しないという前提に立っている。これらの研究者は、貧困を個人の失敗のせい、富を個人の努力のせいとするメディア報道を基本的に批判的に捉えてい

▼122　ブロック他、229名。
▼123　ブロック他、234名。
▼124　ブロック他、234名。
▼125　ブロック他、237名。

る。彼らの視点に立てば、人々は決して自分の運命に責任を負っているのではなく、常に資本主義システムの社会構造による無実の犠牲者（貧困層や労働者階級）、あるいは不当な利益を得る者（富裕層）なのだ、ということになる。したがって、この世界観にそぐわないメディア報道は批判される。

中流階級の価値観の永続化としての階級主義

リュウは、他の階級差別研究者と同様、貧困を個人のやる気や努力の欠如で説明することを拒んでいる。その一方で、富裕層の成功に不可欠な要素として、勤勉と努力の価値を認めない。例えば、ある会社の社長が、最も給料の安い従業員の１００倍、３００倍の給料をもらっていても（時にはそれ以上）、それを努力や苦労の度合いと結びつけることはできないとしている。[126] 階級主義の研究者は、中流階級の考え方を絶対視して他者を非難するが、そのような論法は、まさに研究者自身が行っているのだ。正社員の場合、通常、労働時間や努力の度合いと受け取る給与は直結している。研究者を含む中産階級の構成員は、学歴、努力、勤勉、給与の額だけで判断すべきであるという考えを内面化している。だから、彼らの考える「公平な賃金」とは関係ない領域が社会に存在することは想像の範囲外である。例えば、労働時間や努力の度合いよりも、革新的なアイデアや培われた人脈が経済的成功に大きく貢献するような分野だ。結局、仕事の価値が成果の価値で判断され

▼126　リュウ（2011）、182。

るなら、それはあまり意味のあることではない。

階級制度の研究者は貧困を集中的に取り上げてきたが、彼らの研究は通常、貧困をいかに克服するかということではなく、不平等をいかに解消するかということに向けられたものであった。最下層の所得が増加しても、富裕層の所得が不均衡に増加する限り、リュウ氏をはじめとする研究者はこれを進歩と見なさない。[127] たとえ貧乏人と富裕層の所得が同じように増えたとしても（例えば3％）、5万ドルの3％は1000万ドルの3％よりはるかに小さいという議論によって、研究者はその利益を相対化する。[128]

階級主義研究者の世界観は、貧困層やブルーカラー労働者には共有されていない。貧困層やブルーカラー労働者からすれば、「システム」を覆すべきトンデモないものとは考えていないのである。このため、研究者はこの「矛盾」の説明を繰り返し考えようとする。例えば、研究者たちは、「自然主義的」と称する世界観、つまり、社会には、そして他の社会にも、歴史上、常に富者と貧者とが存在すると信じることを、現状を正当化するものとして批判する。[129] あるいは、労働者や貧困層がなぜ現状を是認するのかについて、心理学に説明を求め、例えば、それが自分たちの無力さの合理化であると示唆し、「それは、この無力感の内面化が、成功しないことへの自己非難となり、他の人が成功しているのだから失敗する理由は当人にあるとするからだ」としている。[130]

階級主義の研究者は、自分たち自身が犯していることを無意識のうちに批判している。中産階級の人たちは、自分たちの価値観を物差しにして、それ以外のものを測ろうとする。バーバラ・ジェンセンは、著書『Reading Classes. On Culture and Classism in America』

▼127　リュウ（2011）、183。
▼128　リュウ（2011）、183。
▼129　リュウ（2011）、185。
▼130　リュウ（2011）、186。

の中で、中流階級の考え方が絶対化されていることを批判している。一方では、彼女は自らの人生を報告し、労働者階級から中流階級に進むことがいかに困難であったか、そして何よりも、そうした社会階級移動に伴う心理的プロセスを実証している。一方、心理学者である彼女は、科学的な立場から階級主義というテーマを取り上げている。

ジェンセンは「階級」を主に経済的な用語で定義するのではなく、文化的な用語として定義している。階級主義とは、階級支配を維持するための道具とみなされる。ジェンセンはこれを「階級とは、あるアメリカ人が他の人よりはるかに多くの時間、余暇、支配、そしてはるかに多くの経済的報酬を得るに値するという不公平である。階級主義とは、こうした階級間の隔たりをそのまま維持するための一連の神話と信念のことである。つまり、労働者階級の文化や人々は本質的に劣っており、階級そのものが、誰が最も勤勉な労働者で正当な勝者であるかを示しているという確信である」と定義している。彼女の主な焦点は、文化的階級主義にある。「『文化』とは、受け入れられる価値観、習慣、風俗、態度、スタイル、行動、そして特に世界観、つまり心理学用語で言えば、共同体の共有された無意識の心の集合体」を意味する。▼131

彼女は、階級主義を、中流階級のスタイルが労働者階級の文化より優れているという前提と定義している。▼132「アメリカにおける階級主義は、中流（および上流）階級のスタイル、嗜好、態度、価値観が優れているという前提のもとに成り立っている。誰もが学校で、『良い』マナー、『正しい』英語、『良い』学校、『最高の』職業はどれかを教わる」と指摘する。▼133

▼131　ジェンセン、31歳。
▼132　ジェンセン、35歳。
▼133　ジェンセン、36、原文で強調。

ジェンセンの政治的方向性は、労働者階級と中産階級が実際には上層階級、すなわち資本家階級よりも互いに（特に経済的に）共通点が多いにもかかわらず、階級主義が、大多数の善意あるアメリカ人、すなわち労働者階級と中産階級をいたずらに分断していると訴えることで明らかになる。▼134 ジェンセンは、労働者階級と中産階級は、分裂を許すのではなく、資本家階級に対して連帯して行動し、団結するべきだと考えている。

ジェンセンは、労働者階級が中流階級に対して偏見を抱いていることは、「エッグヘッド、シシー、コールドフィッシュ、ペンシルプッシャー、スポイルドブラット、ブラッドサッカーなど」の数々の侮辱的な蔑称が証明していると述べる。▼135 とはいえ、米国で「普通」「教養」とされるものを定義するのは、結局のところ中産階級であるとジェンセンは主張する。

ジェンセンによれば、「高い」文化と「低い」文化を区別する行為そのものが、階級主義の表れであるという。▼136 また、労働者階級の文化によく見られる、より大声で、より表情豊かで、非常に感情的な振る舞いを、個人の性格の欠陥と解釈する場合にも、階級主義が見られると彼女は説明しており、▼137「この階級主義は、『見せ物をする』人や『大きな口をきく』人、スタイルや意見、食事や行動で『強すぎる』ように見える人を厳しく判断する」と指摘する。▼138 しかしジェンセンは、こうした中流階級の偏見が労働者階級だけでなく、ある意味で中流階級よりもさらに労働者階級に近い富裕層や上流階級のメンバーにも向けられているという事実を取り上げていない。

ジェンセンによれば、「社会経済的階級主義」とは、経済的成功を自らの優位性の証明

▼134　ジェンセン、36。
▼135　ジェンセン、39。
▼136　ジェンセン、41歳。
▼137　イェンセン、45歳。
▼138　ジェンセン、45歳。

とみなし、経済的に成功しない人々を「敗者」と認定する態度である。[139] これに対し、労働者階級の文化では、より高い社会的地位を目指すことが集団内の連帯を脅かすため、「反出世倫理」が支配的である。[140] ジェンセンは、生産ラインの仕事から管理者に昇格した女性の話を紹介している。その女性は、2週間もしないうちに生産ラインに戻ってしまった。なぜなら彼女が、「ボス」のように自己を感じたり、以前の同僚との連帯や友情を脅かすような役割で働くことに耐えられなかったからだ。[141]

ジェンセンの考えでは、個人主義が強く強調されるのは、中産階級の価値観を一般的な規範とする文化的階級主義の表れである。労働者階級の女性や男性にとって、「帰属意識」は個性や競争力を伸ばすことよりもはるかに重要な価値観である。[142] ジェンセンによれば、階級間の価値観の違いは、労働者階級と中産階級の人々の言葉の使い方にも表れているという。中産階級のグループは、個人の能力を発揮し、異なる意見を明確にするために言語を使用するのに対し、労働者階級のグループは、グループ内の合意を見出すために言語をより多く使用するのである。[143] ジェンセンは他の著者とともに、労働者階級の言語システムは劣っていると判断されるべきではなく、むしろいくつかの点では優れていると考えるべきだと述べている。労働者階級は、個人主義を軽視し、共同体精神の感覚を促進するために言葉を使っており、『私』と『私の』は『私たち』に置き換えられる」としている。[144]

階級主義論者によれば、労働者階級の子どもたちは、学校で克服しなければならないような言語的欠陥を抱えているわけではなく、単に、一般に「正しい英語」と呼ばれる中産階級の言語と少なくとも同等とみなされるべき別の言語を話しているに過ぎないという。

▼139　ジェンセン、46。
▼140　ジェンセン、64、原文で強調。
▼141　ジェンセン、64-65。
▼142　ジェンセン、66。
▼143　ジェンセン、69。
▼144　ジェンセン、76、原文のまま強調。

したがって、中産階級の労働者は、労働者階級の言語体系を理解することを学ぶべきである。「アメリカの学校は、労働者階級の方言、スタイル、態度、価値観、そして労働者階級の子供たちに対して偏見を持ち、罰則的ですらある」というのが中心的なテーゼである。[145] エリート大学での激しい競争を考えると、学生はしばしば友情と個人的成功のどちらかを選ばざるを得ない、とジェンセンは説明する。労働者階級の学生は、「目立ちたがり屋」であることよりも忠誠心に重きを置くので、労働者階級の学生にとってこの決断は特に難しい。[146] 階級制度は、労働者階級に、謙虚さや包容力といった優れた価値観を捨てることを強いる。「下層階級のやり方、『下手な』英語、謙虚さと包容力の価値観（他の誰かを嫌な気分にさせるかもしれないから、『目立ちたがり屋』で大物にならない）、その他多くのものを捨てなければならない、少なくともあなたが最も深く愛する人たちのことも」とする。[147]

階級主義理論の支持者は、労働者階級の家庭の子供が中流階級に同化することを要求されるべきではないと考えている。なぜなら、それは生涯にわたって、時には深刻な心理的問題を引き起こす可能性があるからだ。[148] 自身も労働者階級から中産階級になったジェンセンは、自分や他の人々が受けた無数の深刻な心理的問題について報告しており、それは社会と階級主義に根ざしていると理解している。「私が考える大学時代の労働者階級の困難には、次のようなものがある。(1)うつ病（自殺を含む）、ディスチミア（低レベルの長年のうつ病）、心的外傷後ストレス障害、薬物乱用などの深刻な精神衛生問題、(2)永遠に家を離れるといった複雑で混乱した死別や悲しみの過程、(3)内面化された階級主義、(4)アノ

▼145　ジェンセン、111-112。
▼146　ジェンセン、150。
▼147　ジェンセン、156。
▼148　ジェンセン、152。

ミーや無所属感、(5)インポスター症候群、サバイバーズギルト」[149]。

ジェンセンによれば、子供と疎遠になることを心配するため、労働者階級の家族が、自分の子供が中流階級に上がることを心配することは当然であるという。また、彼らが自分達よりも上層の従業員として、突き詰めれば労働者階級の生活を困難にすることに関与することを恐れている。そのため、「労働者階級の家族が、自分たちの生活を困難にして悪化させていると認識している人たちに、簡単に子供を明け渡さないのは不思議ではないだろう。」と述べている。[150] 他の多くの発言からも（労働者階級や貧困層に向けられる限りにおいて）階級主義に最も強く反対を唱える作家たちが、実際には中流階級や富裕層に向けられる古典的な偏見や固定観念を支持していることが明らかである。

これらの作家は、世界をきわめてイデオロギー的な視点から見ており、労働者階級の理想化は、中産階級の個人主義に対する激しい憤りや富裕層に対する偏見と密接に関係しているが、それでも、中産階級はその価値観や規範を絶対化するという重要なポイントに注目している。しかし、これまで見落とされてきたのは、この絶対化が上流階級や富裕層と同様に労働者階級にも向けられていることである。ただし、その大きな違いは、労働者階級の家庭の子供たちが、中産階級の言葉を学び、その価値観を内面化することができれば、社会的な階段を上る機会を得ることができることだ。結局のところ、「正しい」英語を話し、特定の価値観を内面化しなければ、社会進出は不可能なのである。しかし、中流階級の価値観が強調され、絶対化されると、上流階級に昇格することが難しくなる。なぜなら、そのためには、学校で教えられることとはまったく異なる態度、スキル、価値観が

▼149　ジェンセン、161。
▼150　ジェンセン、155。

必要になる場合があるからだ。教育によって、労働者階級から中流階級に自動的に上がれるわけではないし、中流階級から富裕層の仲間入りができるわけでもないのは、このためである。それぞれの集団は異なる価値観を持っている。階級制度の研究者は、イデオロギー的な偏見を持ちながらも、中産階級の価値観がいかに絶対化されているかを指摘することに成功している。

第3章　温厚か、有能か？・外集団のとらえ方

スーザン・フィスク、エイミー・J・C・カディなどの研究者は、富裕層に対する態度をわずかに扱ったにすぎないが、富裕層に対するステレオタイプや偏見の理解に大きく貢献するモデルを開発した。実際、彼らのモデルは、偏見やステレオタイプが必ずしも純粋に否定的なものではないこと、また、外集団のイメージはしばしばステレオタイプの混合した組み合わせに基づいて形成されることを示すことに重点を置いている。

ステレオタイプ・コンテンツ・モデル

彼らの「(しばしば混在する)ステレオタイプ・コンテンツ・モデル」によると、社会的外集団に対する感情的反応は、主に2つの次元で形成されている。

- 一つ目の次元は温かさである。つまり外集団や他者は、温かく、信頼でき、友好的であるとステレオタイプ化されることもあれば、冷たく、非友好的であるとされることもある。
- 第二の次元は能力である。すなわち、外集団や他者は、自信に満ち、勤勉で野心的であるとも、怠惰で無能であるともステレオタイプ化され得る。

研究によると、この2つの次元が、文化的ステレオタイプや個人の印象の分散の80%以上を占めるという。[151]

外集団の認識には、4つの組み合わせが考えられる。

1. 温かい、有能
2. 温かい、無能
3. 冷静で、有能
4. 冷たくて、無能

なぜ研究者はこれらの用語を特に使ってきたのだろうか？人は他者（個人または集団のメンバー）と出会ったとき、その他者が自己または内集団に対して何を目指しているのか、その目標が良いものなのか悪いものなのか、つまりどのような目標を追い求めているのかを知りたがる。相手や相手集団が自分の集団に対して友好的か非友好的だろうか？これが「温かさ」の次元である。第二の質問は、他の個人や集団がどの程度、自分の（プラスまたはマイナスの）目標を追求できる立場にあるか、すなわち、他者や外集団がどの程度有能であるかということである。[152]

外集団に対する否定的な態度や偏見は、基本的に能力が欠けているとみなされるか（主婦、障害者、老人など）、温かみがないとみなされるか（アジア人、ユダヤ人、女性専門家など）という2つの異なる評価に基づいている。[153]

いくつかの研究では、社会的外集団に対して、温かさと有能さの次元で1～5の点数を

▼151　Fiske, Susan T., "Divided by Status:Upward Envy and Downward Scorn," 1.

▼152　フィスク、スーザン T. カディ、ピーター・グリック「（しばしば混在する）ステレオタイプ内容のモデル」、879。

▼153　同上、879号。

つけるように指示されている。社会的に望ましいとされる回答の問題を軽減するため、試験参加者には、研究者は参加者自身の認識や個人的信念に興味があるのではなく、これらのグループが全体として他の人からどう見られているかについての評価に興味があることを伝えた。[▼154]

1. 「温かさ」と「有能さ」で最も高い評価を得たのは「内集団」であり、この研究の参加者は主に白人と中流階級であった。
2. 障害者や高齢者は、有能ではないが、温厚であると認識されているグループであった。
3. ユダヤ人、アジア人、富裕層は、「能力」は非常に高いが、「温かさ」は非常に低いという結果であった。
4. 生活保護受給者やホームレスは、能力がなく、温かくもない存在とみなされていた。

最も能力が高いのは富裕層であり、富裕層は温かさでは低いと評価された。生活保護受給者は、能力も低く、温かさにおいても低いと認識された。一方、高齢者は、能力は低いが、温かさは高いとされた。[▼155]

研究者たちは、インタビューを分析し、「有能さ」と「温かさ」の2つの次元について、対象グループに与えられたスコアのばらつきを明らかにした。研究参加者が評価した23のグループのうち、「能力」と「温かさ」のスコアに最も差があったのは「富裕層」、次

▼154　同上、884。
▼155　同上、895号。

いで「アジア人」であった。この2つのグループは、能力は非常に高いが、温かさは低いと認識された。一方、主婦や障害者は、能力が低く、温かさが高いと評価された[156]。同じ研究者は、これらの集団のステレオタイプがどのような感情を引き起こすかについても調査した。能力が高く、冷たいと見られているグループ（富裕層、ユダヤ人、アジア人など）には、賞賛と嫉妬の混合感情がもたらされた。温かさがあるが、能力が低いと認識されたグループ（障害者、高齢者など）から引き出された最も強い感情は、同情だった[157]。

外集団が高い能力を持つとみなされると、彼らに対する否定的な感情や態度が強まることがある。「地位の高い外集団は、（危険な競争相手に対する）脅威の感覚を動機として、（軽蔑ではなく）賞賛と激しい嫌悪が混ざった嫉妬を引き起こす可能性がある。したがって、アジア系アメリカ人、ユダヤ人、ビジネスウーマンが有能である（おそらく超有能である）と考える人は、偏見の火に油を注ぐだけかもしれない。たとえば、反ユダヤ主義者は、ユダヤ人の経済的・社会的影響力に関する荒唐無稽な陰謀説を信じることが多い。この場合、外集団の能力に対する肯定的なステレオタイプ（それに応じて、その集団の温かさの欠落や悪意に対する否定的なステレオタイプも）が、特に危険な形の偏見を駆り立て、極端な形の暴力につながることがあまりに多い[158]。

ステレオタイプ・コンテンツ・モデルは、米国の代表的なサンプル調査や三十数カ国のグループ研究において検証されている。「能力×温かさのマップは、どうやら人間の普遍性を捉えているようだ[159]」。フィスクによれば、世界中の人々は、富裕層や起業家を、有能

▼156　同上、888、893、895。
▼157　同上、897号。
▼158　同上、899。
▼159　Fiske, Susan T., "Divided by Status:Upward Envy and Downward Scorn," 2.

だが冷たいと見ている。[160]

２００５年、林らは、アジア系アメリカ人に対するステレオタイプや偏見を研究するために、多くの研究でステレオタイプ内容モデルを使用した。その結論として、彼らはアジア系アメリカ人のイメージが明確にユダヤ人と「世界中の富裕層のイメージ」といった他のグループのイメージに酷似していることを示唆している。[161] アジア系アメリカ人は、白人のアメリカ人から、能力は高いが、居心地が悪く、対人関係能力に欠ける（社交性が低い）と認識されている。とりわけ、林らの研究に参加した１２９６人は、以下のような特徴をアジア系アメリカ人と強く結びつけていた。

・より大きな力を求めている
・競争へのこだわり
・自分は誰よりも頭がいいと思っている
・ナンバーワンを目指している
・社会的に大きな力を得ようとする動機がある
・自分の業績と他の人の業績を比較する
・人より優位に立とうとするため、過度に競争心を持つことがある
・不釣り合いな経済的成功を享受する[162]

同時に、アジア系アメリカ人は社交にあまり時間を割かず、社会的状況において他のグ

▼160　同上、2。
▼161　林茂樹、モニカ・H、ヴァージニア・S・Y・クワン、アンナ・チャン、スーザン・T・フィスク「ステレオタイプ内容モデルによる羨ましいアウトグループに対する偏見の説明」44。
▼162　同上、37を参照。

ループほど機能していないと認識されている。同じような特徴が、富裕層にもあると推測される。この研究はこう結論付けている。「アジア人はこのように、恨みと妬みの偏見の対象である：推定される能力に対しては不本意ながら尊敬されるが、社交性がないとされるために嫌われる」[163]。

したがって、アジア人のようなグループに対する偏見は（ユダヤ人や富裕層に対するものと同様に）能力が低いとみなされる黒人やその他のマイノリティに対する偏見とは異なるのである。アジア系アメリカ人は、「称賛、憤り、嫉妬」が混在している集団の一つである[164]。その有能さを否定することはできない外集団を拒絶する根拠を与えるために、外集団のイメージは、「社交性」の低い特徴（アジア系アメリカ人は社会的に孤立していて厄介である、など）とされるものに基づいている。彼らを社会的に不適当であるとステレオタイプ化することは、高い成果を上げている外集団に対する差別を正当化するための用意周到な口実を提供する[165]。

余談：テレビのスリラーに登場する冷徹で計算高い富裕層たち

映画やテレビにおける富裕層の描写は、しばしばステレオタイプ・コンテンツ・モデルに直接対応している。1974年から1998年までドイツで放映された犯罪テレビシリーズ『デリック』から、二つの例を考えてみよう。このシリーズは世界的に大ヒッ

▼163　同上、44。
▼164　同上、35。
▼165　同上、44。

トしたため（100カ国以上で販売された）、この番組に登場するステレオタイプは、ドイツの視聴者だけでなく、他の多くの国の視聴者の態度にも対応している。「Eine eiskalte Nummer」のエピソードでは、次のような物語が語られた。▼166

二人の男が高級別荘に侵入する。別荘の主は裕福で、ジャガーに乗っている。彼は強盗たちを驚かせるが、恐怖などの感情を示さない。身振り手振り、言葉遣い、振る舞いなど、ほとんどロボットのようである。彼は状況を冷静に分析し、銀行に言って、別荘に2万ドイツマルクを持ってくるという提案を空き巣に持ち掛ける。この富豪は、「額に汗しているね、ウィスキーを飲めば落ち着くよ」と言い、犯人の感情の起伏の激しさを揶揄する。富裕層と違って神経質になっている泥棒の一人は、彼にこう言う。「お前の血管は凍っている」。

強盗は2万ドイツマルクを持って家を出るが、銃を忘れてしまう。その直後、富豪の取引先が訪ねてくる。取引先の男は、富裕層が客をだましたという証拠を突きつける。取引先との争いの中で、富豪は告白する。「私は帳簿を捏造した。私は帳簿をごまかした。だが人生ってなんだろう？人生とは綱渡りだ！何が何でも落ちないようにすることが大事なんだ！」。取引先の男は、「告訴する」と言い出した。富裕層はそれをあざ笑った。「君の性格の良さを皆で祝おうじゃないか。君の性格の良さを、みんなに自慢しよう。きっと賞賛されるよ」。

富裕層はその隙を突いて、強盗犯のピストルで取引先の男を撃った。明らかに強盗を殺人の犯人に仕立て上げるつもりだった。富裕層に会ったデリック警部は、同僚にこう言

▼166　1992年7月17日放送の「デリック」213話。

う。「彼は氷のように冷たい男だ」。

富裕層は無感情に描かれており、これはステレオタイプ・コンテンツ・モデルの「富裕層は温厚で感情がないが、知能は高い」というイメージとほぼ完全に一致する描かれ方である。

次に、同じく『デリック』シリーズから、2つ目の例を挙げよう。エピソード「Kein teurer Toter」[167]は次のような話である。

製材所のオーナーである企業家が、脅迫電話の被害にあっている。誰かが彼に電話をかけてきて、彼が他の人々から搾取していると訴えているのだ。起業家の家族の友人である弁護士が、デリック警部を呼び出す。しかし、脅迫電話をまともに取り合っていない企業家は、デリックを追い出して、「他にやることがないのか」と言い放つ。やがて彼は殺害される。

製材所での生活について、弁護士が語る。「彼は鉄拳で事業を営んでいる。彼は他人を怒らせるのが好きなんだ。反撃しなければ、退場だ。まるで、奴隷商人のようだ」。この起業家は、自分自身をこう表現する。「私は、友達を作ることで今の地位を得たのではない。私のことを奴隷商人だと呼びたければそう呼ぶがいい。それこそが私さ」。

彼の秘書は、この企業家について次のように語っている。「彼はみんなを嫌っていた。彼が部屋に入るたびに心臓が止まり、その日一日、普通に呼吸が出来なくなってしまった」。現場監督も、他の人が言ったことと同じことを言っている。「彼は、本当に迷惑な男だった」。

▼167　1992年12月11日放送の「デリック」第218話。

デリックの評価も同様に、「彼は悪人だ。そして、悪人であることを誇りに思っていたような気もする。死んだ男は他の人間を軽蔑していた。いつも誰かを傷つけようと探していた」とネガティブなものだった。

企業家は私生活でも暴君ぶりを発揮した。娘を殴る彼に対して妻や関係者と同様に娘は常に恐怖心を抱いて生活していた。殺人事件の後、皆は安堵のため息をつき、彼の家族は明るくくつろぎ、秘書もまた自由に呼吸できるようになった。ここでも、富裕層の企業家は経済的には成功しているが、冷酷で非人間的な存在として描かれている。

十字架にかけられる社会的に高い階級グループ

偏見、ステレオタイプ、妬み、特に特権階級や支配階級に向けられた偏見を探ることの重要性は、以下の調査結果によって示されている。「歴史は、高い地位の集団がしばしば大量殺戮の標的になることを示唆している。社会的動乱や脅威の最中、嫉妬の的である社会集団はしばしば最も深刻な種類の危害、すなわち集団的抹殺の企てのターゲットになることがある。同時に、これらの集団は、たとえ憤慨しながらも、しばしば最も尊敬され、そのため、他の場面でしばしば協力し、関わりを持ってきた。このように尊敬と嫌悪の両方が奇妙に混在しているため、この両義的な感情は非常に複雑で変動しやすい」[168]。

嫉妬とは、相手グループの資源を獲得したいという欲求から生じる感情である。「あな

▼168　Harris, Lasana T., Mina Cikara and Susan T. Fiske, "Envy, as Predicted by the Stereotype Content Model:A Volatile Ambivalence," in: スミス・リチャード・H。編『エンビー：理論と研究』133。

たは私たちが大切にしているものを持っている、できることならあなたから奪いたい」[169]。嫉妬は、肯定的な感情と否定的な感情の両義性を特徴とし、妬まれた人や社会集団は、尊敬、賞賛、激しい拒絶を一度に経験するのである[170]。「この複雑な社会的感情は、あらゆるサンプルにおいて地位の高い外集団（例えば、ビジネスマンや富裕層）にのみ認められる。嫉妬は不安定な感情反応となりうる。これらの集団は、他の集団がその高い地位と資源を理由に彼らと付き合うので、受動的な利益を受ける。しかしこれらの集団はまた、特権的な部外者であることを理由に攻撃されることもある。だから嫉妬は憎悪を誘発し、安定した条件下での付き合いと不安定な社会条件下での攻撃という不安定なミックスを引き起こす[171]」。

妬まれるグループは、（嫉妬なしに）憧れられるグループと共に、高い地位を享受し、有能であると認識される。しかし、嫉妬される集団は、憧れの集団と異なり、前者は温かさがないと認識されることもある。温かさがないと認識される集団は、「超人間的」あるいは「よりオートマタに近い」と見なされる[172]。冷たいが有能であると認識された集団は、温かさや社交性といった特徴を奪われ、非人間的な認識の対象となるのである。

ローナンとハスラムは、人々が持つ他の社会集団に対する認識を調べた。彼らの2007年の研究によると、一般に人々は、外集団には内集団よりも人間らしい感情が少ないとする傾向がある。しかし、研究者たちは、人間らしさについて2つの異なる感覚を区別している。（発達の初期段階における）「人間の本質」、（発達の後期段階における）「人間臭さ」があるのだという[173]。

▼169　同上、142。
▼170　同上、135。
▼171　同上、136。
▼172　同上、137。
▼173　以下、Loughnan／Haslam, 117を参照。

「人間の本質」の特徴は以下を含む。

好奇心旺盛であること
フレンドリーであること
楽しいことが好きなこと
社交的であること
信頼できること
アグレッシブであること
気が散漫であること
せっかちであること
嫉妬深くあること
神経質であること

「人間くささ」の特徴は、以下を含む。

広い視野を持つこと
謙虚であること
組織的に動けること
礼儀正しくあること
完璧であること

冷静であること
保守的であること
無情であること
無礼であること
浅はかであること

彼らの研究が示すように、「人間の本質」の特徴を持つと強く認識される外集団は、ステレオタイプ化の過程で動物と関連づけられやすく、「人間くささ」の特徴を持つと強く認識される外集団は、オートマタやロボットとより密接に関連づけられるのである。「さらに、人間らしさの特徴は、人間以外の異なるタイプと異なる関連性を持っている。人間くささは、動物よりもオートマタに関連し、人間の本質の特徴は、オートマタよりも動物に関連する」[174]。

ハスラムは、人間らしさの二つの異なる感覚に対応し、それぞれの特性が外集団に否定されたときに生じる「非人間化」を、「動物的非人間化」と「機械的非人間化」の二つの形態に区別している。この2つの非人間化の形態は非常に異なっている。機械論的非人間化では、外集団は感情的反応や対人的温かさを否定される[175]。

ローナンとハスラムによれば、外集団が人間的でないと認識される場合、オートマタと関連づけられる可能性が高くなり、これは特にビジネスマンの場合にあてはまる。他のグループ、例えば芸術家は、動物に関連付けられる可能性が高い[176]。

▼174　ローナン／ハスラム、119。
▼175　ハスラム、258。
▼176　ローナン／ハスラム、120。

偏見の研究やステレオタイプ・コンテンツ・モデルが示すように、富裕層やビジネスマンはコンピュータやオートマタと結びつけられて人間性を奪われる。フィスクはこう強調している。「これらの冷たいが能力がある外集団はロボットに例えられる。このように非人間化された集団は、オートマタのように見えるために脅威として認識され、嫌悪感を与えるどころか、冷ややかな目で見られる。サイボーグを考えてみよう。ブリーフケースからスーツまで、ビジネスパーソンとその道具は、私たちの頭の中で、アンドロイドからソフトウェアまで、オートマタと結びつけられている。その一方で、私たちはビジネスマンやロボットを、冷淡、保守的、冷酷、浅はかな存在と結びつけてしまうが、彼らが組織的で礼儀正しく、完璧であることも認めている。CEOもコンピューターも、好奇心が強く、友好的で、社交的で、楽しいことが大好きな、典型的な人間ではない[177]」。富裕層などを「有能だが冷たい」「人間味がない」と認識することは、社会不安の時代に彼らが極端な加害の被害者となる理由を説明するものかもしれない。[178]「最悪の場合、そのような認識は、『我々』に対する脅威として、社会的地位が高い集団の排除を正当化することになる[179]」。

一般に、温情が低いと認識される集団は人間性を失っている。これは、麻薬中毒者やホームレスなど、能力的にも温情的にも低いとされる集団に当てはまる。人間の脳活動を測定したところ、このような集団は人間的な知覚の中心となる多くの特性において著しく低い評価を受けることが明らかになった。異なる社会集団間の比較では、妬まれる集団はホームレスや薬物中毒者とは異なり、非常に有能であると認識されることがわかった。し

▼177　フィスク（2011）、22、原文では強調されている。
▼178　ハリス、チカラ、フィスク、137。
▼179　フィスク（2011）、23。

かし、どちらの対象も、同情や誇りを引き出す温かいグループと比較して、典型的な人間ではないとの評価を受けた。[180]

嫉妬される集団は、一方では超有能であるが、他方では情緒性が欠如していると認識される。これは嫉妬される集団は温かみに欠けるという認識によって、「攻撃されて当然」ではあるが、効率的な社会集団は有能さを否定できないという事実の結果でもある。人は共感できない対象や、内面的な精神状態や感情を持たないと認識される対象に危害を加えやすい。[181]

安定した社会情勢においては、妬まれた集団はそれほど危険ではないが、社会崩壊の下では積極的に攻撃される。妬みは、妬まれた集団を助ける同情や意欲の欠如だけでなく、妬まれた集団の苦しみは意地悪な充足感を得ることを予期させる。これは悪循環を引き起こす。嫉妬の対象となる集団が攻撃されればされるほど、他人の不幸を喜ぶ（シャーデンフロイデ）という嫉妬に駆られた人々はより多くの他人の不幸がもたらす喜びを経験するのである。実際、積極的な加害行為に悪意のある快感が伴うとすれば、快楽が加害行為の実行を強化し、攻撃的な行為がその後繰り返される可能性を高めるという危険な強化学習サイクルを示唆している。言い換えれば、妬まれた集団に積極的に危害を加えることが快感であれば、それだけ有害な行動が持続する可能性が高くなる。[182]

ハリスらによれば、社会が安定しているときには、妬まれる集団に対する否定的・攻撃的な傾向は働かない。なぜなら人々はこうした憧れの集団と一緒に行動するのだそうだ。

しかし「社会的に高い地位にある、競争的な外集団は、社会不安においては、非常に現実

▼180　ハリス、チカラ、フィスク、138。
▼181　同上、139。
▼182　同上、143。

的かつ個人的な危険性を意識し続ける必要がある」[▼183]、なぜなら社会的激動の時代では、彼らは危険にさらされるからである。富裕層が非人間的なオートマタと結びつけられる「機械的非人間化」（ハスラム）の具体的な形態は、とりわけ、危機や戦争といった例外的状況において、そうした集団を迫害し殺害に及ぶための前提条件である。結局のところ、非情な機械に対して誰も同情しないのだ。なぜなら、機械は能力はあるが、人間的な価値や感情を欠いていると認識されるからである。

▼183　同上、144。

第４章　嫉妬に関する学術研究の成果

世界中でステレオタイプ・コンテンツ・モデルがテストされたところでは、富裕層は常に、有能だが冷たいと思われ、他人から嫉妬を買う集団の一つであった。心理学者のウルフとグリックは、アメリカのサンプルでは、嫉妬されるグループにはフェミニスト、ビジネスウーマン、アジア人、ユダヤ人、富裕層が含まれると報告している。韓国では、雇用者、富裕層、知識人が嫉妬の的となる。また、西ドイツでは、キャリアウーマン、富裕層、フェミニストが「能力は高いが、温情がない」と認識されていた。[184]

社会的比較研究により、私たちは常に意識的・無意識的に他者と比較し、自己評価のための不可欠なデータを得ていることが明らかになった。この他者と自分の比較は自動的に行われる。結局のところ、自分を評価するのは、関連する他者と自分を比較するときだけだ。背が高いか低いか、力が強いか弱いか、醜いか美しいか、頭が良いか悪いか、それくらいしか判断材料がない。そして、同じ人間は二人といないので、私たちは常に自分にとっての優劣によって、自分自身を推し測っている。私たちは皆、他者との関係性の中で自分を位置づけ、認識している。この対決の手続きは、同時に、人間の知識の構造に基礎を置くものであるから、避けられないものである。[185]

嫉妬は、AさんがBさんと自分を比べて、BさんがAさんが欲しいと思うような資質や所有物、地位を持っているときに生じる。インターネットの時代になって、社会的比較はかなり拡大され、私たちは常に世界中の人々と自分を比較している。[186] 以前の世代は、近所の人や個人的に知っている人としか比較することができなかった。メディア時代、特にインターネットの時代には、社会的比較の機会が急速に拡大し、嫉妬の可能性が高まってい

▼184　ウルフ／グリック、ウルフ、エリザベス・ベイリー、ピーター・グリック。"Competent but Cold：ステレオタイプ内容モデルと組織における妬み"において。Smith, Richard H., Ugo Merlone, Michelle K. Duffy (Eds.).Envy at Work and in Organizations.Oxford, New York：オックスフォード大学出版局 2017、151。

▼185　Fernández de la Mora, Egalitarian Envy.『社会的正義の政治的基盤』77。

▼186　アリック／ゼル、"社会的比較と妬み"において。スミス・リチャード・H。（編）妬み。理論と研究、74-75。

く。嫉妬の対象は、必ずしも一人の人間ではなく、「富裕層」「エリート」といった抽象的なものになった。[187]

自分と他者との比較は、しばしば意識にならないレベルで行われるという事実が、嫉妬が気が付かないうちに行われる理由の一つである。通常、人が意識するのは、嫉妬の感情そのものではなく、嫉妬の結果、すなわち嫉妬する相手に対して経験する否定的な感情である。この否定的な感情を自分に説明しようと、人は優れた対象の小さな欠点を誇張したり、あるいは妬まれた人や集団に存在しない欠点を捏造したりする。[188]嫉妬深い人は、他の人がうまくやったことを見過ごし、代わりにスポーツ選手の知的凡庸さ、天才の肉体的弱さ、科学者の美的無神経さ、芸術家の知識不足、革新者の浪費、伝統主義者の下品さ、等々を見つけることを選ぶ。そして何らかのメリットを認める以外に選択肢がないとき、そこにはやはり、到達すべきまたは到達できたであろう、理想との比較が行われる。[189]

嫉妬を意識する場面と、嫉妬に突き動かされているがその事実に気づいていない場面とを区別することが重要である。心理学者のW・ジェロッド・パロットによれば、嫉妬深い人は、自分の行動が嫉妬によって動機づけられていることに全く気付かないとされる。[190]

しかし、通常は、自分にとって重要な領域との関係においてのみ、嫉妬を経験する可能性が遥かに高いのである。例えば、森の中に住む哲学教授は、隣人の狩猟の腕前に嫉妬することはないだろうし、その隣人が哲学教授の持つヘーゲル弁証法の優れた理解力を嫉妬することもないだろう。[191]その人に特に関係の深い領域が、嫉妬につながる可能性が高い。当然ながら、これらの領域は人それぞれ異なる。研究者たちは、生殖を成功させるために

▼187　フェルナンデス・デ・ラ・モラ、80歳。
▼188　アリックケ／ツェル、77。
▼189　フェルナンデス・デ・ラ・モラ、75歳。
▼190　パロット（1991）、6-7。
▼191　アリックケ／ツェル、78。

発達してきた領域が、嫉妬を引き起こす可能性が最も高いと信じている。「彼ら（研究者）は、人類の祖先の過去において生殖の成功に重要だった領域が、嫉妬を最も誘発しやすく、男性と女性が『質的に異なる適応的問題』に直面したために、何らかの性差が生じるだろうと提唱している」[192]。となると、女性の嫉妬がライバルの魅力に関係する傾向があることも説明できるだろう。なお、自分にとって一番大事な領域との関係というものは生涯を通じて変化する可能性があることを付言しておく[193]。

この理論によれば、男性にとって最も重要な領域は、進化生物学において重要な役割を果たした領域でもあり、例えば、肉体的・精神的な優位性と物質的資源の獲得における成功であると考えられる。お金や物質的な資源は成功の象徴であり、パートナーを選ぶ機会を増やすのに役立つ。したがって、男性にとってはお金や物質的資源というものは、女性にとっての外見と同じくらい重要である。

特に、ある人の得が他の人の損になるような「ゼロサムゲーム」で嫉妬は発生する。この点、ゼロサムゲームの定義は人それぞれであることが興味深い[194]。このことは富裕層に対する認識という点で重要である。ある人の豊かさは、他の人の貧しさの犠牲の上に成り立っている（あるいはその逆）と考えれば、私は経済学をゼロサムゲームだと考える。これについては、次章でさらに詳しく考察する。

人間は自分と似ている人を嫉妬傾向があるというのは、嫉妬という課題に取り組んでいる研究者の一致した意見である[195]。チェスにまったく興味のない私が、チェスの世界チャンピオンを嫉妬することはまずないだろう。それとは対照的にチェスの世界タイトルを目指

▼192　ハリス／サロベー、342。
▼193　同上、342-343。
▼194　同上、346。
▼195　同上、339-340。

している人については同じことは言えず、逆にチェスの世界チャンピオンのことを妬ましいと思うかもしれない。

一方、人々が類似性を認識する際に、どのような要因が最も寄与しているかを判断することは容易ではない。ハリスとサロベイは以下のように指摘している。「類似性が集団間の嫉妬に寄与しているのか、あるいはどのように寄与しているのかは、依然として不明である。ステレオタイプ・コンテンツ・モデルは、嫉妬は地位の高い外集団に対して生じる感情であると提唱している。しかし、個人レベル嫉妬望に焦点を当てた研究では、類似性が繰り返しテーマとして取り上げられている（そして、おそらく人は外集団のメンバーよりも内集団のメンバーに類似性を感じるのであろう）。今後、外集団への嫉妬と内集団への嫉妬を直接比較する研究が、この問題を解明するのに役立つかもしれない。[196]」

嫉妬は「不快な感情状態」であり[197]、それゆえ私たちは嫉妬を避けようとする。特定の領域では比較は容易であるが、また別の領域では困難でもある。例えば、他人の経済的優越性や職業的優越性を客観的に比べることは容易だ。一方、礼儀や協調性といった社会的な領域では、客観的な比較は容易ではない。したがって、後者の領域では、他人の優越性を否定したり、少なくとも優越性を疑ったりすることは簡単だ[198]。

嫉妬は、劣等に位置する比較対象者が、優れた対象者の地位に自分が到達する可能性はほとんどないと考えているときに、常に大きくなるのである[199]。これに対して、人は嫉妬を回避し、最小限に抑えようとする。そのためには、妬む相手と自分の間のギャップを実際に小さくすることが有効である。これがうまくいかない場合、次のような戦略を用いる

▼196　同上、344。
▼197　アリックケ／ツェル、82。
▼198　同上、84-85。
▼199　同上、85。

ことができる（アリックとゼルはこれらを「二次的コントロール・メカニズム」と呼んでいる）。

1. 嫉妬を持つ人は、実際に比較している領域とは関係のない特徴や特性で、自分の優位性を強調することができる。[200]（例えば、妬む人は、私はXほど富裕層ではないかもしれないが、教育が行き届いていて、いい人だ、などと言うことができる。）

2. 嫉妬を持つ人は、自分が劣っている領域の重要性を軽視し、自分が有利な比較対象である領域を強調することができる。[201]（妬む人は人生はお金や物質的な価値がすべてではない、他のことの方がはるかに重要だ、例えば…と言うことができる。）

3. 嫉妬を持つ人は、嫉妬対象の能力を誇張して、劣っている比較対象自身の地位を相対的に有利に見せることができる。[202]（ウォーレン・バフェットのように、その人を唯一無二の金融の天才と認識することで、彼の優位性を受け入れやすくなる。このような状況下では、妬む人は、自分は天才ではないかもしれないが、スーパースターと不利な比較をしても恥じることはないと自分で認めることができる。）

4. 嫉妬を持つ人は、魔法のような思考をし、将来の成功や最終的に嫉妬の対象を克服することを空想することができる。[203]（例えば、楽園では役割が逆転し、貧乏人は富裕層より多くの祝福を受けると信じること。）

5. より弱い対処法としては、嫉妬深い人は、優れたターゲットの衰退や没落を想像することがあげられる。[204]（これは共産主義に一役買っており、その信奉者たちは富裕

▼200　同上、87。
▼201　同上、87。
▼202　同上、87。
▼203　同上、87。
▼204　アリックケ／ツェル、87。

層が富を奪われる日を常に待ち望み労働していた。）

妬みと不公平感

フーグランド、ティールケ、スミスによると、人が嫉妬を経験するのは、「何かがおかしい」と感じるからだそうだ。[205] この感覚によって、嫉妬する人は妬む相手の（不当な）優位性を合理化することができるのだろう。嫉妬する人の観点からは、その対象となる他者が個人的な不正の結果として「不当な」優位性を得たかどうかは重要ではない。[206] 著者らは、嫉妬する人は、妬まれる人が優位に立ったことを、嫉妬する人が不公平とみなすゲームのルールのせいにしていることを示唆している。

スミスは、嫉妬は通常、不公平感によって特徴づけられると主張した。それはつまり、嫉妬された人が不公平な方法で優位に立ったという確信、あるいは嫉妬する人とされる人の間の違いが不公平だと解釈されることである。そのため、「嫉妬に伴う典型的な敵対感情を完全に説明するには、嫉妬する人が不公平感も感じなければならないかもしれないのだ。言い換えれば、典型的な敵対的形態である嫉妬を感じている人は、妬まれた人の優位性が、ある程度、主観的なレベルでは、不公平であると信じなければならないかもしれない」と指摘される。[207]

正当な憤り（憤慨）と嫉妬を区別するのは容易ではない。どちらの場合も、（正当な、

▼205　Hoogland ／ Thielke ／ Smith, 127.
▼206　同上、127。
▼207　スミス（1991）、93。

あるいは想定された）不正義が敵意の焦点となっているからである。スミス、パロット、キムの3人は、150人の大学生に、強い嫉妬を感じたときのことを詳細に記述するよう求めた。そして、「妬ましいと思った人が、ある優れた才能、能力、身体的属性を持って人生をスタートしたことは不公平に思えた」など、不公平感を主観的に感じる場合と、「事実を知っている客観的な裁判官は、私が妬ましいと思った人は、その幸運に値しないということに同意するだろう」など、憤りが客観的に正当化できる場合とに区別された。[208]

最初のケースは、スミスによれば、不公平感は嫉妬深い人の主観に基づくものである。つまり、第三者が客観的に見た場合、不公平や不正義は認識されない。第二のケースは、不公平な扱いを受けていることが明らかで、他人がそれを認識し批判するような場合に、不正義感が生じるというものである。[209] スミスは、この2つの感情「一方は嫉妬、他方は正当な怒り」を区別するのは必ずしも容易ではないことを認めている。そのため、彼は「嫉妬による敵意は不公平という主観的で非正当な信念に基づいているかもしれないが、正当な憤りは不公平という正当な信念に基づいている。どちらの場合も敵対感情の質は異なるというより、おそらく似ているのであろう」と述べている。[210]

日常的な場面では、ある人の感情的な敵意が実際の不正義や不公平に基づいているのか、それとも単に主観的な認識の結果なのかを判断するのは簡単かもしれない。例えば、職場で同僚の給与が高いことを不公平だと思う従業員がいる状況を想像することは簡単である。しかし、客観的に検証してみると、不当な扱いを受けている証拠はなく、給与の差は、実はうらやましいと思っている人の成績が悪いことを反映していることが明らかにな

▼208　同上、94。
▼209　同上、84。
▼210　同上、89。

る。もちろん、妬んでいる本人は、この客観的事実を認めたくない。客観的な外部の人間から見れば、成績の悪い人が成績の良い人を妬んでいるだけで、同僚が優れていることを認めたくないことは明らかである。このような場合、一方では嫉妬、他方では現実の不公平に対する正当な憤りを明確に区別することが可能である。

しかし、より大きな社会的な文脈においては、その区別を明確にすることは難しくなる。例えば、CEOが一般社員の100倍以上の収入を得ていることに不公平感を感じている人は、同じ意見を持つ人をたくさん見つけることができる。社会的不正義に対する考え方に賛同する同好の士を探したり、自分の意見を後押ししてくれるメディアを探したりする必要はない。また、政治の舞台でも、極端な所得格差は経済的不公正の表れであるという意見に賛同する声が多く聞かれる。このように、「経営者の過剰な給与」に対する抗議は、決して嫉妬の表現ではなく、社会的不正義に対する正当な批判であるという信念で多くの人々が団結しているのである。

スミスは、嫉妬の敵対的な要素は、しばしば嫉妬する人自身の不当な扱いを受けたという主観的な感情に根ざしていることを指摘していることは正しい。特に政治の世界では、嫉妬はほとんどの場合、「社会正義」の欠如とされるものへの怒りで覆い隠される。多くの場合、憤慨した人々は、「社会正義」とは何を意味するのかを正確に説明しようとはしない。嫉妬深い人々が「正義」と言うとき、彼らの意味するところは往々にして「平等」である。

したがって、嫉妬は、自分が不当に扱われたと感じたり、他の誰かに対して劣等感を抱いたりしたときに生じる。スミスと彼の仲間の研究者たちは、427人の学生に、嫉妬を経験した状況を思い浮かべるよう求めた。学生たちは、その状況を文章で説明した後、アンケートに答え、嫉妬のエピソードで抱いた感情を評価するよう求めた。

特に、この実験では、2つの特定の信じていることを測定した。▼211

1．主観的な不正の確信

「自分の人生は不遇であると感じる」

「人生そのものに対する不公平さからくる諦め」

「羨ましく思う人が自分より有利に人生をスタートさせるのは不公平に思えた」

「うらやましい人の幸運が自然にやってくるのは不公平に思えた」

2．劣等感の思い込み

「うらやましいと思った人が、私に劣等感を抱かせた」

「己の劣等性を自覚する」

「うらやましい相手と自分とのズレは、自分の資質が劣っているためだった」

また、同じ実験で、嫉妬のエピソードの最中に、被験者が敵意と抑うつ感情のどちらに傾いていたかも測定した。研究者らは、主観的な不公平感が嫉妬の中心的な構成要素であることを明らかにした。「興味深いことに、主観的不公平感は、抑うつ感情および敵意と強く関連する唯一の独立変数であった。嫉妬の敵意と抑うつ的要素は、嫉妬の経験をどの

▼211　Smith, Parrott, Ozer, Moniz (1994), 707-708.

ように定義するかについて非常に一般的かつ中心的であると思われるので、主観的な不正義の確信がこれらの要素と二重に関連していることは、そのような確信が嫉妬の特異的特徴である可能性を示唆している」[212]。

このように、嫉妬は劣等感から生じることは明らかである。不平等はどの社会にも存在する。つまり、他の人と比べて相対的に不利だと感じている人が必ず存在する。「人々の間の違いが、資源の獲得や生殖適性の強化に影響を及ぼすような人間のシステムは、自分が相対的に不利であると感じる個人にとってジレンマを生み出す」[213]。この結果の一つが嫉妬である。「嫉妬は不利な状況に対する適応で良くある反応である」[214]。

スミスとキムによれば、嫉妬は、より大きな成功を収め、より多くの資源を蓄えている同輩の不当な優越性を、より成功が少なく、資源も少ない人々が説明しようとするときに生じるものである。そして、「同業者が成功すれば、同じように成功できないことを不甲斐なく感じる。また、嫉妬は自分の地位の低さに対する不当な怒りでもある。成功した人は不当な利益を得ているに違いない。嫉妬は、うつ病、不幸せ、低い自尊心と相関がある」と指摘されている[215]。

嫉妬の影響は、それが発生する特定の条件に依存する。ある状況下では、嫉妬の対象である成功者と協定を結ぶことは、妬む人にとって直接的な利益となるかもしれない。しかし、他の状況では、嫉妬は妬まれた人に対する攻撃性につながることがある。これが嫉妬の本質的な危険性である。「嫉妬は、より高い地位やより強力な他者と歩調を合わせることにつながるだけでなく、妨害したり攻撃したりすることにもつながる。嫉妬は起こるべ

▼212　同上、710号。
▼213　Smith ／ Kim in Smith (2008), 4.
▼214　同上、5。
▼215　Fiske (2010), 2.

くして起こる害なのだ[216]」。

人はなぜ嫉妬を否定するのか

ヘルムート・ショークは、著書『Envy: A Theory of Social Behaviour』の中で、「今日、私たちは一般的に、嫉妬の動機の帰属に関して、寡黙で抑制的である」と述べている[217]。したがって、嫉妬は最もよく否定され、抑圧され、覆い隠される感情である。フォスターは1972年の論文「The Anatomy of Envy：A Study in Symbolic Behavior」の中で、あらゆる文化圏において、人々は嫉妬を認めることを非常に嫌がる、と述べている。フォスターは数年にわたり、学部生に嫉妬の感情について質問した。約50％が「ほとんど嫉妬しない」、40％が「ほどほどに嫉妬する」「たまに嫉妬する」、そして10％だけが「とても嫉妬する」と答えた[218]。

ほとんどの人が、直接質問されたときに、自分が嫉妬する人だと表現しないという発見は、嫉妬とその可能な影響に関する唯一の大規模継続研究によっても支持される事実である。2005年、2009年、2013年に、研究者は無作為に選ばれた1万8千人のオーストラリアの成人にインタビューを行った。調査の質問のひとつには、次の言葉は、あなたをどのように表現しているかという質問があり、その回答の中に「嫉妬深い」という言葉が含まれていた。回答者は、自分自身を1（私を全く描写していない）から7（私を非

▼216　同上、6-7。
▼217　ショーク、29。
▼218　フォスター、166。

常によく描写している）までの7段階で評価した。回答者の約54％が、自分自身を「嫉妬深い」の最低点である1点または2点と評価し、72％強が1点から3点の間で評価した。一方、3・6％強が6点または7点をつけ、嫉妬深いと認めている。[219] しかし、この調査結果から、「嫉妬深い」という感情はめったに経験できないものだと結論づけるのは誤りであろう。もし、人々が他のどの感情よりも嫉妬を否定する傾向があることが事実であり、これまで見てきたように、多くの科学者がそのためのもっともらしい論拠を提示しているのなら、嫉妬は、誰かに嫉妬深いかどうかを直接尋ねることによって測定することはできないだろう。より現実的な結果は、その人が妬ましいという回答を示した質問から得られる。したがって、この研究の結果は、嫉妬が高齢者よりも若者の間ではるかに顕著であるという発見を含めて、慎重に扱われる必要がある。[220]

ゴンサロ・フェルナンデス・デ・ラ・モラもその著書『Egalitarian Envy』の中で、嫉妬が広く否定される感情であることを指摘している。「人はプライド、強欲、色欲、怒り、大食、怠惰は認めることができるし、それを自慢することもできる。ただ一つ、誰も認めない大罪がある。それは妬みである。妬みは暗く、隠された、永遠に覆い隠された罪である。その象徴は仮面であるべきだ。嫉妬深い人はこの感情をありのままに見ることを避け、潜在意識に埋没させ、あるいは合理化して歪曲させる。人は嫉妬を隠し、さらに、嫉妬を否認する」[221]。人々が嫉妬を隠す理由の一つは、ある人が妬みによって動機づけられていることを公に認めると、その妬みの原因を取り除くために取る行動は、社会的に非正当とみなされるからである。嫉妬がそのように認識されるようになったとき、あるいは公然

▼219　ムヒチッチ／オズワルド、104。
▼220　同上、105。
▼221　フェルナンデス・デ・ラ・モラ、73歳。

と伝えられたとき、嫉妬を持つ人はそれを満足させよう、あるいは排除しようとする意図を自動的に失念してしまうのである。[222]

フォスターは、妬みには恐怖がつきものだと説明する。人は自分が持っているものを妬まれることを恐れ、他人の妬みによる結果から自分を守ろうとする。同時に、人はまた、他人を妬んでいると非難されることを恐れ、自分が妬んでいることを認めることを恐れているのだ。[223]

さらにフォスターは、人間は自尊心を失うことなく、罪悪感、恥、プライド、貪欲、そして怒りの感情を認めることができるのに、嫉妬の感情を認めることはほとんど不可能であるのはなぜか、と問いかけている。フォスターは次のような説明をしている。嫉妬していると自他共に認める人は、自分が劣っていると感じていることも認めていることになる。だからこそ、自分の嫉妬心を認め、受け入れることが難しいのだと。フォスターが言うように、「自分の中に嫉妬を認めるということは、他者に対する劣等感を認めるということであり、他者との比較において自分が劣っていることを知ることである。嫉妬を認めるというより、この劣等感を暗に認めてしまうことが、私たちにとって非常に受け入れがたいことなのだと思う[224]」。

フォスターは、アメリカの精神科医ハリー・スタック・サリバンを引き合いに出して、富裕層に向けられる嫉妬を探る上で重要な意味を持つ問題を提起している。嫉妬は、ある人が、他の人が自分も持ちたいと思うものを持っていることを認識したときに始まる。そうすると必然的に、なぜ自分はそれを持っていないのだろうという疑問が湧いてくる。な

▼222　同上、74。
▼223　フォスター、166。
▼224　同上、184。原文ではイタリック体。

ぜ彼らは、私ができなかったことを成し遂げることができたのだろう?これは重要な洞察であり、なぜ人々が自分の嫉妬の感情を激しく否定するのかを理解するのに役立つ。また、多くの人が自分が嫉妬深いことを認めたがらない理由も説明できる。「嫉妬は気持ちのいいものではない。嫉妬を定式化すると、それに関連するあらゆる暗黙のプロセスが、必ず何かが必要だという点から始まり、不幸にも他の誰かが持っている物質的なものが必要だということになるからである。このことは、『なぜあなたはそれを持っていないのか』という問いを導き出す。そして、それ自体が不安を引き起こすのに十分な場合もある。どうやら相手の方が自分よりも物質的に安心するための小道具を揃えるのが上手で、自分がさらに劣っていることになるからだ[225]」。

このことが、嫉妬に対処することが難しい理由だと、フォスターは言う。フォスターによれば、妬みの感情を「解消」するために、妬む(あるいは劣る)人は、自分の失敗の責任を自分のコントロールできない状況に転嫁する必要があるという。「個人の外側にある制御不能な要因や条件のせいだと認識される劣等感は、不快ではあるが、少なくとも耐えられるかもしれない。個人的な不備や能力不足、判断ミスが原因だと認識される劣等感は、自己イメージを大きく損なうため、受け入れるのがはるかに困難である」。嫉妬を持つ人が、嫉妬の対象となる他人の成功を運命、運、偶然のせいにできれば、自尊心に与える負担はずっと少なくなる[226]。

このことが、富裕層を妬む人々が、富裕層の成功の要因を、運、道徳的に非難されるべき方法の使用、セレンディピティ、不当な優越性などに帰することによって、しばしばそ

▼225　サリバン、フォスター、184に引用されている。
▼226　フォスター、184。

の感情を合理化する理由の一つである。あるいは考えられる第二の戦略として富はとにかく努力する価値のないものだと主張する。結局のところ、最良の回避策は、自分はお金にほとんど興味がないと主張することだ。「富裕層で病気より、貧乏で健康な方がいい」という諺に表れているように。現実には存在しない選択肢を並べることでも、同じ効果が得られる。また、「富裕層の成功は適性、技術、能力とは関係ない」とする気休め的な説明もある。だから、超一流の成功者の業績を「幸運」で説明する本が流行るのだ。

良心の呵責というものは存在するのか？

嫉妬は必ずしも否定的である必要はない、つまり良い意味での嫉妬も存在する、と主張されることがある。しかし、ショークはこの考え方を明確に否定している。ほとんどすべての文化や宗教が、例えば部族的な信仰を通じて、嫉妬の破壊的な性質を非難してきたにもかかわらず、彼は、人間は嫉妬なしに社会で存在することはできないと信じている。「まれに、ある詩のように、嫉妬が刺激剤として、崇高なもの、建設的なものとして呼び起こされることがある。そのような場合、詩人は言葉の選択を誤ったのだ。本当に妬ましいと思っている人は、公平な競争に参加しようとはほとんど思わない」▼227。

嫉妬は、すでに自分の無力さを自覚している攻撃的な感情であり、そのため最初から攻撃性の一部とそれなりの苦悩や苦痛が、ややマゾヒスティックに対象者に向けられるとシ

▼227　ショーク、11。

ョークは述べている。「人は他人の個人的あるいは物質的な資産を恨み、原則としてその取得よりも破壊にほとんど熱心である」[228]。

ショークによれば、嫉妬を持つ人は相手の所有物から価値のあるものを手に入れることにはほとんど興味がなく、「相手の所有物をどのように自分に移すかについて、詳細な心象風景を思い浮かべることはほとんどない。彼は相手が強奪され、奪われ、剥奪され、恥をかかされ、傷つけられるのを見たいのだ。純粋なタイプの妬み屋は、自分の都合で泥棒や詐欺師をすることはない。嫉妬の対象が他人の個人的な資質、技術、名声である場合、窃盗の問題は発生しえない。しかし、相手が声、名声、美貌、誠実さを失ってほしいという願望を抱くことは十分にある」と指摘されている[229]。

しかし、ショークの見解が揺るがないわけではない。ランゲとクルシウスは、「無害な嫉妬と「有害な」嫉妬を区別している。他の言語でも、ロシア語では白い妬みと黒い妬み、ドイツ語ではNeidとMissgunst（Neidは両方の妬みの上位語にもなっている）など、この2つの嫉妬の意味上の区別が行われている。ランゲとクルシウスによれば、無害な嫉妬は妬む人の上昇志向を高め、自分の地位を向上させようとするのに対し、有害な嫉妬は他人を傷つけたり、自分の地位を損なおうとする動機を高めるという。彼らによれば、気質的嫉妬は比較に基づく感情特性であり、人が上方の基準に直面したときに欲求不満を引き起こす。一般に、嫉妬の機能目標は自己と嫉妬の対象との間の差を平準化することである。無害な嫉妬の場合、妬む人はレベルを上げようとするが、有害な嫉妬の場合、妬む人は妬まれた人をレベルダウンさせようとする」[230]。

▼228　同上、25。
▼229　同上、8。
▼230　ランゲ／クルシウス、286。

彼らは、嫉妬を測定するために用いられる3つの一般的な尺度を挙げている。その中で最も広く用いられているのは、Dispositional Envy Scale（ＤＥＳ）である。彼らは、これらの尺度がいずれも2つの形態の嫉妬を区別することができず、したがって悪意のある嫉妬のみを測定していることを批判している。そこで彼らは、既存の尺度の欠点を克服するために、良性妬みと悪性妬みを区別できるように、独自の10項目からなる無害・有害な嫉妬の尺度を開発した。

無害な嫉妬を測定する項目の中に、このような文があった。「他人を羨むときは、自分が将来どうすれば同じように成功できるかに注目する」。有害な嫉妬を測る項目の中に、こんな文があった。「優れた人がその優位性を失うことを望む[231]」。

パロットは、嫉妬を「悪意がない嫉妬」と「悪意ある嫉妬」に区別している。悪意がない嫉妬は、誰かが「自分にもあなたの持っているものがあればいいのに」と言ったときに例証される。これに対して、悪意ある嫉妬とは、「あなたが持っているものさえなければいいのに」と言う発言に表される。パロットによれば、悪意ある嫉妬は破壊的である。「悪意ある嫉妬に苦しまされている人には、素晴らしい車が盗まれるか、損傷されるか、高潔な人が汚されるか殺されるか、美しい顔が隠されるか醜くされるべきだというのだ。悪意のある嫉妬では、相手が持っているものを欲しがる必要はなく、相手から奪うことだけを望む[232]」。

ベンらは、「Why Envy Outperforms Admiration」という論文の中で、人に自分を向上させる動機を与えるのは、賞賛や悪意のある嫉妬の感情ではなく、良性の嫉妬であるという

▼231　同上、288頁。
▼232　パロット（1991）、9-10。

仮説を提唱している。彼らは、（無害な）嫉妬による欲求不満とは対照的に、単なる賞賛はポジティブな感情かもしれないが、自分を向上させる動機になることはほとんどないとしている。[233] せいぜい彼らは、賞賛がモチベーションにネガティブな影響を与えることの方がはるかに多いことを指摘していながら、時折賞賛がポジティブな結果をもたらすこともあることを認めている程度だ。[234] また、研究者たちは、賞賛が他人の優れた業績を認識することに限定される場合、向上心の減少につながる可能性が高いとしている。上向きのモチベーションを生み出しうる現象としての3つの可能性（無害な嫉妬、有害な嫉妬、賞賛）のうち、無害な嫉妬が最も自己改善の動機づけになりやすいとしている。

上に挙げたオーストラリアでの嫉妬に関する継続的研究の結果は、ベンらの提唱する論文と矛盾するように思われる。オーストラリアの研究は、嫉妬が人々の幸福に負の影響を与えること、そして、嫉妬が有用な動機づけとして機能することを示唆する経験則は存在しないこと、例えば、経済的成功の動機づけとしてすら機能しないことを示している。[235]

ダームズとカーは、無害な嫉妬と有害な嫉妬の区別を否定している。彼らは、無害な嫉妬などというものは実際には存在しないと主張している。彼らが観察するように、カントは嫉妬を「他人の幸福を苦痛をもって眺める傾向」と定義した。嫉妬は、他人の幸運を破壊することを目的としている。[236] 著者らは、ある種の嫉妬は無害であるという考え方は、「妬む」という言葉が日常的に使われている結果であると指摘している（例：「なんて素晴らしい家なんだ、羨ましいよ」）。しかし、彼らが指摘するように、感情を専門とする研究者は、自然言語がしばしば感情の帰属について杜撰であるという事実をよく理解してい

▼233　デ・ヴェン、ツェレンベルク、ピーテルス、784。
▼234　同上、790円。
▼235　ムヒチッチ、オズワルド、108-109。
▼236　ダームズ／カー、45。

る。著者らにとって嫉妬とは、他者が持つ財への痛切な憧れではなく、他者がその財、優位性、地位を失うことへの願望にはるかに近い。[237] したがって、彼らは、「無害な」嫉妬という概念は矛盾していると結論付けている。[238]

嫉妬深い人は、ライバルが財を持っているか、どちらも持っていないかの選択を迫られた場合、どちらも持っていない状況を選ぶだろう。例えば、隣人がベンツを買って妬ましいと思った場合、1週間後に自分がベンツを買っても妬ましさは消えない。しかし、隣人が何らかの理由でベンツを失えば、その嫉妬は直ちに消えるだろう。[239]

スミスとは対照的に、ダームズとカーは、嫉妬は必ずしも不公平感とは関係ないとしている。彼らは、嫉妬深い人は、ライバルが優位に立つと、その優位が正当なものであるかどうかにかかわらず、心を乱されることを示唆している。実際、彼らは、嫉妬を持つ人はしばしば、ライバルに対する自分の否定的感情を正当化するための何らかの道徳的不満を見出す、すなわち、嫉妬を道徳的にパッケージ化すると述べている。[240]

私の考えでは、当然のことなのかそうでないのか、あるいは「公平」「不公平」という区別をすることで得られるものはほとんどない。結局のところ、正義の概念は人それぞれなのだ。そして、敗者は劣等感を和らげるために、自分が競争している領域のルールそのものが不公平だと思い込むだけだ。優越性はもともと不公平に配分されるものであり、自然は平等という意味での「正義」の概念には関心がなく、機会均等という意味においても関心を寄せることはない。以下のような例があげられる。美しい女性は、パートナーを選ぶときに優位に立つ。彼女はその優越性を「獲得」したのだろうか？容姿のよくない女性

▼237　同上、46。
▼238　同上、47。
▼239　同上、48。
▼240　ダームズ／カー、49。

は、相手を選ぶときに不利になるため、容姿が相手探しに重要な役割を果たすことを嘆くだろう。不利な立場にある人は、ゲームのルールが違っていたらよかったといつも思うものである。魅力のない女性は、外見がそれほど重要でないことを望み、豊かでない人は、お金がそれほど重要でないことを望む。

他の人が無害な嫉妬（怒りや敵意、悪意のない妬み）と表現しているものを、ハリスとサロベーは〝欲望やあこがれ〟と表現した方が正確だとも主張している。[241] 嫉妬には2つの側面がある。一方では、妬む人は相手が持っているものを奪うことに集中し、その状況に内在する不平等を不当と認識する。一方、妬む人は、その不平等を自分の失敗の結果であると解釈し、自分の価値観や自尊心を脅かす。[242]

嫉妬の定義が数多く存在し、しばしば矛盾していることから、コーエン＝チャラシュとラーソンは「否定的社会比較、痛みの感情、嫉妬の対象への憧れ、嫉妬の痛みをなくすという目標。これらの要素は、嫉妬に関するすべての著作に見られ、それゆえ嫉妬の定義の合意されたベースとなり得る」と述べ、嫉妬に関するすべての概念を統一するための定義を提案している。[243] 彼らはこうして、すべての嫉妬の定義の共通項を明らかにしている。「したがって、我々は嫉妬を、（a）他人が持っている望ましい対象が自分には欠けている、（b）その望ましい対象がその人の自己概念や競争上の地位にとって重要であるという確信を伴う苦痛な感情と定義している。嫉妬には、それがもたらす苦痛を軽減し、自分の相対的地位を向上させようとする動機が含まれる[244]」。

▼241　ハリス／サロベー、335。
▼242　同上、336。
▼243　コーエン＝チャラシュ／ラーソン、25。
▼244　同上、26。

嫉妬とシャーデンフロイデ

スミスやターナーらが報告した心理学実験の結果によると、[245] 妬まれた人が不幸に見舞われると、悪意のある快感であるシャーデンフロイデ（他人の不幸を喜ぶ気持ち）を経験するとのことだ。「我々の発見は、誰かの優越性に対する嫉妬の反応が、その人に降りかかる不幸に対する我々のその後の感じ方に重要な意味を持つことを示唆している。同情するよりもむしろ、快感を得る可能性が高いのです[246]」。

この科学者たちは、日常生活の中でさまざまな人に起こるポジティブな出来事とネガティブな出来事に対する被験者の反応を測定する実験を行った。その際、彼らは前章で紹介した「ステレオタイプ・コンテンツ・モデル」を採用した。

例えば、裕福なビジネスマンが誤って公園のベンチでチューインガムの上に座ってしまったり、犬の排泄物を踏んでしまったりといった、日常生活の中で誰かに何かが起こるという画像を見せる実験が行われた。被験者は、これらのポジティブな日常体験とネガティブな日常体験の画像を見た後、それぞれの画像について、これが現実に起こったらどう感じるかで評価した。１（非常に嫌な気分になる）から10（非常に良い気分になる）までの10段階評価で行った。その妬まれているグループ（富裕層を含む）にネガティブな出来事が起こると、妬まれていないグループと比較して、ネガティブな反応が最も少なく、良い

▼245　スミス、ターナーら、エンヴィーとシャーデンフロイデ。
▼246　同上、167 頁。

出来事が起こると、ポジティブな反応が最も少なくなることがわかった。さらに、研究チームは被験者の笑顔の筋肉の動きを測定する装置を使用した。この笑顔の筋肉は、羨ましいと思うアウトグループのメンバーに対してのみ、ポジティブな出来事よりもネガティブな出来事に対してより多く動いた。研究者たちは、「投資銀行家が『犬のフンを踏んだ』とき、人々は少し笑わずにはいられない」と観察している。これがシャーデンフロイデである」[247]。

さらに、シカラとフィスクは、どのグループが最もシャーデンフロイデを喚起しやすいかを調査した。研究者たちは、直接的な質問だけでなく、顔の筋肉の変化も測定した。これは、彼らが観察したように、シャーデンフロイデの表現は社会的望ましさの影響によって制約を受けると考えられるからである。顔面筋電図（fEMG）を用いれば、例えば微笑みなどのわずかな表情筋の変化も測定することができる。被験者がこのような筋肉反応をコントロールできるのは、言葉を発するときよりもはるかに少ない。

別の実験では、被験者に、ポジティブ、ニュートラル、ネガティブな出来事を経験したさまざまな人々の写真を見せた。その中の一人は、投資銀行家だった。その結果として「参加者は、他のターゲットと比較して、妬ましいターゲットに起こったとき、ネガティブな出来事については最も悪く思わず、ポジティブな出来事については最も良く感じていなかった。参加者は、妬ましいターゲットが不幸を経験したときに喜びを感じたことを明確に報告したがらなかったが、これらの顔面筋電図の結果は、羨ましいターゲットの不幸に反応して、ネガティブ感情がないだけではなく、ポジティブ感情（すなわち微笑）が存

▼247　フィスク『エンビー・アップ』（2010）、7。

在しているという予備的証拠を提供している[248]」。

シカラとフィスクは、人は高い地位の集団のメンバーに事故が起こっても同情せず、逆に悪意のある喜びを感じる場合が多いことを指摘している。「しかし、すべての外集団が同等というわけではなく、地位の高い競争的なグループは、他の外集団よりもシャーデンフロイデのターゲットになりやすく、積極的な危害も加えやすい。能力や温かさに対する認識がこうした反応を促すことを知ることで、社会が不安定な時にどの集団が最も危険であるかを予測することができる[249]」。

他人が不幸に見舞われたとき、典型的な反応はその人に同情することである。しかし、パウエル、スミス、シュルツによれば、その代わりにほくそ笑む喜びを感じることが明らかに許される文脈がいくつかある。彼らの考えでは、嫉妬は不快な感情であり、妬まれた人が不幸に見舞われれば嫉妬の苦痛は軽減される。アリストテレスの時代から、哲学者たちは悪意のある喜びと嫉妬が密接に結びついていることに気づいていた。スピノザは嫉妬を、他人の幸運を悲しく思い、否定的なことが起こると幸福に感じることだと定義した[250]。

さらに著者達は、他人と自分を比較し、その結果が好ましくない場合、その人の自尊心が脅かされることを観察している。「嫉妬を感じる人は、通常、自尊心に対する脅威を感じている。このように、嫉妬に関する学術的な研究では、通常、嫉妬には何らかの劣等感が伴うことが強調されており、妬みがこれほど辛い感情であり得る主な理由の1つとなっている。妬まれた人に不幸が降りかかれば、劣等感の原因が軽減されるか取り除かれるはずであり、これは喜ばしいことである[251]」。

▼248　シカラ、フィスク、69。
▼249　シカラ、フィスク、70。
▼250　パウエル、スミス、シュルツ、148-150。
▼251　同上、151。

妬む人はライバルの優位性を不当と解釈する。「優位性は不相応なものとして偏った方法で解釈されるかもしれない。この解釈は、妬む人の敵意に誤った信憑性と燃料を与えるものである」[252]。実際、著者らは、妬まれる人の利点や妬む人の欠点の報われない性質が、嫉妬の重要な要素であると指摘している。妬む人は、これを主観的に不当と認識する。その結果、不当な利益を享受している（と思われる）人がある程度苦しんだり、不幸によって切り捨てられたりすると、シャーデンフロイデがお似合いのように思われるのである。[253]

成功者に向けられる嫉妬や憎悪のことを「高嶺の花症候群」（背の高いケシ症候群）という。オーストラリアのノーマン・T・フェザー教授は、特に成功した人物が失脚したときに、中流階級の人々が経験する感情や態度を調査した。フェザーはまず、オーストラリア人（彼の研究にはオーストラリアの学生が参加している）は、重要な政治家が愚かな行為をしたとき、ビジネスマンが株式市場の暴落で大金を失ったとき、テレビの有名人が突然人気を失ったとき、ポジティブな反応を示すことを観察することから始める。[254] 彼は、高い地位にある人に対する態度に関する心理学的文献が比較的少ないことを不満に思っている。[255]

彼の最初の仮説は、大成功を収めた人々に対する態度は、しばしば複雑で両義的であり、その両義性は、そのような高嶺の花の転落に対する感情や態度に反映されるはずだ、というものであった。[256] 一方では、成績優秀者や成功者は、少なくともいくつかの点では、平均的な人々よりも肯定的に評価されるべきであると彼は考えている。「例えば、個人主義や業績を重んじる社会では、成績優秀者は平均的な人よりも有能で勤勉、効率的で自

▼252　同上、153。
▼253　同上、153-154。
▼254　フェザー、239。
▼255　同上、240。
▼256　同上、240。

信があり、尊敬や称賛に値すると見なされるだろう」[257]。一方で、成績優秀者に対して、肯定的な評価と相反する否定的な態度をとることもあり得ると、彼は指摘している。「例えば、一般的に成績優秀者は、よそよそしく、無愛想で、不謹慎で、過度に競争的だと思われる傾向があるかもしれない」[258]。

フェザーは、集団主義的価値観（私はこれを平等主義的価値観と呼んでいる）が、高嶺の花対する敬意と相反するものであるという仮説を立てている。「ある文化圏における集団主義的価値観は、高嶺の花が転落したときに満足感を感じる根底にもある。特に、倒れることによって高嶺の花が平均的な位置になり、他の人と似ているか平等になっている場合はそうである。それに対して、平均的な業績を上げた人が倒れるのは、その人が中間の業績と同一視される集団から排除されるため、あまり歓迎されないだろう」[259]。オーストラリア人は成功を重んじるが、成功しすぎたり、平均を大きく上回ったりしてはいけないとも考えている[260]。

フェザーの実験では、彼の仮説が裏付けられた。彼の被験者は、平均的な成績の人が失敗したときよりも、高い成績の人が失敗したときの方が、より喜ぶ（あるいは少なくとも不幸にならない）のである。また、失敗によって成績上位者が成績下位者になるよりも、成績上位者が成績中位者になる方が、相対的に喜びが大きかった。「中位または平均的な位置は、集団規範、すなわち集団の代表的な位置とみなすことができる」[261]。

しかし、フェザーの実験では、成績のよい人に対しては、平均的な人よりも否定的であるという証拠は見つからなかった。この文脈で、フェザーは、人は嫉妬の結果を恐れ、そ

▼257　同上、240。
▼258　同上、241。
▼259　同上、241-242。
▼260　同上、242。
▼261　同上、250。

れゆえ嫉妬はしばしば否定されるというフォスターの観察を引用している。「成績優秀者が転落したときのように、それを表現する明確な口実があれば、成績優秀者に対する否定的な感情を観察しやすくなるのかもしれない」[262]。

２つ目の研究では、フェザーは、成績優秀者が軽犯罪を犯したときに被験者がどのような反応を示すか、また、成績優秀者がその後転落したときに、より喜ばしいと感じると報告するかどうかを調査した。被験者は、同じ軽犯罪を犯したとしても、成績優秀者は平均的な成績優秀者よりも厳罰に処されるのが当然だと報告した[263]。「したがって、被験者は、両研究において、成績優秀者の転落をより喜ばしいと感じたと報告したのかもしれない。なぜなら転落は、高嶺の花の背を低くし、高嶺の花には誤りがあることを示し、高嶺の花をより他の人に近づけることになるからである」[264]。

フェザーは３つ目の研究を行った。今回は実験ではなく、成績優秀者に対する態度と、それが調査対象者の自尊心と相関しているかどうかを調べるための調査を行った。そこでフェザーは、成績優秀者に対する態度を測る尺度を作成し、この尺度の得点と自尊心を測る尺度の得点に価値観の優先順位をつけて相関を調べた。

フェザーのアンケートで、成績優秀者の凋落を支持する回答が最も多かった項目を紹介する[265]。

・大成功者がたまに失敗するのを見ることはいいことだ。
・大成功を収めた人たちは、往々にして自分のブーツが大きくなりすぎてしまう。

▼262　同上、250。
▼263　同上、255。
▼264　同上、256。
▼265　同上、259。

・トップから転落した大成功者は、たいていその転落に値する。
・大成功した人は、台座から降りて、他の人と同じになるべきだ。
・大成功を収めた人は、たとえ何も悪いことをしていなくても、時には一回落とす必要がある。
・いつも人よりずっとうまくいく人は、失敗することがどんなことか学ぶ必要がある。
・大成功を収めた人は、自らの尊大さに満ち溢れすぎている。
・大成功を収めた人は、たいてい他人を犠牲にして成功するものだ。

このような発言は、成績優秀者の失敗や没落を喜ぶ人たちから強い支持を得た。一方、成績優秀者は報われるべきだと考える被験者は、次のような発言に強く反応した。[266]

・トップに立つ人は、たいていその高い地位にふさわしい。
・社会が大成功している人を応援し、奨励することはとても大切なことである。
・成功した人が失敗して、高い地位から転落するのは同情すべきことだ。
・大成功を収めた人は、その功績に対してすべての報酬を得るに値する。

フェザーの相関分析の主な結果は以下のようになった。[267]

1．自尊心のスコアが低い被験者ほど、成績優秀者に対する否定的な態度が強かった。

▼266　同上、259。
▼267　同上、261他。

2. 自尊心の低い被験者は、高成績者の転落でより満足感を得ている。
3. より左翼的な政治を好む被験者は、政治的見解の異なる被験者と比較すると、高嶺の花の転落を支持する傾向が強く、彼らに報いることを支持する傾向が弱かった。

富の再分配を提唱する動機としての妬み

では、「嫉妬」という感情は、富の再分配への支持とどのような関係があるのだろうか。この問いに答えるため、研究チームはアメリカ、イギリス、インド、イスラエルで６０２４人の参加者を対象に13の調査を実施した。

経済的再分配への支持を測るために使われた項目の例としては、以下のようなものがある。「富裕層から富を奪い、貧困層に与えるべき」（1～7段階）、「政府は失業者に金を使いすぎである」（逆順に1～7段階）。▼268

思いやりは、次のようなステートメントを用いて測定された。「他人の悲しみに苦しむ」、「慈悲深い人を嫌う傾向がある」などの記述で測定した。▼269

嫉妬は「毎日妬ましいと思う」「簡単に成功する人がいるのが悔しい」等の項目で測定した。▼270

再分配による期待される個人的利益は、次のような質問で測定された。「富裕層への増税政策が実施されると想像してほしい」、「富裕層への増税は、あなたにどのような全体的

▼268　Sznycer ら、8424。
▼269　同上。
▼270　同上。

な影響を与えると思うか？」という質問である。これに対して回答者は、「私自身の経済状況が大幅に悪化する～改善する」の程度を1～5のスケールで示すことができた。[271]

また、富裕層への増税の結果をモデル化した以下のような2つの代替財政シナリオが示された。

a）上位1％の富裕層が所得の10％を追加で納税し、その結果、貧困層はさらに2億ドルを手にする。[272]

b）富裕層は所得の50％を追加で納税し、その結果、貧困層は2億ドルではなく、1億ドルを追加で手にする。（この調査の回答者が納得できるように、研究者は、税率が低いと富裕層はより多く稼ぐので、より多くの税金が発生し、それを貧しい人々に再分配することができる、と説明した）。[273]

公平性は、人によって「公平」「不公平」の概念が異なるため、測定がより困難である。そこで、この研究の著者らは、〝手続き面での公平〟と〝分配面での公平〟に対する支持を測定するために、別々の尺度を用いることにした。

・「手続き面での公平さ」に対する支持は、以下のような項目で測定された。「国の法律は誰にでも同じように適用されるべきだ」、「異なるグループや人々が異なるルールに従ったとしても、あまり気にならない」（逆）。[274]

・「分配面での公平さ」に対する支持を、金銭的な余裕を配分する方法に関する7つ

▼271　同上。
▼272　同上。
▼273　同上。
▼274　同上。

の決定事項で測定した。この７つの決定は、その金額も配分方法の選択肢も異なっている。[275]

４カ国すべてにおいて、公平さは再分配への支持にほとんど、あるいはまったく測定可能な影響を与えないことがわかった。これは、公平さのバリエーション（平等な分配、法律や基準の平等な適用）のいずれにも当てはまる。[276]

また、どの国でも、年齢が再配分の支持に大きな影響を及ぼしていないことがわかった。しかし、米国と英国では性別が有意な影響を及ぼし、これらの国では女性の方が男性よりも再配分に反対であった。社会経済的地位（ＳＥＳ）の影響は、英国では否定的であったが、他の国々では否定的でなかった。米国では、政治的指向が影響した。民主党支持者は、予想通り、共和党支持者よりも再分配に賛成した。[277]

同情、嫉妬、利己心という３つの要素が再分配への支持に測定可能な影響を及ぼし、それぞれの要素が他の要素とは独立して作用しているということを研究者達は発見した。調査対象者の14～18％は、たとえ中程度の増税（10％の増税）で貧困層が受け取る金額が２分の１以下になるとしても、富裕層への超高額課税（50％の増税）による再分配を主張するほどであった。[278]さらなる発見がある。アメリカ、イギリス、インドでは、参加者が嫉妬深ければ深いほど、「富裕層破壊シナリオ」を好む傾向が強かった。[279]また、研究者の分析によると、同情が、貧しい人々に援助を与えることの唯一の信頼できる予測因子であり、嫉妬は個人的に貧しい人々を援助する意思に影響を与えなかった。逆に、同情ではなく嫉

▼275　同上。
▼276　同上、8422-8423。
▼277　同上。
▼278　同上、8422。
▼279　同上。

妬が、参加者が貧しい人々に不利に働く場合でも富裕層への高額課税を支持する理由だった。「同情ではなく、嫉妬が、富裕層への課税を、たとえそれが貧しい人々に犠牲を強いてでも行いたいという願望を予期させる」[280]。

嫉妬は人類と同じくらい古いものであり、人類学的に不変のものである。したがって、嫉妬自体は、政治的目的のために利用され、拡大されることはあっても、特定の政治勢力が発明したものではない。嫉妬を動員するための最も重要な旗印は「社会正義」である。「社会が公平であればあるほど、その構成員は機会、地位、富においてより平等であるという基本的な仮定が成立し、直ちに、そのような『正義』を達成するために政党が休むことなく戦うことが確立されるのである。この公理とこのようなプログラムの魅力は、嫉妬深い人々にとって明らかに敵なしである。なぜなら、彼らに大きな苦痛を与えている同化できない劣等感を廃絶することが約束されているからである。平等は、嫉妬を持つ人たちにとって楽園のような約束であり、決定的な動機なのだ」[281]。

フィスクや他の研究者が観察したように、嫉妬は嫉妬深い人自身にも害を与える[282]。結局のところ、嫉妬深い人は、世の中の悪のすべてを嫉妬の対象である権力者や富裕層のせいにする傾向があり、自分の状況をコントロールしているという感覚を損ない、その状態が健康を蝕むことが証明されている。嫉妬の対象にダメージを与えることで、最も嫉妬深い人たちでさえ、自分自身の不利を受け入れることができるのだ。そして、下層階級の人々が最も切望するもの、すなわち尊敬は、〝トップに立つ者〟に対する憤りの力学によって特に危険にさらされる。フィスクの言葉を借りれば、こうだ。「嫉妬は嫉妬深い者自身を

▼280 同上。
▼281 フェルナンデス・デ・ラ・モラ、93。
▼282 フィスク（2011）、24-26。

飲み込んでしまう」[283]。

上に引用したオーストラリアの研究は、嫉妬が心理的な健康や幸福に有害であることを実証的に証明している。この研究の弱点の一つは、妬ましいと自己申告した人だけを妬ましい人と判断していることである。確かに、これらの参加者のうち、妬ましいと答えた人は妬ましいと思わない人に比べて、人生への満足度が低く、健康的でないことは明らかであった。研究者たちは、SF－36精神衛生指数を用いて、どの参加者を妬ましいと分類し、どの参加者をあまり妬ましくないと分類すべきかを決定した。また、参加者に人生に対する一般的な満足度についても尋ねた（「あらゆることを考慮した上で、あなたは自分の人生にどの程度満足していますか」）。その結果「これらの固定効果方程式は、計測された嫉妬による変化は、人々の人生に対する満足度の変化と、実質的にも統計的にも有意に逆相関していることを示している」[284]。そして「今日の嫉妬が高ければ高いほど、将来の精神的幸福度は低くなる」[285]。

平等であればあるほど、妬まれることはないのか？

簡単に言えば、再配分や「社会正義」のレベルを上げても、嫉妬は減らないのである。ショークはこの観察を繰り返し強調している。「嫉妬深い人間を満足させようとすればするほど、彼はより嫉妬深くなる」という古いことわざがあるくらいだ。この観察は、何度

▼283　同上、24。
▼284　ムヒチッチ、オズワルド、107。
▼285　同上、108。

も確認されているからこそ重要なのだと、ショークは強調する。ショークによれば、あなた（妬まれる側）が妬む人の公言する理由を奪おうと努力すればするほど、たとえば贈り物をしたり好意を持ったりすればするほど、自分の優位性を示し、実際に自分の能力を有効活用しているということを示すことになる。[286]「一度、嫉妬というプロセスが始まると、嫉妬深い人は、知覚の行為において実際にそうでないとしても、想像の中で、自分が経験する現実を非常に歪めるので、嫉妬の理由を欠くことはない[287]」。嫉妬から解放された社会という概念をユートピアに過ぎないと切り捨てるのは、このためである。実際、彼はその逆だと考えている。「階層的に構成された安定した社会では嫉妬は大きな社会的流動性のある社会よりも問題を起こさない[288]」。

ハンス・ピーター・ミュラーも同様で、初期の高度に階層化された社会では、社会的比較は常に自分の内集団にのみ関係していた、と論じている。かつては、「野蛮人がギリシャ市民と自分を比べたり、女性が男性と自分を比べたり、奴隷が主人と自分を比べたりすることはあり得なかったのである。比較するのは、自分の身分のグループだけであり、その中で、より良い立場、より悪い立場、より高い立場、より低い立場を主張することが必要であった。他の階級は全く別の社会的世界に住んでいた。役割や階級の垣根を越えようとすることは、傲慢、思い上がり、反抗的とさえ受け取られただろう[289]」。

現代社会では事情が違う。「社会は、最初はすべての人に開かれているにもかかわらず、結局はごく少数の人しか、社会の上層部に上がることができない。失業や失敗で手ぶらで帰る人や、自分の実力以下の職業に甘んじざるを得ない人がたくさん出てくるのは必

▼286　ショーク、28。
▼287　同上、125。
▼288　同上、341。
▼289　ミュラー、885-886。

然だ。このゲームにも勝ち組と負け組がある。負け組は、いかに実力主義が正当化しているように見えても、「運命」という残念な現実を処理する中で、「持つ者は幸いであること」に対する嫉妬と憎悪を抱くようになるのである。そう、おそらく憤りを煽ることは正当な不平等という事実だけで、憤りに加えて自分自身の無力さを認識することもあるからだ[290]」。

この発見の逆説は明らかである。不平等文化では、嫉妬と憤りは、もっぱら内集団内の社会的差異に関係するため、抑制される。「しかし、平等の文化では、（理想としては）すべての人にすべてが約束されているように見えるが、（現実としては）一部の人にしかキャリアや人生の道が開かれていないため、嫉妬、悪意、憎悪の余地も大きくなってしまうのである。空約束としての無制限の平等は、毒のような感情を解放する[291]」。

ミュラーはジンメルと同じように、社会的不平等とそれを解消するための努力は、クライマックスや終点のない永続的なプロセスであると仮定している。彼は、嫉妬、悪意、憎悪の感情を引き起こすのは、絶対的な不平等だけでなく、相対的な不平等であることを観察している。「外的な社会的平等が大きければ大きいほど、人々は残存する不平等に対してより敏感になる。平等であればあるほど、不平等に対する意識は鋭くなる[292]」。ショーク、「人間の嫉妬は、すべてがほぼ平等であるときに最も強くなる」と書き、この考えを明確に打ち出した。そして、再分配を求める声が最も大きくなるのは、再分配すべきものがほとんどなくなってしまったときである、と述べている[293]。

ミュラーによれば、現代の福祉国家は特に嫉妬の感情を生み出しやすい。「生活機会の

▼290　同上、888-889。
▼291　同上、889。
▼292　同上、890。
▼293　ショーク、361。

分配の中心的な機関として福祉国家を崇めた社会は、因果関係や罪の帰属という形で失敗の代償を払う。『自己責任』の代わりに、『システム責任』を経験する。人々は失敗を自分のせいにするのではなく、自分が望んだことと達成したことを比較するときに、『父なる国家』や『社会』に矛先を向けるのである」[294]。

▼294　ミュラー、893。

第5章　ゼロサムという信念。あなたの利益は私の損失である

フォスターは、嫉妬という感情と、人生はゼロサムゲームであり、一方の優位は他方の不利を必然的に意味するという確信との関連性を強調した。「ゼロサムゲーム社会（あるいは状況）において、常に潜在する嫉妬を引き起こすものは相対的な差であり、この差は同じグループの人々の富の上昇と下降によって生じることがある」[295]。

ゼロサムゲームとは、プレイヤーに支払われる配当の合計がゼロになるような関係性のことである。あるプレイヤーが得をすれば、自動的に別のプレイヤーが損をする。一方、非ゼロサムゲームは、プレイヤーへの支払いの合計が一定でないゲームである。このようなゲームでは、両者が勝つこともあれば負けることもある、あるいは、一方のプレイヤーが負けることなく勝つこともある、といった具合にゲームは進む。

研究者は、人生をゼロサムで考える傾向は、資源が限られている状況が普通であった過去の社会形態に根ざしていると考えている。

「資源が限られているとき、望ましい資源を配分すると、その資源はすぐに枯渇してしまうという」[296]。

アメリカの経済学者ポール・H・ルービンは、「大衆経済学」、すなわち経済生活に関する大衆的あるいは素人的な考え方は、富の分配の問題に完全に焦点を合わせており、その富がどのように生産されるかということには焦点を当てていないことを明らかにした[297]。「大衆経済学は富の分配の経済学であり、富の生産の経済学ではないのだ。ナイーブな人々や経済学を学んでいない人々は、価格を富の配分と考えるが、資源の配分や財やサービスの生産に影響を与えるものとは考えない。大衆経済学では、財の取引量は、全体であ

▼295　フォスター、169 原文ではイタリック体。
▼296　ミーガン、12 歳。
▼297　Rubin, 157-158.

れ各個人であれ、固定されており、価格とは無関係である。さらに、各個人は、富と所得の分配に関心があり、経済活動から得られる効率的利益には関心がない。大衆経済学の世界はゼロサムの世界であり、各個人の主要な経済問題は、この世界で自分自身の富を最大化することである。取引される財の1つは労働力であるから、雇用の数も固定的と見なされている。したがって、大衆経済学では、ある人が仕事を得れば、他の誰かが仕事を失わねばならないのである」[298]。

そのため、技術の進歩は、しばしば既存の仕事に対する脅威とみなされる。19世紀初頭の機械破壊者たちは、自分たちの仕事を脅かすものとして機械を破壊していたのだ。今日、人々は、ロボットに仕事を奪われることを心配している。これらはすべて、効率向上や経済成長ではなく、固定されているはずの資源を「公平に」分配することに重点を置いた考え方に基づいている。

ルービンは、このような考え方は人間の脳の条件付けによるものだとし、それを進化生物学の観点から説明する[299]。何百万年もの間、技術や成長という点では、ほとんど進歩がなかった。原始的な社会では、変化のスピードは非常に遅く、個人が生きている間にそれを感じることはほとんどできなかった。誰もが技術の変化がない世界に生きていて、成長に関して理解を有する人が有利になることはなかった。分業も、子供と大人、男と女の分業は別にして、ほとんどなかった。貿易は組織的な分業の表れではなく、偶然の産物だった。誰かが何かを豊富に持ち、それを相手が利用する。このような社会で人々が有利・不利になるとすれば、それは、一方が他方を公平に扱わなかったり、他方に対して本当に有

▼298　ルビン、158。
▼299　同上、162参照。

利であったりすることに基づくことがほとんどであった。そのため、ルービンによれば、人々は他者から被害を受けたり、騙されたりするような状況を認識し、それを回避する強い感覚を身につけたという。

資本主義以前の社会では、一人の人間の富は、実際、しばしば強盗と権力の行使に基づくものであった。しかし、自由市場システムは、強盗に基づくものではなく、ゼロサムゲームでもない。できるだけ多くの消費者のニーズを満たした人が豊かになるという事実に基づいている。それが市場の論理である。そして、資本主義システムの特徴である経済成長によって、他の人々をそのまま貧しくするような犠牲とせず、ある人々が他の人々よりもずっと豊かになることが可能になる。

その顕著な例が、ここ数十年の中国の発展であり、国家の影響力が抑制され、市場の要素と私有財産権が強化されてきた。中国の発展は、経済成長の高まりが、たとえ不平等が拡大しても、ほとんどの人々に利益をもたらすことを示している。ミリオネアやビリオネアがたくさんいるからというわけではなく、改革者である鄧小平が「まず一部の人に富裕層になってもらおう」と宣言したからこそ、何億人もの中国人が今日、より良い生活を送っているのである。鄧小平の言う通り、経済発展を最優先させるべきであったことは、次のような事実が示している。ここ数十年、中国で貧困が最も減少したのはどの省かというと、経済成長が最も高い省である。そして、もうひとつ注目すべきは、ここ数十年で中国における社会進出のチャンスがかなり増えたということだ。[300] 同時に、中国では近年、富裕層と貧困層の不平等が急激に拡大している。これは、多くの人が社会的な富の「分配」に

▼300　Zhang Weiying, 286.

対して抱いている概念と矛盾している。

「分配的正義」という言葉は、社会の中に「分配」されるべき一定の金額があることを示唆するため、誤解を招く。経済学者のルートヴィヒ・フォン・ミーゼスは、「生産」と「分配」の区別を根本的に否定し、次のように主張した。「市場経済では、生産と分配という二つの独立したプロセスという二元論が主張されるが、これは存在しない。進行中のプロセスはただ一つである。財はまず生産され、それから分配されるのではない。所有者のいない財の一部を充当するというようなことはない。生産物は、誰かの所有物として存在する。それを分配しようと思えば、まず没収しなければならない[301]」。

経済の素人は、人生をゼロサムゲームの連続と見なす傾向がある。例えば、貿易には必ず勝者と敗者がいると思いがちである。また、経済のパイの分配への介入は、そのパイの大きさに影響を与えるという事実も見落としている。例えば、企業や起業家への過度の課税はパイ全体を小さくし、減税は成長を促すために使われると、むしろ全体の税収の増加につながるかもしれない。

サクウェは、「社会的不平等の解釈モデル」に関する質的研究のためにドイツでインタビューを行い、多くの人々が経済学をゼロサムゲームと見なしていると結論づけた。「この階層構造の説明は、不平等を『ゼロサムゲーム』と見なす認識に基づいている。つまり、特権的な場所には限りがあり、分配できる金額も一定であるため、他の人が良くなっても不利な人は存在するというものだ。この解釈の中では、少数の人々の相対的な向上は、他の多くの人々の不利益を犠牲にしてのみ可能である[302]」。

▼301　ミセス、804。
▼302　サクウェ、151。

このようなゼロサムゲームの信念は、社会的外集団に対する嫉妬や偏見の基礎となる。「グループ間の判断に適用すると、ゼロサム的な経験則は、他のグループ（外集団）による利益は、自分のグループ（内集団）の対応する損失を意味するという結論を導くだろう。大企業のCEOがグループとみなされると仮定すると、高額な役員報酬に対する国民の怒りは、彼らの利益は我々の損失だという感覚から生じるかもしれない」[303]。

ベルトルト・ブレヒトの詩「アルファベット」は、富裕層と貧乏人の二人の男が対面する場面で、この姿勢を端的に表現している。

「貧乏人はぴくりとも動かずに言った。

『私が貧乏でなければ、あなたは富裕層にはなれないでしょう』と」[304]。

多くの反資本主義者は、このように経済生活を理解している。したがって、富裕層の国は、その富の一部を貧しい国に与えるべきであり、富裕層は貧しい人々に援助を与えるべきである。この観点からすれば、富裕層が利己的で意地悪だからこそ、貧しい人が多いとされるのだ。

心理学者ダニエル・V・ミーガンが行ったいくつかの実験により、人は客観的には正しくない場合でも、自分がゼロサムゲームをしていると思い込むことが実証されている。「ゼロサムバイアスとは、ある状況が実際にはゼロサムでないのに、直感的にゼロサム（すなわち、一方の当事者が得た資源とそれに見合う別の当事者の損失）であると判断し

▼303　ミーガン、13。
▼304　ブレヒト、アルファベット。

てしまうことを指す」[305]。

国際的な科学者のチームが「ゼロサムゲーム信仰」（BZSG）という言葉を作った。彼らは大規模な比較研究の中で、37カ国の学生に以下の項目を提示し、回答者が（経済）生活はゼロサムゲームであるとどの程度信じているかを測定した。

1　ある人の成功は、たいてい他の人の失敗である
2　誰かが豊かになれば、他の誰かが貧しくなるということである
3　人生は、誰かが得をすれば、他の人が損をするようにできている
4　多くの場合、他者との利害は一致しない
5　人生はテニスのように、他人が負けて初めてその人の勝利となる
6　ある人が貧しくなることは、他の人が豊かになることを意味する
7　誰かが人のために多くのことをすると、その人は負ける
8　少数の富は多数の犠牲の上に獲得される[306]

私から見ると、これらの項目のすべてがうまく定式化されているわけではない。例えば、4は、論理的に他の項目と合致していない。なぜならゼロサム仮説を信じなくても、他者との利害は一致しないと考える人は十分にいるだろう。実際、この因子のローディングは0・215で、他のどの因子よりも有意に低いことが示された。

また、同調査では、ゼロサムゲームへの信奉と、「内集団優遇主義」など他の文化的次

▼305　ミーガン、1。
▼306　Różycka-Tran ら（2015）、533。

元との間に相関があることも示されており、[307] それが偏見に対する親和性と相関している。残念ながら、この研究にはいくつかの欠点があり、BZSGのスコアを各国間で比較したり、世界ランキングを作成したりすることはできなかった。この研究の方法論的な問題の一つは、参加者の群が非常に均質で、心理学の女子学生の割合が非常に高かったことである。このことが、国によるばらつきが非常に小さいことの説明の一つになっているかもしれない。1（全くそう思わない）から7（全くそう思う）までのスケールで、個々の国の結果はほとんど偏差を示さなかった。米国3・31、ドイツ3・31など、小数点を除くと「3」という結果となっていた。[308]

私の研究では、アメリカ人、イギリス人、ドイツ人、フランス人が、社会的な富の「分配」に関してゼロサムゲームを信じている程度を測定するための項目が使われた。

ゼロサム信仰が、富裕層に対する嫉妬や憎悪の決定的な根拠であることは明らかである。論理的には、富裕層の富が増えれば、自動的に非富裕層の損失につながると考える人がいれば、貧困との戦いは富裕層との戦いと同義であり、「再分配」に賛成するものと認識することになる。

▼307　同上、543号。
▼308　同上、531。

第6章　スケープゴートの心理

ユダヤ教の贖罪の日であるヨム・キプールでは、大祭司がイスラエルの民の罪を告白し、手を置いて象徴的にその罪をヤギに移した。この罪は、ヤギが砂漠に追い出されることで消滅した。ヘブライ語のăzāzēl を英語に訳すと、「スケープゴート」となる。「アロンは二頭のヤギをくじで引き、一頭は主のために、もう一頭はアザゼルのために引き当てなければならない。アロンは主のためのくじに当たったヤギを差し出して罪祭を行い、アザゼルのためのくじに当たったヤギは生きたまま主の前に差し出して贖罪し、荒野に追いやられるようにしなければならない…。アロンは両手を生きたヤギの頭の上に置き、その上でイスラエルの人々のすべての咎と、すべての背信と、すべての罪とを告白しなければならない。そして、それをヤギの頭に載せ、準備のできた者の手で荒野に送り出す[309]」。

スケープゴーティングは、内集団の問題を他者や外集団のせいにするメカニズムを説明するものである。グリックはスケープゴーティングを次のように定義している。「外集団が内集団の不幸を意図的に引き起こしたとして不当に非難される偏見の極端な形態[310]」。

歴史上、ある特定の集団が、他の方法では説明のつかないネガティブな出来事に責任を負わされることがあった。極端な例では、自然災害の責任者としてスケープゴートが選ばれることさえあった[311]。アーヴァインは、スケープゴートはその対象がしばしば強いと認識されたからこそ選ばれたのだと言う。例えば、魔女の迫害を例に挙げている。ヨーロッパでは、中世から近世にかけて、4万人から6万人の人々が魔女狩りの犠牲となり、その多くが女性であった[312]。魔女は、病気の蔓延、作物の不作、自然災害など、当時の人々が説明できない多くのネガティブな出来事の原因とされた。彼らは超自然的な能力を持っている

▼309　レビ 16:8-21（ESV）。
▼310　グリック、244。
▼311　アーバイン、12。
▼312　シュワーホフ、365。

と主張された。「魔女はスケープゴートであったにもかかわらず、恐ろしいほど強力であると認識されていた。大嵐を起こし、収穫を破壊し、病気や不妊を引き起こし、ホウキで飛ぶことができる人間は、決して容易に倒せるものではない」[313]。

オールポートは、その古典『The Nature of Prejudice』の中で、スケープゴーティングの重要性を強調している。彼は、スケープゴーティングを偏見に関する「おそらく最も人気のある理論」であると述べている[314]。オールポートによれば、その理由の一つは、スケープゴート理論が特に理解しやすいからであり、このことは逆にその妥当性を主張することにもなりうる。実際、この理論の理解のしやすさは、経験による一般的な親しみやすさと関係しているに違いないとオールポートは主張している[315]。

オールポートは、幼児は欲求不満に対して攻撃的に反応し、欲求不満の原因を攻撃するのではなく、自分の前を横切る人や物を攻撃することを観察している[316]。その後、子どもや大人は欲求不満への耐性をかなり高め、より区別された適切な方法で欲求不満に対処することを学ぶ[317]。

オールポートによれば、否定的な出来事や展開に対して不当に非難される外集団に対する偏見を説明するスケープゴート理論は、もっぱら「フラストレーション－アグレッション」理論に依拠している。特に、競争社会において多くの人が、自分または他人が期待ほど成功しないことから生じるフラストレーションは重要である。「例えば、米国の激しい競争文化は、学校、人気、職業的達成、社会的地位など、自分に設定された高いレベルに到達できない個人に苛立ちを生じさせることが予想される」[318]。オールポートは、この不満

▼313　アーバイン、19。
▼314　オールポート、343。
▼315　同上、349。
▼316　同上、343。
▼317　同上、348。
▼318　同上、346。

がフラストレーションにつながり、それが例えば移民に転嫁される可能性があると論じている。[319]

しかし、彼は「スケープゴート理論には弱点があり、それだけでは決して偏見を説明するのに十分ではない」と指摘する。まず、欲求不満が常に攻撃性につながるとは限らないし、たとえそうであっても、攻撃性が常に無実の外集団に転嫁されるとは限らない。[320] さらに、「フラストレーション－アグレッション」理論では、なぜ特定の集団がスケープゴートとして選ばれるのかを説明することはできない。[321]

オールポートに続く偏見研究では、スケープゴート理論についてさまざまな解釈がなされている。スケープゴートのメカニズムを精神分析的に解釈し、自分の中にある認めたくないネガティブな特性を抑圧したり、心理的に他者に投影したりするというケースもある。例えば、グリックによれば、反同性愛の偏見は、その偏見を育てている人たち自身が潜在的な同性愛者であり、自分自身の同性愛の衝動を抑圧しているという事実で説明されることがある。また、もっと単純に、自分の欲求不満をスケープゴートとして他の集団に攻撃的になってしまうという説明もある。[322]

スケープゴート理論に対しては、数多くの反論がなされてきた。ただし、一部のアプローチでは特定のグループがスケープゴートとして選ばれた理由を説明できなかった。また、本来の理論の主張とは逆に、スケープゴートにされた集団は決して無防備なマイノリティばかりではなく、強力な集団である可能性もあると主張されてきた。[323]

帰属理論では、人は単純な説明のつかない複雑な事象を、特定の集団に罪を帰すことで

▼319　同上。
▼320　同上、350。
▼321　同上、351。
▼322　Glick, 245 et seq.
▼323　同上、247頁。

説明する傾向があると強調する。グリックは、否定的な出来事を引き起こす力と意図を持っていると認識されたグループだけがスケープゴートにされると主張している。しかし、これらの集団は無防備なマイノリティではない。グリックはフィスクらが開発したステレオタイプ・コンテンツ・モデルを引用し、次のように結論付けている。

「支配的な集団と競合しているとみなされる高い地位や力のある（例えば社会経済的に成功した）マイノリティは、嫉妬の偏見にさらされる。彼らはその成功を賞賛されるが、同時にそのために憤りもされる。高い能力を持つが敵対的意図を持つというステレオタイプにされる。妬まれたマイノリティは、危害を加える力と意図を持っているとみなされるため、グループレベルのフラストレーションを引き起こしたとして非難される危険性がある」[324]。グリックによれば、これが陰謀論の根源であり、スケープゴートにされた集団が全能であるかのように描かれる理由であり、「もし、スケープゴートにされた集団が強力かつ悪質であると見なされれば、彼らに対する最も過激な行動（例えば、殺人）さえも自己防衛として合理化できる」と指摘する。このように、スケープゴートにされた集団に対する結果は致命的なものとなりうるのだ[325]。

特に危機的な状況においては、「多くの人々が真の複合的な原因を理解できないためにスケープゴートが求められる」とグリックは主張する。「もっともらしい説明や行動指針を集団で探すうちに、人々は不正確な、あるいは（より良い、あるいは異なった情報を持つ人々にとっては）客観的に見ればばかげた結論に達し、無実の人々をスケープゴートにすることがある。特に複雑な現代社会で大規模な問題に対処する場合、情報とそれを処理

▼324　同上、250。
▼325　同上、251。

する人々の認知能力には限りがあるため、誤った原因の帰属が生じることがある。例えば、プロの経済学者でさえ、経済危機を十分に説明できないことがある。スケープゴート運動は、共有されたネガティブな出来事に対して、より単純で文化的にもっともらしい説明や解決策を提供することで信奉者を惹きつけるのである[326]」。

グリックは、弱く無防備なマイノリティは常にスケープゴートに選ばれるというオールポートの説を否定している。実際、その逆であることが多いという。「ある集団がスケープゴートにされやすいのは、その集団が弱いと認識されているからではなく、まさにその集団が強力だと認識されているからである[327]」。その例として、グリックはトルコのアルメニア人、ドイツのユダヤ人、ルワンダのツチ族、カンボジアの富裕層と知識人などを挙げている。これらの事例では、経済的に成功したグループがまずスケープゴートにされ、そして殺されたのである[328]。「集団は常にその脆弱性によって選ばれるのだろうか？　いや、まさにその逆で、集団がスケープゴートにされるのは、その集団が強力で悪意があると（しばしば誤って）認識されるからである[329]」。

近代において、ユダヤ人がしばしばスケープゴートにされたのは、まさに彼らが経済的に成功していると認識されたからである。反ユダヤ主義の研究は、初期キリスト教や中世では宗教を動機とすることが多かった反ユダヤ主義が、近代では経済的な性格を持つようになったことを示している。「中世に存在した内容は、すべて現代のステレオタイプに統合されたが、その比率は完全に変化している。宗教的内容の領域は激減した。他方、ユダヤ人の経済的行為に関する記述はかなり増え、現代のステレオタイプの中心的存在となる

▼326　同上、253。
▼327　同上、254。
▼328　同上。
▼329　同上、255。

ほど支配的になっている」[330]。

19世紀半ば、ユダヤ人の富に関する記述はすでに一般的であった。「彼らは金銀細工や精巧な真珠や宝石で飾り立てながらパレードし、結婚式では銀の器で食事をし、テーブルにはたくさんのボウルやコンフィが置かれ、最後に彼らは御者と大勢の側近を連れてこんな立派な馬車でやってくる」[331]。

フランス反ユダヤ同盟の創設者であるエドゥアール・ドゥルモンは、1890年に次のように書いている。「セム人は商人であり、貪欲であり、策略家であり、繊細で狡猾である。セム人は世俗にとらわれ、来世のことはほとんど考えていない。セム人は生まれながらの商人で、想像できる限りのものを扱い、あらゆる機会を捉えて隣の人間より有利になる」[332]。

アドルフ・ヒトラーの反ユダヤ主義には、反資本主義的な要素も強かった。このことは、彼の初期の演説、たとえば、1920年8月13日の「なぜわれわれは反ユダヤ主義者なのか?」という問いに関する演説に特に顕著に現れている。ここで彼は、ユダヤ人の資金源である「(インターナショナル) ストックマーケット及びローンキャピタル」を非難した。「したがって、この資本は成長し、今日では事実上全世界を支配しており、その金額は計り知れず、その巨大な関係は想像を絶するもので、不気味に成長し、最悪のところはすべての誠実な仕事を完全に腐敗させる。それは恐ろしいことで、今日この資本の利息の負担をしなければならない普通の人間は、高潔、勤勉、倹約であり、実業であるにも関わらず自分自身を養うだけで、ほとんど何も残っていないことを傍観しなければならない

▼330　グニェチビッツ、26。
▼331　Reils, H., Contributions to the oldest history of Jews in Hamburg, quoted in. ハンブルグにおけるユダヤ人の最古の歴史への貢献。グニェチヴィッツ、20。
▼332　Drumont, Edouard, La France Juive, 9, quoted in McLelland, J.S. (ed.), The French Right:：ド・メイスルからをモーラスに、92。

のだ。この国際資本が利子だけで何十億もむさぼるのと同時に、国家の中に自分のために利子を集め、手当を削減する以外の仕事をしない人種階級が蔓延している」[333]。

国家社会主義者やその他の反ユダヤ主義者は、ユダヤ人を弱い集団とはみなしていなかった。それどころか、ユダヤ人は特に強い集団とみなされていた。それは、反ユダヤ主義者がユダヤ人が世界支配を目指している証拠として引用する『シオン長老の議定書』（偽説）に示されているとおりである。

ユダヤ人は、ヒトラーの『我が闘争』と初期の演説によれば、資本主義と共産主義の両方の黒幕であるため、スケープゴートとして理想的だった。『わが闘争』では、彼はプロパガンダの大衆心理学的基礎を発展させ、この文脈で、なぜ単一のスケープゴートにすべてを負わせるのがよいかを説明していた。「古今東西の偉大な大衆指導者が示した指導の技は、人民の注意を一つの敵に集中させ、その注意を何にも分割させないように注意することにある。人民の戦闘的エネルギーが一つの目的に向かっていればいるほど、その統一行動の磁力に惹かれて新しい新人が運動に参加し、その結果、打撃力はいっそう強化されるだろう。天才的な指導者は、異なる敵をあたかも一つのカテゴリーに属しているかのように見せる能力を持たなければならない。指導者の支持者の中の弱く揺らぐ性質の者は、異なる敵を前にすると、容易に自分たちの大義の正当性に疑念を持ち始めるからだ」[334]。ヒトラーは、資本主義民主主義国と共産主義ソ連という様々な敵に直面していた。そこで、ヒトラーは「共通項」を見つけ、どちらの敵も「一つのカテゴリーに属している」ように見せる必要があった。そしてその共通項とは、ユダヤ人であった。

▼333　ヒトラー、Zitelmann, Hitler, 265 より引用。
▼334　ヒトラー、アドルフ、『我が闘争』、102。

反ユダヤ主義はヒトラーの初期の演説や『我が闘争』において主要な役割を果たしたが、ヒトラーが不可避的に権力を獲得した１９２９年から１９３２年にかけては、それほどの顕著さは見られなかった。国家社会主義者が広く支持されるようになったこの時期の演説では、他の動機、特に社会的・政治的な約束がはるかに大きな役割を担っていたのである。ヒトラーは、１９２０年代初頭と同様に、この時期も狂信的なユダヤ人嫌いであり、生涯を通じて反ユダヤ主義者であり続けたことが分かっているが、それだけではドイツの大衆を動員するのに十分でないことを認識していたのである。このことは、１９２９年以降の経済危機における国家社会主義者の台頭について、プロパガンダとしてユダヤ人をスケープゴートに帰する、過度に単純化された解釈とは相入れないものだった。

第二次世界大戦においては、ヒトラーは、『わが闘争』で展開したプロパガンダの原則に完全に従って、双子の兄弟であるユダヤ資本主義とユダヤ・ボルシェビズムのテーゼを唱えた。実際には、彼の側近の数多くの発言が示すように、彼自身はもはや「ユダヤ人ボルシェビズム」のテーゼを信じてはいなかったが、しかし、それは彼にとってプロパガンダに有用であるように思われたのである。▼335

このことは、先に挙げたグリックの心理学的考察、すなわち、スケープゴートにされやすいマイノリティとは圧倒的に強力に見えるものであり、この場合、国家社会主義のプロパガンダの観点から、資本主義と共産主義の両方の背後にある全能の黒幕として描かれたユダヤ人である、ということを裏付けている。国家社会主義のイデオロギーによれば、ユダヤ人は弱い少数人ではなく、「民族の純粋さ」を非常に重視するため、特に強い、した

▼ 335　Zitelmann, Rainer, "Zur Begründung des 'Lebensraum'-Motivs in Hitlers Weltanschauung.".In:Michalka, Wolfgang (ed.), Der Zweite Weltkrieg.Munich and Zurich:Seehammer, 1997: http://historiker-zitelmann.de/wp-content/uploads/2015/07/Zur-Begr%C3%BCndung-des-Lebensraum-Motivs-in-Hitlers-Weltanschauung.pdf

がって特に危険な集団であった。こうした固定観念は、後にヨーロッパ・ユダヤ人を排斥し、迫害し、ついには大量殺戮を行う根拠となった。

ストウブの著書『The Roots of Evil. The Origins of Genocide and Other Group Violence』は、マイノリティに対する大量殺人と暴力の社会心理学的な原因を分析している。ストウブが特定した侵略の動機の中には、不公平感によって引き起こされる憤りや、不当な優越性や特権を享受していると非難され、社会悪として非難される少数民族のスケープゴートによって引き起こされるに対して憤りがある。

「自分の相対的な幸福、自分の努力と報酬のバランス、自分や自分の集団の権利や特権と他の人々や集団のそれとの間の不利な比較から生じる不公平の感覚は、憤り、怒り、暴力を生じさせることがある。不正義の経験は、革命やその他の社会運動、犯罪やその他の暴力など、さまざまな種類の攻撃性を動機づける。憤りの源となるのは実際の不正義ではなく、不正義の認識なのである。責任があるとみなされた者は、しばしば悪であり、罰に値すると認識されることになる[336]」。この文脈で重要な役割を果たすのがイデオロギーであり、それはより良い世界のビジョンを提供し、残虐行為を正当化するのに役立つ[337]。

大量殺人の犠牲者は、社会の富裕層や「特権階級」であったという不文律の歴史がある。ギルダーはその著作『Wealth and Poverty』の中でこう書いている。「どの大陸でも、どの時代でも、富を生み出すことに長けた民族は、社会の最も残忍な行為の犠牲になってきた。最近の歴史では、ドイツではユダヤ人のホロコースト、ロシアでは富農とユダヤ人の迫害、ナイジェリア北部では部族の追放と虐殺、インドネシアでは100万人近い華

▼336　ストウブ、40。
▼337　同上、234他。

僑の殺害、中国そのものでは紅衛兵の生産者に対する暴走、ウガンダでは白人とインド人の虐殺、タンザニアでは強制収容と排斥、バングラデシュではビハール人の殺害と監禁があった。そして、70年代も終わりに近づくと、キューバと東南アジアの人的財産と資本の多くが海の向こうに追いやられた。店主、銀行家、商人、貿易商、企業家など、富の脅威を排除しようとする世界の永遠の闘いの中で、恐怖と死は至る所に積み重なっている」[338]

一般に、大量虐殺の対象となる少数民族は、以前から偏見の犠牲になっており、大多数の人々には理解できない複雑な社会的発展のスケープゴートになっていたのである。危機的状況では、この長年にわたる憎悪が、スケープゴートにされた人々に対する暴力的な攻撃となって噴出した。国民の大多数は通常、スケープゴートにされた少数民族の迫害や大量殺人に直接関与していないにもかかわらず、殺人者たちは、ほとんどの人がこの野蛮な行為を見過ごし、知らないままでいることを望むだろうと確信していたのである。

マイノリティが殺人の対象として選ばれる前に、彼らは長い非人間化のプロセスにさらされる。例えば、1970年代にドイツのRAF（赤軍人）のテロリストがドイツ銀行とドレスナー銀行の取締役会のスポークスマンや雇用者協会の会長を殺害する前に、富裕層のことをシステムの「仮面」あるいは単に「豚」として呼んだ。資本主義の子孫として、彼らは最終的に「浄化」される前に、すでに「非人間的な資本主義」とこの世の不正義のスケープゴートになっていたのである。

▼338　ギルダー、139。

第7章　なぜ私たちは高い地位の集団を悪者にするのか

米国で6歳、10歳、14歳の子供たちを対象に行われた実証研究によると、幼少期から青年期にかけて、社会の構成員は富裕層と貧乏人に対するイメージを形成している。インタビューでは、子どもや若者に一人の貧しい人と一人の豊かな人についての写真やレポートを見せ、「なぜ、豊かな人は豊かで、貧しい人は貧しいのか」と尋ねました。

子どもたちは6歳のときからすでに、富裕層のほうが貧乏人よりも「有能」であると認識していたが、両者の違いはほとんど理解できていない。両者の職業的地位が異なることは理解していても、それを性格的特徴に結びつけることはまだできないのである。しかし、成長するにつれて、ある種の性格的特徴をそれぞれ富裕層と貧乏人に関連付けるようになる。そして、富と貧困を能力や努力の度合いといったカテゴリーと結びつけて考えることが多くなっていく。[339] この研究は、これまでの研究を部分的に裏付けている。「バランスよく考えると、富裕層を貧乏人より肯定的に見る傾向は、かなり早い時期に現れるかもしれないが、いったん子どもが所得不平等に関する個人主義的または公平な視点を採用し、富裕層は貧乏人より努力している、および／または能力があると信じ始めると強まるようだ。[340]」

子供だけでなく大人も、裕福な人ほど知的で成功した人と認識する。ディットマーは、裕福な人とそうでない人に対する人々の第一印象を検証した実験について報告している。彼の仮説によれば、物質的な所有物は社会経済的な地位を示すが、同時に所有物の持ち主についてより広い結論を導き出す。伝統的な社会的同一性理論（ＳＩＴ）によれば、人々は外集団の人々よりも自分の集団の一員を好むと予想される。これは富裕層との関係にも

▼339　シゲルマン、416。
▼340　同上、417号。

当てはまるのだろうか？このことは、低階層グループのメンバーが高階層グループのメンバーに対して、様々な次元での劣等感について同意していることが多いという仮定と矛盾している。▼341 実験の様子は以下の通りである。社会的地位の高い学生と低い学生の2つの比較グループに、5分間のビデオを見せた。一方のビデオでは、俳優がより裕福な環境でより高価な所有物を持ち、もう一方のビデオでは、裕福でない環境でより安価な所有物を持ち、その差があまり極端にならないように意図的に示された。学生たちは、ビデオに登場する俳優たちに、知的、成功者、友好的、暖かいなど、30の個人的な資質を割り当てるよう求められた。その結果「裕福な人は、そうでない人に比べて、より知的で成功し、教養があり、自分の人生や環境をうまくコントロールしているように見えた。また、強引さについても同様の傾向が見られたが、あまり顕著ではなかった。対照的に、貧しい人はより温厚で、より友好的で、より自己表現が豊かであるように見えた▼342」。

SIT理論の予想に反して、被験者の社会的背景はビデオに映し出される人々の知覚にわずかな影響しか与えなかった。「社会的同一性理論は、明確に定義された小規模な社会集団間の集団間関係を見事に包括的に分析することができるかもしれない。しかし、広範な社会的カテゴリーに属するメンバーシップの意味と含意の理解には、一般に共有され社会的に構築された代表性の影響に関する調査から得られるところがあると思われる▼343」。

▼341　ディットマー、381。
▼342　同上、387号。
▼343　同上、389。

自尊心の保持：補償理論

社会集団が、外集団の方が経済的に成功し、知能が高いと認識した場合、自分たちの自尊心を維持するために補償戦略をとることは当然のことである。また、社会的地位の高い人ほど、社会的ランキングの基準、たとえば経済的成功や教育などを受け入れやすいのも、自分たちがヒエラルキーの頂点にいるからにほかならない。

人は常に自動的に、しばしば無意識的に他人と自分を比較していることが分かっている。この比較の結果が好ましくないものであった場合、劣った比較者はそれを補うための戦略を立てる。「たとえ他人と比較せざるを得なかったとしても、自分の基準を下げたり、それほど比較しなくなったり、あるいは領域を変えたりして、失望をそらすことがある。例えば、学業は突然重要ではなくなり、運動は突然重要になる[344]」。

研究によると、私たちは常に自分を比較しているものの、結果が不利になる可能性がある場合、人はこの比較を避けようとする。「その理由は、そのような『上方比較』によってもたらされる脅威から自尊心を守るためである[345]」。自尊心を守るための戦略として考えられるのは、個人の自己定義として重要な側面を変更することである。ある特定の側面で優れた他者と社会的に比較することで、劣った比較者はその領域が結局はそれほど重要ではないと判断するようになる。これは、この側面における他者の優越性の重要性を相対化するものである[346]。

▼344　フィスク（2011）、101。
▼345　ギボンズ、ベンボウ、ジェラード、638。
▼346　テッサー、183。

他の研究によれば、上層社会階級の構成員は、社会経済的・文化的な理由で他のグループと自分を区別する傾向が強く、下層社会階級の構成員は、道徳的基準に依存する傾向が強いとされている。この道徳的基準の重視は、労働者や下層中産階級にとって代替的な基準として機能し、社会経済的・文化的次元で自分より優れた人たちよりも自分たちを上位に置くことを可能にしている。[347]

サクウェは学位論文のために、ドイツの労働者階級の人たちに定性的インタビューを行った。このインタビューは、彼の仮説を裏付けるものであった。「特に、特権階級のエゴイズム、貪欲さ、冷酷さ、傲慢さを批判している」と報告している。[348] それは、たとえば、富裕層が、より多くのお金を持っているにもかかわらず、それほど裕福でない人たちよりもケチなチップを渡すという記述からも明らかであった。このような発言によると、「現金」を持っている人のエゴイズムやケチ臭さは、低所得者の人々に対する責任感や連帯感とは全く対照的であることを示すものであった。[349]

「他人のある性質を否定したり（例：思いやりがある）、否定的な属性を付与したり（例：自己中心的）することによって、自分自身の性質を強調し、より有利に自分を定義することもできる（この場合では例えば「連帯感を示す」といった具合に）。さらに、『富裕層』は下層階級のインタビュー対象者からは、利己的、冷酷、ケチと見られるだけでなく、貪欲で浪費家であるとも見られている。この『不道徳な富裕層』のイメージは、とりわけ下層階級のインタビュー対象者の自己定義や、不利な社会階層間のより大きな連帯への帰属と対照的である。このことは、下層階級の人々（一般従業員、労働者、失業者）

▼347　サクウェ、165-166。
▼348　同上、181-182。
▼349　同上、182。

が、不道徳とみなされる『上の』富裕層と自分たちを区別するために道徳的原則を採用していることを示唆している」[350]。

サクウェの研究のインタビュー対象者は、物質的なステータスシンボル（大きな家や車など）は彼らにとってそれほど重要ではないと説明し、極端に裕福な人々は他の人々よりも幸福でも満足でもないと述べている。「特に後者の点は、一部の回答者が引用しており、物質的幸福の重要性を相対化するのに役立っている」[351]。この相対化の戦略は、以下の記述から明らかである。「彼らは経済的には恵まれているかもしれないが、人間的に恵まれているかどうかは疑問だ。物質的な安心感に関してだけは、確かに彼らの方が優れているると思う。しかし彼らがより幸福な人間であるかどうかは疑問だ」[352]。サクウェによれば、ここで明らかになったのは物質的に優れているが、それゆえ必ずしも幸福ではない人々への言及は、個人の人生における自分自身の達成への満足感を強調するのに役立つということである。[353]

サクウェはまた、トラック運転手と結婚し、社会の火種とみなされている高層団地に住む主婦のケースを報告している。「もしあなたが何でも手に入れ、何でも買い、十分なお金や富、その他を手に入れたなら、本当に深刻な心理的問題を抱えかねない。だから、それは…そう、どういう人間であるかと…関係があると思う。私はすっかりした満足した人間なんだ。今の自分の状況、自分の人生に満足している」[354]。

サクウェは、社会経済的に恵まれた立場にある人すべてが必ずしも満足できるわけではないと考えるとき、たとえそれが顕著な物質的制約を伴うとしても、自分自身の存在の在

▼350　同上、182-183。
▼351　同上、171頁。
▼352　同上、171より引用。
▼353　同上、171-172。
▼354　同上、172に引用されている。

り方をより容易に受け入れることができるようになると観察している。「さらに、物質的な地位の象徴を普遍的に無関係とみなし、その重要性を最小限に抑えたとき、社会経済的ではない区別が強調されることもある」[355]。

ゴーマンが米国で行った定性的調査では、これは他の社会でも広く見られる普遍的な戦略であり、第一に経済的成功の重要性を相対化し、第二に他の領域での自分の優位性（より良い道徳心、より良い家庭生活など）を強調することによって自尊心を維持しようとすることが確認されている。ゴーマンのインタビューから、労働者階級の回答者は中流階級や富裕層に対して強い不信感を抱いていることがわかった。労働者は、自分たちがより家庭的であるという意味で他のグループより優れていると考え、より高いレベルの人々が教育やキャリアを志向しすぎていると批判していたのである[356]。

労働者階級の回答者の中には、「社会経済的に恵まれている人は、大切な資質を欠いている」と感じる人もいた。ある事務職の人は、「お金で何でも買えるが、愛や幸せは買えない、本当に。富裕層で惨めな思いをするくらいなら、お金が少なくてもその幸せがある方がいい。私は快適に過ごしたいし、彼らはお金の使い方を知らない（35歳、女性、失業中の事務員、高卒）」と述べた[357]。

ここでもまた、下層階級の人々が、少なくともいくつかの側面で優越感を得るために、人間の資質を社会的比較の基準として用いることによって、富裕層を平準化しようと努力していることが明らかになる。「労働者階級の親たちは、社会経済的に有利な立場にある人たちは、経済的な資源を持っている一方で、他の資質が欠けていると考えているよう

▼355　同上、172。
▼356　ゴーマン（2000）、107-108。
▼357　同上、104。

だ。労働者階級の親は、社会経済的に有利な親が持ち合わせていない親としての高い価値を持っていると考える。私はこのコメントを、資本主義システムに対する彼らの否定的な意見を表明する、より巧妙な方法だと受け取った。彼らは、このシステムが評価するような資本に富んでいないかもしれない。しかし、この労働者階級の親たちは、自分たちの生活のある側面が、社会経済的に有利な人たちよりも優れていると感じているのである」。[358]

ゴーマンは、労働者階級の人々が「自信喪失」と「自信のなさ」を経験していることを指摘し、その結果を要約している。[359] 彼らが特権階級を否定するのは、決して狭い意味での真の富裕層に対してだけでなく、より一般的に「スーツを着た人々」に対してである。「中流階級、大卒者の服装のマナー、特にビジネススーツは、回答者の何人かを怒らせた中流階級の行動のもう一つの側面である。ある労働階級の男性は、『私はスーツを着る一部の人々に憤りを感じている。私は彼らを〝スーツ〟と呼んでいる。私が机の前に座らず、手を動かして仕事をしているから、スーツを着る人々に見下されているのだと思う』(34歳、男性、無職、橋梁塗装工、高卒)」。同様に、労働者階級の女性は、『「スリーピースのスーツでやってきて何かを注文し、自分より偉そうにする男性。私の仕事は机の前に座っていることではなく、自分の足で歩いていくことだ、私は彼と同じくらい優秀ではないか？』(43歳、女性、ウェイトレス、高校未満)」と述べた。ゴーマンによれば、問題は服としてのスーツではなく、スーツが労働者にとって何を象徴しているかにあるという。「ビジネススーツは、中産階級の人々が、自分たちの仕事に対して尊敬の念を抱かせる能力を象徴している。私たちの社会では、ビジネススーツは、着る人が尊厳ある仕事に携わ

▼358　同上。
▼359　同上、117-118。

っていることを声高に宣言している」[360]。

ゴーマンが述べた白人の労働者階級のアメリカ人による中流階級や上流階級、あるいはエリートのメンバーに対する「逆ぎれ」は、最近「怒れる白人男性」の台頭と呼ばれている現象の説明に役立つと思う。２０１７年、ゴーマンは『Growing up Working Class. Hidden Injuries and the Development of Angry White Men and Women』を出版し、「自己が傷つき、専門的な社会世界をナビゲートするための能力にほとんど自信がない労働者階級の男女、『階級の隠れた傷害』という概念は、今や社会科学の常識の一部となっている」と見出している。[361]

言葉遣いや服装を批判して中流階級や富裕層のメンバーを見下すことで、労働者自身の劣等感を埋め合わせるのである。この補償戦略は、労働者階級のアメリカ人が上半分（すなわち特権階級や富裕層）をどのように認識しているかという問題を探求したラモントの定性的研究でも確認されている。彼女の発見の要は次のようなものだった。「アメリカの労働者階級は、上流階級、その地位的属性（特に金銭）、文化的気質（特に野心）を認識し、肯定的に評価しているが、ほとんどの労働者は、社会的地位とは無関係な価値を評価するための一連の基準を自由に使っていることが、ここに示した証拠によって示されている」[362]。この代替的な価値評価基準には、誠実さや豊かな対人関係といった価値が含まれ、それらは金銭や物質的所有物よりも大きなウェイトを占めている。[363] このように、労働者階級は、通常の社会経済的な基準ではなく、道徳的な基準によって地位を評価するのである。[364]

▼360　ゴーマン（2017）、116-117。
▼361　同上、71歳。
▼362　ラモント州、127人。
▼363　同上、127。
▼364　同上、127-128。

ラモントによれば、インタビューした労働者の75％は、より特権的な人々や富裕層に対して批判的な傾向を示したという。「労働者は繰り返し、価値は社会的地位で判断されるべきではなく、対人関係の質などの基準で判断されるべきであると主張する。彼らが価値を評価する基準によって、自分たちをヒエラルキーの頂点に位置づけ、すべての人が利用できる評価基準を推進することができるのである[365]」。

自尊心を保つためには、労働者階級の人々が、自分たちにも提供できるものがあると指摘し、自分たちが高く評価している資質を強調するだけでは十分でないことは明らかである。彼らはまた、他の社会集団ーこの場合はより特権的な人々ーが、自分たちの関連性を宣言した分野において対応する欠点を非難する必要がある。ラモンが行ったインタビューでは、労働者は、まさに彼らがヒエラルキーの頂点に位置することを可能にする側面、すなわち対人関係、家族生活、道徳的価値一般について、高い地位の人々の欠点を定期的に非難している。

とりわけ、上流階級の人々は「温かさ」の欠如を非難されたが[366]、これは第3章で紹介したステレオタイプ内容モデルの結果に対応するものである。ある通信技師は、上流階級の人たちを「とても冷たくて浅はかな人たち、金融にばかり目が行っていて、個人のニーズにはあまり関心がない」と表現している[367]。特に、「上の人」は競争心が強く、それが不誠実さを生んでいるとよく批判されていた。ある労働者はこう言った。「際限のないドルを手に入れたら、それを失うことが嫌になる。だから、誰かの足や手や頭を踏んで、自分が上にいることを確認する。それは、世界で一番素晴らしいことではない。中流以下の人た

▼365　同上、131。
▼366　同上。
▼367　同上。

ちは、正直であっても失うものは何もない」[368]。

ラモントが話を聞いた白人労働者の3分の1は、上流階級の文化的気質である野心の高さを批判している。「完全に野心的で意欲的な人は、自分が目指している場所以外を見ることはない」[369]。ラモントが話した（白人の）労働者の3分の2以上が、自分は社会の「上流階級」よりも優れていると答えたのは、自分たちの生活の質が良いからだ[370]。

アフリカ系アメリカ人労働者では、この傾向はそれほど強くはなかったが、白人の労働者と同じように、富裕層の道徳的欠陥や生活の質の低さを指摘する発言もあった。ある配管工はこう言った。「一部の富裕層は…平均的な生活を送ることができない。私に言わせれば平均的な生活を送ることができないとは、ＢＭＷで走り回り、サンズポイントにある誰もいない大きな家に行って、飼い猫のフラッフィーと一緒にいるだけということであり一緒に乗る人がいないボートを持っていることもそういうことだ。自分が行ったことのある場所を人に話しても、それを見たり共有したりすることができない人もいる」[371]。

サクウェ、ラモント、そして他の研究者は、労働者が上半分の人々に対して道徳的境界線を引き、社会経済的地位を道徳に従属させ、道徳的資質や対人関係の質のような普遍的に利用できる「道具」に基づいて自分の価値（そして他のグループの価値）を定義することに同意している。「これによって、社会経済的地位が低いにもかかわらず、社会経済的・物質的に自分より優れた人々と肩を並べ、あるいはその上に立つことができ、たとえ一般的な成功基準に追いつけないとしても、自尊心と尊厳の感覚を維持することができるのである。中流・上流階級の構成員は、表面的な人間関係、誠実さの欠如、過剰な野心、

▼368　同上、132。
▼369　同上、133。
▼370　同上、134。
▼371　同上、141。

競争志向のために、これらの労働者からしばしば批判を受ける[372]」。

全体として、サクウェはこれらの知見が、社会経済的地位の低い人々は自身の社会的価値に対する評価も低いとした、デラファーブ[373]の理論的考察に反論していると主張している[374]。ラモントは、マックス・ウェーバーが提唱したような、ある階級の地位を社会経済的地位と結びつけるモデルを再評価する時期が来ていると考えている。ラモントが主張するように、この従来の見解は、個人が自分のステータスを見直し、ステータスと価値を社会的地位から切り離す手法を考慮に入れることを怠っている[375]。ラモントの発見は、アメリカでは「労働者は尊厳を奪われている。なぜなら、アメリカでは上昇志向とアメリカンドリームの達成によってのみ尊厳が獲得できるからだ」と主張するセネットとコブの論文に異議を唱えるものである[376]。

セネットとコブは、150人の労働者へのインタビューに基づいた古典的な研究『The Hidden Injuries of Class』（1972年）の中で、（一見）平等主義の社会で働く人々の自尊心が損なわれるのは、彼らが社会の階段を上れないとき、自分自身の欠陥のせいにするからだ、という説を展開した。労働者階級のサクセスストーリーは、アメリカの一般的なイデオロギーに合致し、出世が可能であることを示し、暗黙のうちに以下のようなメッセージを伝えている。「貧困が嫌なら、実力があればあなたも貧困から抜け出せる、私がしがない人物になることを避けられないのは、私の能力を十分に育てなかったからだ。階級社会の報酬制度がいかに専横的であるかという話は、一般的な同意をもって迎えられるだろう。ただし、私自身の場合は、もっと自分を高めるべきだったという但し書きがつくが[377]」。

▼372　サクウェ、48歳。
▼373　デラファーブ（1980）。
▼374　サクウェ、48歳。
▼375　ラモント、143。
▼376　同上、128。
▼377　セネット、コブ、250-251。

セネットとコブはもともとマルクス主義的なアプローチをとっていたが、労働者の自尊心を傷つけたのは、十分な努力をし、本当に成功したいと思えば、誰でも成功できるというアメリカの支配的なイデオロギーに起因しているという。「もしすべての人が等しい潜在的な能力に基づいてスタートするなら、彼らが人生で経験する不平等は専横的なものではなく、その力を行使しようとするさまざまな個人の衝動の論理的帰結である。言い換えれば、社会的差異は今や性格、道徳的決意、意志、能力の問題として現れることができる」[378]

セネットとコブによれば、不平等、すなわち、ある人々がより大きな経済的成功を収め、それに応じてより敬意をもって扱われるという事実は、働く人々にとっては彼自身の失敗の結果であると解釈されるのである。「もし、私が『先生』と呼んでいる人と、私をファーストネームで呼ぶ人が、同等の能力から出発したと信じるなら、私たちの違い、彼に与えられていた礼儀や配慮が、私には否定されていること、彼が私とは『好み』や『理解』が違うと感じることは、彼が私よりも内面を磨いていることを示すものではないだろうか？他にどうやって不平等を説明すればいいのだろう？」[379]

ラモントは、「隠れた傷」という説を批判し、労働者は実際には劣等感を抱いていないだけでなく、経済的成功ではなく道徳的基準に基づく別の価値体系を発展させ、ある側面では上流階級のメンバーに対して優越感さえ抱いているという解釈と対比している。私の考えでは、ラモントの批判は正当化できない。なぜならセネットやコブが提唱した論文と、彼女の研究結果とは、まったく矛盾していないのだ。経済的・職業的成功や学歴が中

▼378　同上、256。
▼379　同上、255。

心的な役割を果たす伝統的な地位の定義に対して、「対人関係」「温情」「道徳」「よりよい家庭生活」といった価値を伝統的な基準に置き換える別の「成功の代替定義」[380]を提示し、対抗するのは単純なことである。これは、物質的な資源や教育をほとんど持たない下層階級の人々が、上層階級に対する優位性を主張するために、他の価値の重要性を強調するために用いる補償戦略に過ぎないことは明らかである。

道徳的に優れているという主張は、もちろん客観的に証明することは不可能である。同時に、このような主張が持つ心理的な補償機能は明確である。富裕層は家庭環境が悪い、道徳的に劣っている、一般に健全な対人関係がないなどと主張することで、劣等感を補い、社会的地位の高い人よりも自分を上位に置くことができるのだ。

ゴーマン、ラモント、サクウェのインタビュー対象者が富裕層に対して「優れている」と主張する領域の共通点は、主観的な解釈に基づく部分が大きいということである。客観的な尺度を用いれば、誰がより多くのお金を持っているか、より良い教育を受けているかを示すことは容易であり、議論や主観の入る余地はほとんどない。しかし、誰が最も充実した人間関係を築いているか、誰が最も満足のいく家庭生活を送っているかということに関しては、同じことは言えない。このような評価は、主観的な解釈に大きく依存するため、外部の人間がこれらの別の成功の尺度を評価することはほとんど不可能である。例えば、下層階級が上層階級よりも一般的に家庭生活やモラルが優れているかどうかは疑問である。しかし、インタビューでは、このことは抽象的に仮定されるか、インタビュー対象者がそれを裏付けるような人生の個別の事例を挙げている。

▼380　ラモント、129。

この文脈で、ウィリアムズから得られた知見の相違を考察するのは興味深いことである。彼女は、労働者階級と専門職・経営者エリートの間の「階級文化のギャップ」を調査している。彼女が「労働者階級」という言葉を使うのは、いささか混乱がある。彼女にとって労働者階級というのは、富裕層でもなく貧乏でもない、典型的な中産階級を意味する。自らをアッパーミドルクラスと呼ぶ人々を、彼女はプロフェッショナル・エリート(professional-managerial elite)と呼んでいる。[381]

ウィリアムズが報告したように、労働者は「自分たちが本当の仕事をしていると考える」ことによって、本当の仕事をしない「鉛筆を押す人」とは区別される。なぜなら、彼らの仕事は「つらくなく、不快でなく、退屈でなく、いらいらしない」からだ、と大工の娘で自身も教授になった人が説明している。[382] ウィリアムズによれば、労働者階級は道徳や家族の重要性を強く訴えている。労働者階級のアメリカ人の多くは宗教心が強く、野心や出世よりも家族が大切なのだという。[383]

今のところ、ウィリアムズの発見は、ラモントとサクウェの発見と一致している。しかし、ウィリアムズが他と異なる点は、労働者が富裕層よりも高学歴者に敵対的であるという点である。「労働者は一般的に富裕層を賞賛するが、高学歴者には憤る。なぜなら、彼らの目標は自分たちの生活様式を失わないだけでなく、より多くのお金を得てそれを継続することだからだ」。労働者はしばしば、学者、医者、弁護士、教師に対して非常に軽蔑的な態度をとるだろう。「憤りは、労働者が効果的なコミュニケーションをとるための社会的資本を欠いていたり、無礼な態度をとる専門家との不満足な、あるいは屈辱的な出会

▼381　ウィリアムズ、40歳。
▼382　同上、41。
▼383　同上、46。

いに起因している。これとは対照的に、ほとんどの労働者は真の富裕層に出会うことがないため、階級的侮辱を感じることはない」[384]。

ドナルド・トランプが多くの労働者階級の票を集めたという事実は、おそらく彼女のテーゼをもっとももなものにするだろう。ところで、トランプが大統領に選出されるずっと前に執筆していた著者が、民主党はアメリカの労働者階級の尊厳の中心となる価値観（家族、宗教）を理解できていなかったと述べていることは興味深いことである。これは労働者階級の姿勢がますます右傾化している理由の一つである[385]。

要約すると、米国とドイツの研究では、「非富裕層」は自尊心を維持するために補償戦略をとっていることが示唆されている。これらの戦略は、一方で経済的成功と生活満足度の相関関係を疑い、他方で対人関係、道徳、家庭生活といった特定の価値に大きな比重を置くことを目的としている。しかし、それだけではない。富裕層の上に立つためには、下層階級の人々もこれらの側面で同じように（あるいはそれ以上に）優れている可能性があることが広く受け入れられる必要があるのだ。富裕層に対する労働者階級のステレオタイプ、すなわち、冷淡で自己中心的で、家庭生活が充実しておらず、対人関係も不満足で、モラルが低いというのは、労働者階級の優位性を主張し、劣等感を補うために役立っているのである。

したがって、心理学者が「ハロー効果」と呼ぶものによって、富裕層の評価が相対化されることはないと説明できる。通常、ある側面の知覚における肯定的な評価は、人格の他の側面に転写する。これは、ステレオタイプ・コンテンツ・モデル理論からわかるよう

▼384　同上、48。
▼385　同上、53。

に、社会集団の比較には当てはまらない。[386] 富裕層は両義的に見られ、しばしば現実と一致しない極端な見方をされる。「彼らはある側面では（知能の高さなど）普通の人間より優れているが、別の見方では普通の人間として劣っているように見える。富裕層は、複雑な感情を経験したり、自己認識したり、浮き沈みをしたり、普通の人間ができることができず、温かさが欠落しており、人間になることに失敗した存在と見なされるのである。こうして、共感できない勝者（富裕層）に対する、嫉妬がはっきりと確立されるのである」。[387] フィスクによると、富裕層が好感を持てるようになるのは、富を寄付したときだけだそうだ。「全財産を寄付し、子供たちに自分で稼ぐことを要求する富裕層はアメリカのヒーローだ」。[388] このことが本当に正しいかどうかは議論の余地がある。なぜなら、寛大な寄付をする富裕層でさえ、後の章で示すように、しばしば利己的な理由でそうしていると非難されるからである。

補償戦略は、一般的に、より成功しているか、特定の領域で優れている人々に対して使われる。例えば、美しい女性は愚かだと非難され、プロのサッカー選手はしばしば知性がないと非難され、知性に疑いのない科学者は世間知らずで日常生活に対応できないと言われる。どうやら、ある分野では他の人が優れているという単純な事実を受け入れたくない人がいるようだ。一般に、高い業績を上げている人と自分を比較するとき、また自尊心を保つために、人は他の領域の欠点や誤りを指摘し、その領域がより適切であると主張する傾向がある。

道徳的特性の存在を否定しながら、富裕層などの外集団に能力特性を帰属させること

▼386　フィスク（2011）、130。
▼387　同上、133。
▼388　同上、162。

は、広範囲に及ぶ結果をもたらす。結局のところ、我々は知覚研究から、他人や外集団に対する印象は一般的に能力特性よりも道徳的特性に依存することを知っているのである。ヴォイチェスク、バジンスカ、ジャウォルスキは、彼らの論文「On the Dominance of Moral Categories in Impression Formation」において、知覚において「道徳関連情報」が「能力関連情報」より重要な役割を果たすことを実証している。研究者たちは、道徳と能力が、私たちの外集団に対する知覚を決定する2つの重要な要因であることを確認している。私たちの知覚の約4分の3は、この2つの要素によって決定される。[389]

ヴォイチェスク、バジンスカ、ジャウォルスキは、外集団に対する認識が、「道徳性」（公平、寛大、善良、親切、正直、正義、誠実、寛容、真実、理解）に関連する分類と「能力」（賢い、有能、創造的、効率的、精力的、先見的、才能豊か、工夫好き、知的、知識が豊富）のどちらに基づいて行われるかという実験を行っている。その結果、上位7つの特性のうち、6つは道徳的特性（役に立つ、誠実、公平、理解、誠実、正直）で、能力的特性（機知に富む）は1つだけであることがわかった。「道徳特性の判断は、特定の能力特性の判断よりも、全体的な印象における相対的に良い予測因子として浮上した[390]」。

研究者たちは、このことを進化生物学の観点から説明している。すべての生物は、好ましい環境と不利な環境とを区別するためのメカニズムを少なくとも1つは持っている。「全体的な印象評価の主な機能が、近づくべき人と避けるべき人を区別することであるならば、道徳特性カテゴリーが印象形成において特権的な地位を占める理由は明らかである。これらのカテゴリーは他のどの概念（能力特性も含む）よりも高い割合で他者を接近

▼389　ヴォイチェスク、バジンスカ、ジャウォルスキ、1251。

▼390　同上、1256。

ー回避の側面で捉えることに役立つ。ある人が道徳的かどうかについての決定は、その人が危険ではなく有益かどうかについての直接的な判断に相当する」[391]。この基本的な判断がなされた後でのみ、能力特性は活躍する。なぜなら他の人や集団がどれほど有益か危険かを判断するのに役立つからだ。

本章の冒頭で紹介した調査からわかるように、労働者は富裕層を有能ではあるが道徳的に疑問があると判断する傾向がある。そして、その道徳的判断に大きな意味を持たせているため、バランスのとれた判断には至らず、優れた人物や社会的集団に対して概して否定的な判断を下しているのである。

１９７０年代初頭にセネットとコブによって初めて提唱された「階級の隠れた傷害」という社会心理学的概念は、（最近では上に引用したゴーマンの著作によって）繰り返し確認されているが、おそらくさらに発展させることができるだろう。彼らの関心は、個人の業績や経済的成功で価値を測る社会において１経済的に成功していない１ブルーカラー労働者の自尊心の欠損に向けられたものである。しかし、これまで示されてきたように、労働者の偏見が部分的に向けられている、教育を受けた中産階級の人たちはどうなのだろうか？低学歴の起業家が高学歴の人よりもはるかに富裕層になれる資本主義システムの中で、彼らが経済的な敗者になることがあまりにも多いとしたら、彼らの自尊心にどんな影響があるのだろうか？高学歴が成功の鍵だと何度も言われ、高学歴でないにもかかわらず経済的地位の高い人がいることに不満を感じてきた人の身になって考えてみてほしい。これは、労働者階級が中流階級や上流階級と自分を比較することで生じる「隠れた傷」のよ

▼391　同上、1252。

うに、経済的に成功している人々に対する劣等感や憤りをもたらす可能性はないのだろうか。

富裕層という集団に適用される偏見に関する科学的な研究結果はここまでである。本書のパートBでは、アジア、ヨーロッパ、アメリカの11カ国における世論調査をもとにした実証的な結果を紹介する。また、ハリウッド映画における富裕層の描写の分析も行う。

パートB：アジア人、アメリカ人、ヨーロッパ人が考える「富裕層」とは？

第8章　日本人は富裕層をどう見ているか

日本における社会的嫉妬係数の低さ

2021年9月、イプソスMORIは日本の18歳以上の人口を対象に代表調査を実施した。回答者は、富裕層に対する意識を探るために数十の質問に回答した。他の調査から、「富裕層」が実際に意味するものは人によって大きく異なることがわかっていたため、日本の回答者には、「富裕層」とは、住んでいる家を含めず、少なくとも2億円相当の資産を持つ人を意味することを明記した。

富裕層に対する意識調査には、富裕層に対する嫉妬とシャーデンフロイデの異なる側面を捉えるように設計された3つの項目が含まれている。（強く同意する、やや同意する、どちらとも言えない、あまり同意しない、まったく同意しない、のどれにあてはまるか？の5段階評価）

1．「次の記述についてどの程度同意しますか？：「たとえ自分個人の利益にならないとしても、2億円以上の資産がある富裕層に対して大幅に増税するのは公平だと思う。」」

2.「次の記述についてどの程度同意しますか？：「2億円以上の資産がある富裕層がリスクの高いビジネス上の決断をして、そのために大損をしたという話を聞くと、「当然の報いだ」と私は思う。」」

第3の設問は、８つの設問リストから選ばれた1つであった。

3.「経営層の給与を大幅に削減し、そのお金を従業員間でより均等に配分する。たとえ月の給与にして数円程度の上乗せであっても、その方が良いと思う。」

これらの項目が含まれるのは、第４章で示したように、嫉妬の特徴として、嫉妬深い人は自分を良くしたいのではなく、自分が直接的に利益を得なくても、他人が持っているものを妬み、それを失ってほしいと思うからである。したがって、嫉妬研究も示しているように、嫉妬とシャーデンフロイデは密接に絡み合っている。

しかし、上記項目1への回答が嫉妬に基づかない可能性ももちろんあり、この項目への肯定的な回答には他の動機が十分に作用している。実際、この3つの項目は、どれもそれ自体が「嫉妬」の決定的な指標とはなっていない。しかし、2項目、あるいは3項目すべてに当てはまる場合は、1項目にも当てはまらない場合よりも、富裕層に対するイメージが嫉妬によって形成されている可能性が高いと結論づけることができる。そこで、回答者を分類するためには、回答者がどの項目に具体的に賛成しているかよりも、回答者個人がこれらの項目のいくつに賛成しているかを調べる方がより有用であると判断された。このような分析を容易にするために、3つの項目を組み合わせて尺度を作成した。この3つの項目に対する回答に基づいて、各参加者にスコアを割り振った。[392]以下の分析では、3つのグループに区別している。

1. 社会的嫉妬を持つ人：上記の3項目のうち、少なくとも2項目に同意すると回答した人。このグループには、3項目すべてに賛成する「筋金入りの嫉妬深い人」が14％含まれている（日本ではこのグループはわずか3％で、以後「筋金入りの嫉妬深い人」と呼ばれる）。

2. アンビバレント：これらの回答者は、いずれかの嫉妬の項目に同意している。このグループは、日本人回答者の29％を占めている。

3. 嫉妬を持たない人：妬ましいと思う項目のいずれにも賛成しない回答者。これは、日本では圧倒的に多く、参加者の57％を占める。

ある国の嫉妬層と非嫉妬層の比率を求めると、社会的嫉妬係数（SEC）が導き出せる。これは、ある国（あるいは年齢層、所得層など）において、社会的嫉妬がどの程度蔓延しているかを端的に表したものである。今回の調査では、ほぼすべての項目で、「嫉妬

▼392　第1問に強く同意した人は1ポイント、それ以外は0ポイント、第2問も強く同意した人、やや同意する人は1ポイント、それ以外は0ポイント、第3問は同意した人は1ポイント、しなかった人は0ポイントである。
このようにして、各回答者に0点（適切な回答が得られない）から3点（すべてのケースで適切な回答が得られた）までの値が割り当てられた。そして、その回答行動が嫉妬によって強く（2点または3点）、弱く（1点）、あるいはほとんど（おそらく）全く（0点）形成されているとみなされるかどうかによって、参加者をグループに

を持つ人」「アンビバレント」「嫉妬を持たない人」という3つのグループの回答が大きく異なっている。この違いを説明するために、「嫉妬を持つ人」と「嫉妬を持たない人」を対比してみよう。

日本人の回答者には、富裕層について、肯定的な意見9件、否定的な意見8件の合計17件が提示された。全体として、肯定的な意見と否定的な意見はほぼ同じ割合で、平均すると肯定的な意見に16%、否定的な意見に16%が同意している。しかし、ほとんどの質問で、嫉妬を持つ人と嫉妬を持たない人の意見は大きく異なっていた。

嫉妬を持つ人は、豊かさの原因を外的環境、あるいは偶然に求める傾向がある。例えば、日本では39%の人が「富裕層は、基本的には運に恵まれている」と答えている。嫉妬を持たない人では、この意見に同意する人は23%に過ぎない。また、「裕福になれるかどうかは、主に親や家族のコネや人脈に依存する」と答えた人は、嫉妬を持つ人の37%に対し、嫉妬を持たない人では13%という

図１
日本を対象とした社会的嫉妬尺度における位置づけ別回答者の内訳(%)

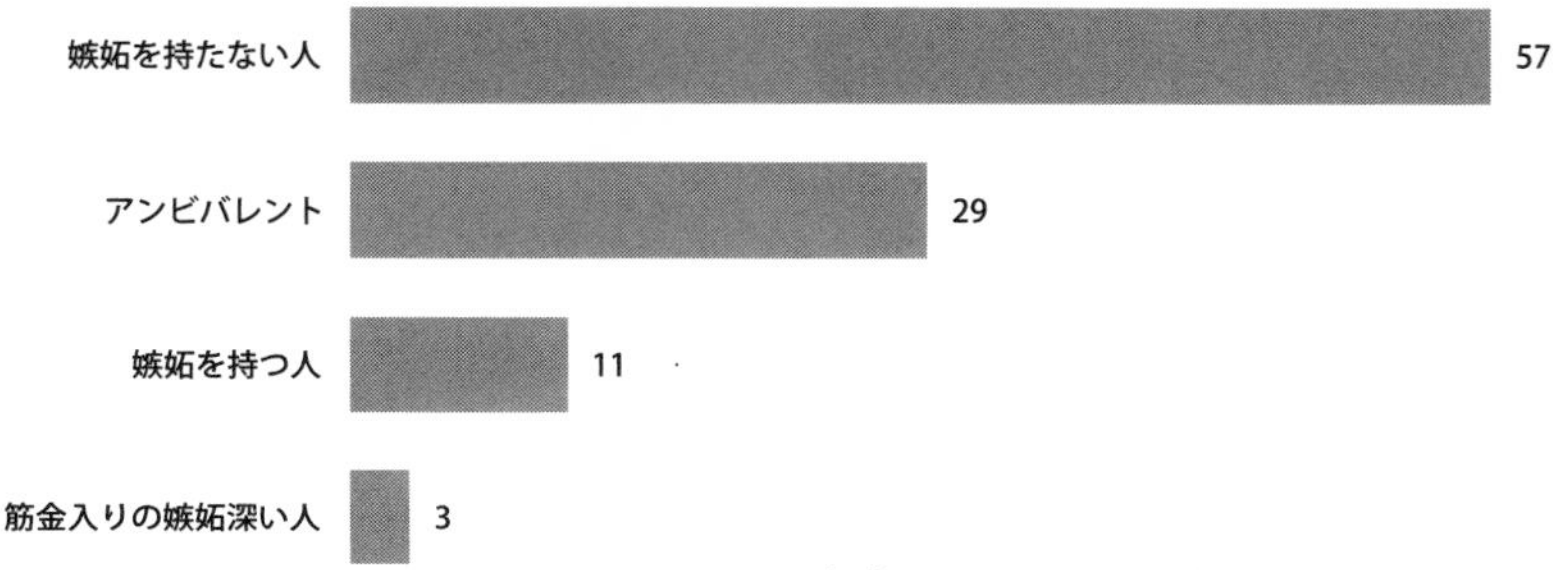

出典 Ipsos MORI 調査 J-21-041026-01

振り分けた。
最初の質問で「強く同意する」と答えた人にだけ１点を与え、質問２で「やや同意する」と答えた人にも同じ点数を与えたのは、純粋に現実的な理由によるものである。この尺度が明確に区別されるためには、すべてのグループが同程度の大きさになるように、条件を満たすものと満たさないものの境界を引く必要があった。しかし、尺度を開発したドイツでは、「やや同意する」と回答した人が41%もいたため、最初の項目でこのようなことは不可能だった。また、「強く同意する」人が25%と

結果になった。また、「日本の富裕層が裕福になれたのは、ひとえに私たちの社会が公平・公正ではないからだ」と答えた人は、嫉妬を持つ人の28%に対し、嫉妬を持たない人は6%にとどまった。また、「ほとんどの富裕層は、単に相続を通して金持ちになっている」と答えた人は、嫉妬を持たない人ではわずか7%であるのに対し、嫉妬を持つ人では3倍の22%が同意している。

第7章では、外集団の経済的優位性を前にして、嫉妬深い人が自らの自尊心を

図2
日本における社会的嫉妬尺度のランク別富裕層に関する発言について
質問：「ここでは、人々が富裕層について述べた意見のリストを紹介します。リストに記載されている記述のうち、あなたが同意するものはどれですか？」

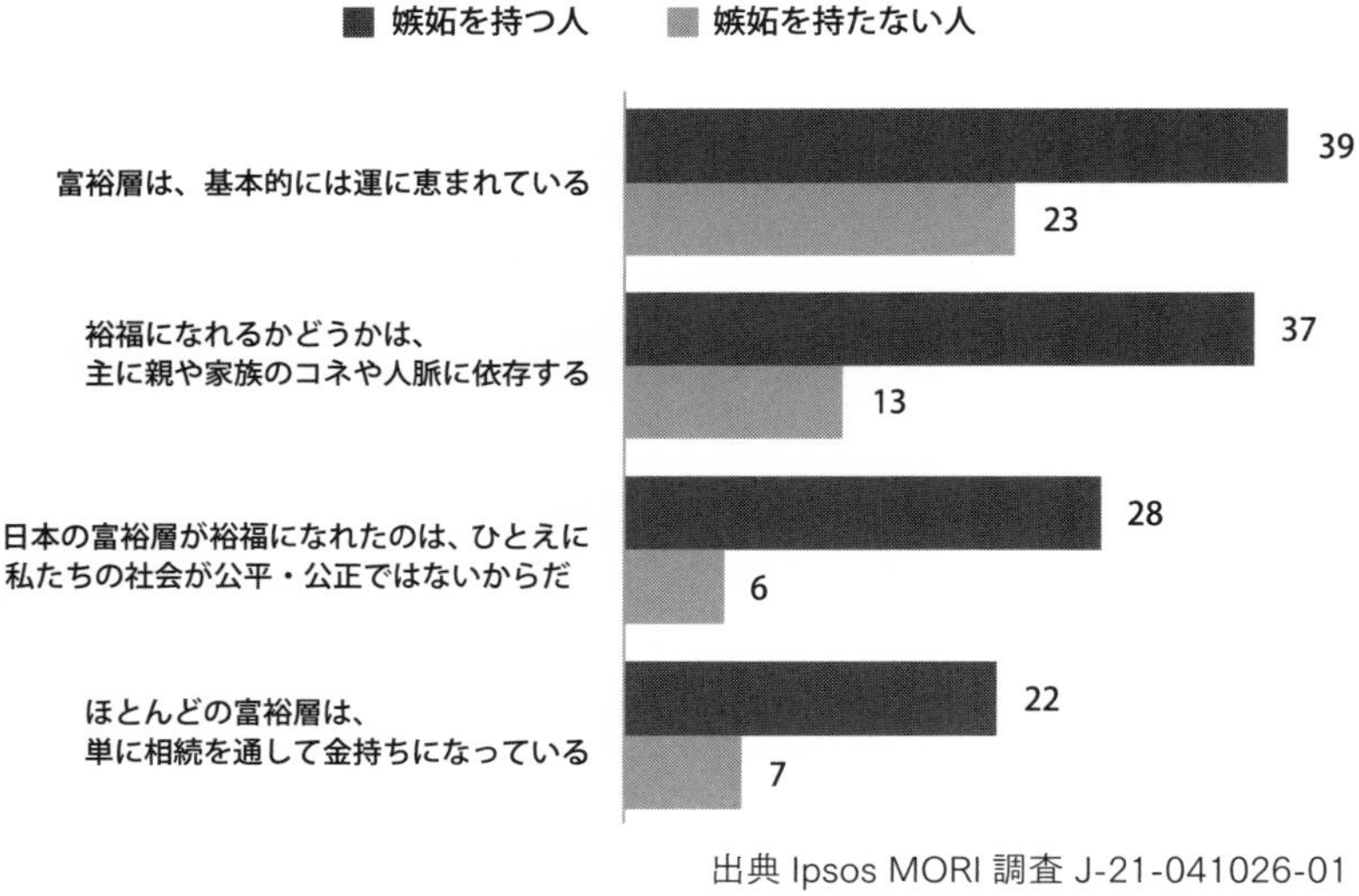

出典 Ipsos MORI 調査 J-21-041026-01

「まったく同意しない」人23%より若干多いため、「強く同意する」人を後者のグループに加えた。方法論的に言えば、それ以外の決定も可能であり、正当であっただろうし、その決定が尺度の説明力に根本的な影響を与えることはなかっただろう。このように尺度の設計を決定した以上、その後の他国での調査でも、調査結果を直接比較できるように、同じ手順を踏まなければならなかった。

守るために外集団を道徳的に否定する傾向がある理由を補償理論によって説明した。このような態度は嫉妬を持つ人で最も顕著であり、「富裕層はお金を稼ぐことには長けているが、たいていはまともな人々ではない。」と考える人は50％であり、28％はこの発言に同意していない。一方、嫉妬を持たない人では、「富裕層はたいていはまともな人々ではない。」と答えた人は14％にとどまり、38％が否定、残りは「どちらともいえない」であった（図3）。

図３
日本における社会的嫉妬と、富裕層はたいていはまともだということに対する否定的な傾向

質問：「次の記述にどの程度同意するかお答えください。：富裕層はお金を稼ぐことには長けているが、たいていはまともな人々ではない。」

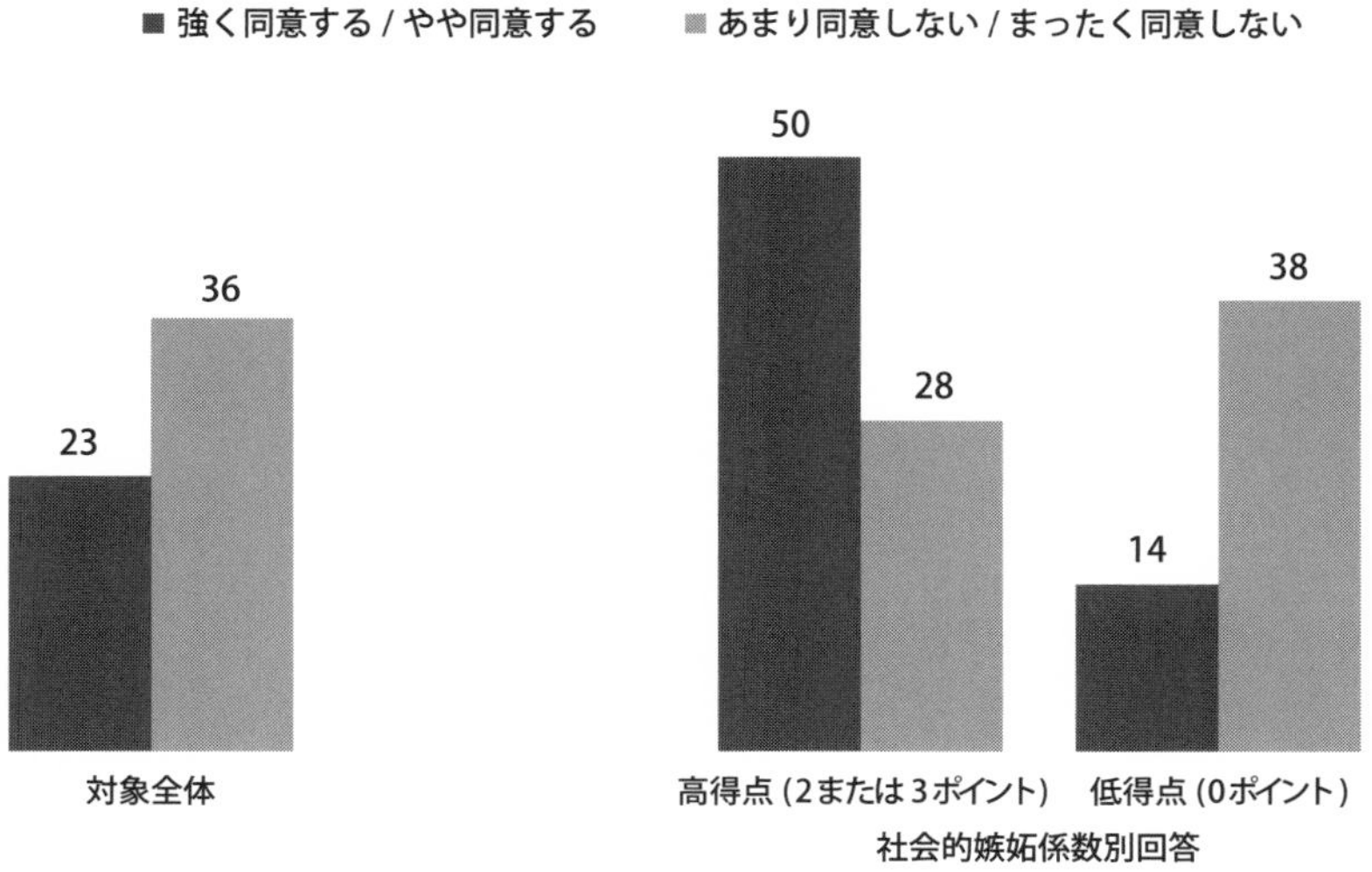

出典 Ipsos MORI 調査 J-21-041026-01

日本における低い人格特性係数と富裕層感情指標

また、日本の回答者には、富裕層に当てはまる性格的特徴を選んでもらった。各回答者にプラスとマイナスの7つの性格特性のリストを提示し、「次のうち、富裕層に最も当てはまる可能性が高いのはどれですか？」と質問した（図4）。

平均すると、富裕層に対して肯定的な特性は20％の支持を得たのに対し、否定的な特性の場合は13％に過ぎなかった。この比率は、人格特性係数（ＰＴＣ）の算出根拠として重要であり、日本では0・7と他の多くの調査対象国よりも低くなっている。つまり、日本人は富裕層の性格特性を肯定的にとらえているのである（図5）。

社会的嫉妬係数（ＳＥＣ）と人格特性係数（ＰＴＣ）を用いて、富裕層感情指標（ＲＳＩ）を算出することができる。ＲＳＩの核心は、ＳＥＣをＰＴＣで補正することにある。ＳＥＣは、最終的に社会的嫉妬尺度における回答者の位置を決定する3つの質問に基づいているため、人格特性項目のみに関連するＰＴＣに対して、ＳＥＣは3重の重み付けがなされているのである。ＲＳＩは、たった1つの数値で、どの国でも富裕層に対する人々の態度をかなり信頼できる形で示しており、他国との比較も可能である（図

図４

富裕層に当てはまる性格：日本における回答

質問：「次のうち、富裕層に最も当てはまる可能性が高いのはどれですか？」

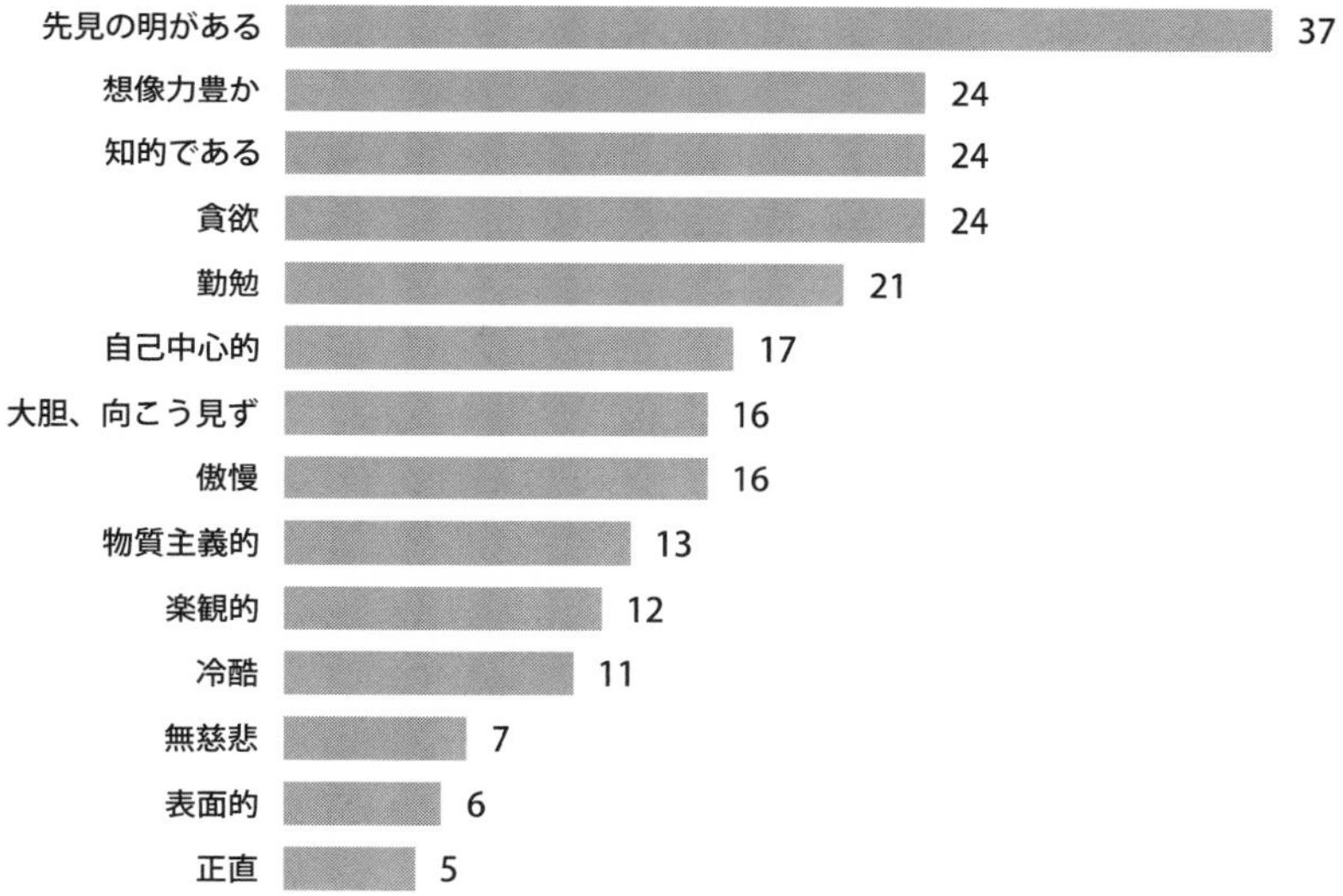

出典 Ipsos MORI 調査 J-21-041026-01

図５

日本における人格特性係数(PTC)

「次のうち、富裕層に最も当てはまる可能性が高いものはどれですか？」

PTC ＝７つの否定的特性の平均割合÷７つの肯定的特性の平均割合

否定的特性の平均割合	13%
肯定的特性の平均割合	20%
PTC	0.7

6）。11カ国の調査の中で、これほどまでにＲＳＩが低い（つまり、富裕層を肯定的に捉えている）国は、ベトナムだけであった。

図６
日本における富裕層感情指標（RSI）
社会的嫉妬係数（SEC）、人格特性係数（PTC）で調整。RSI=(3SEC+1PTC) : 4
RSI が１より大きい：否定的な面が肯定的な面より多い。
RSI が１未満：肯定的な面が否定的な面より多い。

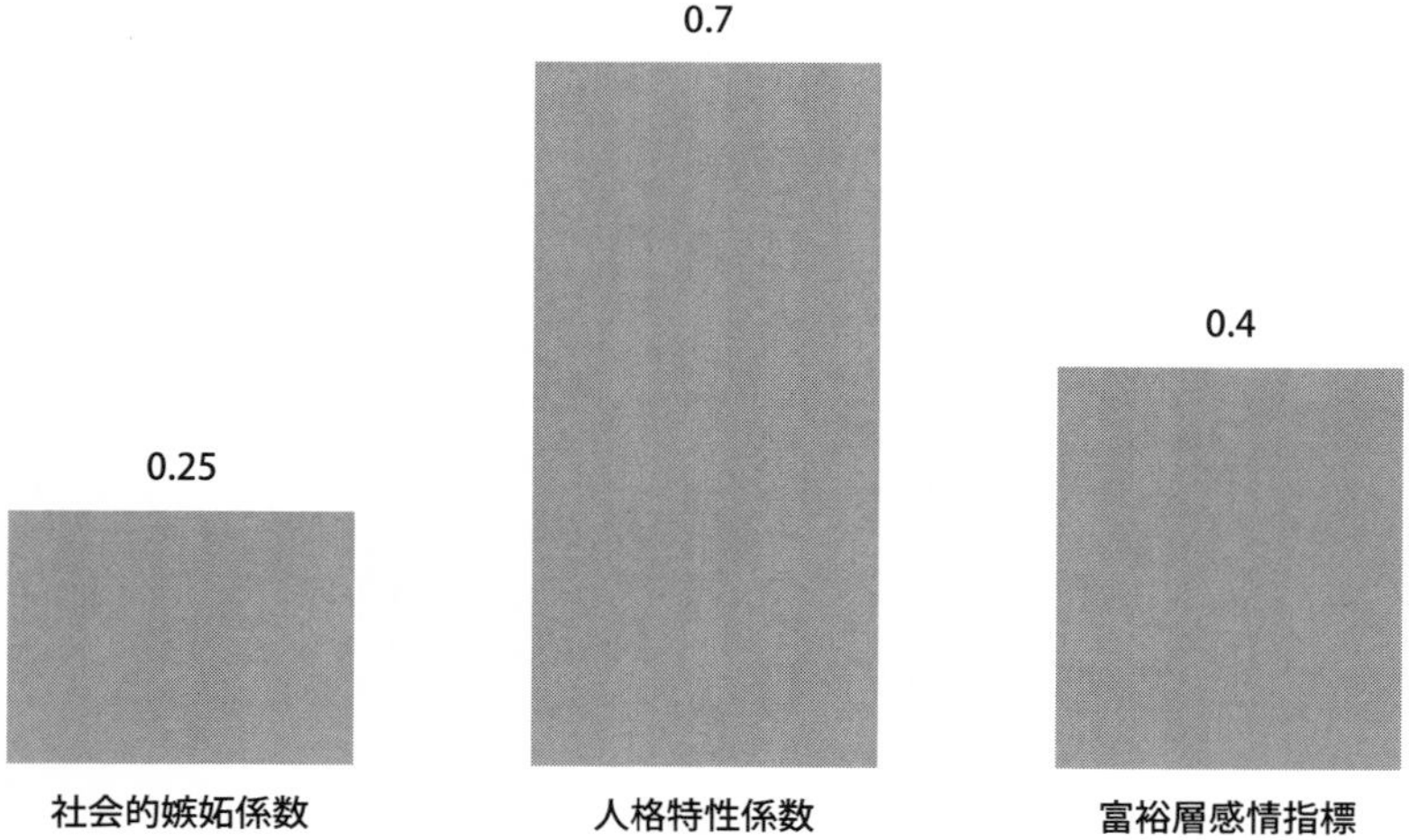

出典 Ipsos MORI 調査 J-21-041026-01

日本では43%の人が富裕層になりたいと考えている

アンケートの項目のひとつに、「富裕層であることは、あなたにとって個人的にどの程度重要ですか?」というものがあった。これに対して、日本人の回答者の10%が、富裕層であることは個人的に「非常に重要である」と答え、33%もの人が「かなり重要である」と答えている。また、「あまり重要ではない」と答えた人は13%、「まったく重要ではない」と答えた人はわずか2%であった。中立的な意見として、35%が「どちらともいえない」と回答している(図7)。

図7
日本人にとって富裕層であることは、どれだけ大切か?
質問:「富裕層であることは、あなたにとって個人的にどの程度重要ですか?」

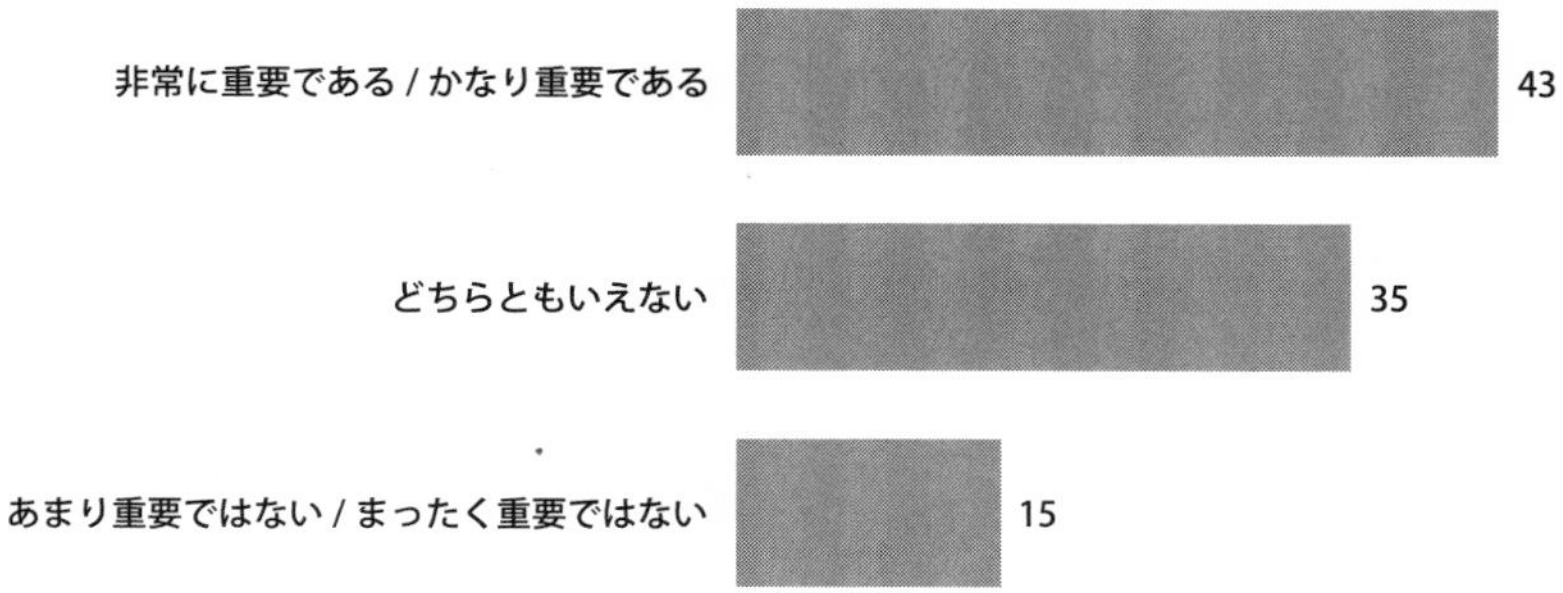

出典 Ipsos MORI 調査 J-21-041026-01

図8に示すように、他の国（ベトナムを除く）と同様に、日本では、富裕層になりたいと考える男性の割合が47%あり、女性の39%よりも高い。

他のほとんどの国と同様、「富裕層になりたい」と答えた若い人（30歳未満）の割合は、年配の人（60歳以上）の場合よりも高い。この数字が示すように、若い日本人の50%、高齢の日本人の37%が、富裕層になることが重要だと答えている。若い人たちはまだ一生の大半が残っているため、若い人たちの方が年配の人

図8
日本人にとって富裕層であることはどれだけ重要か？
（ジェンダー別回答）
質問:「富裕層であることは、あなたにとって個人的にどの程度重要ですか？」

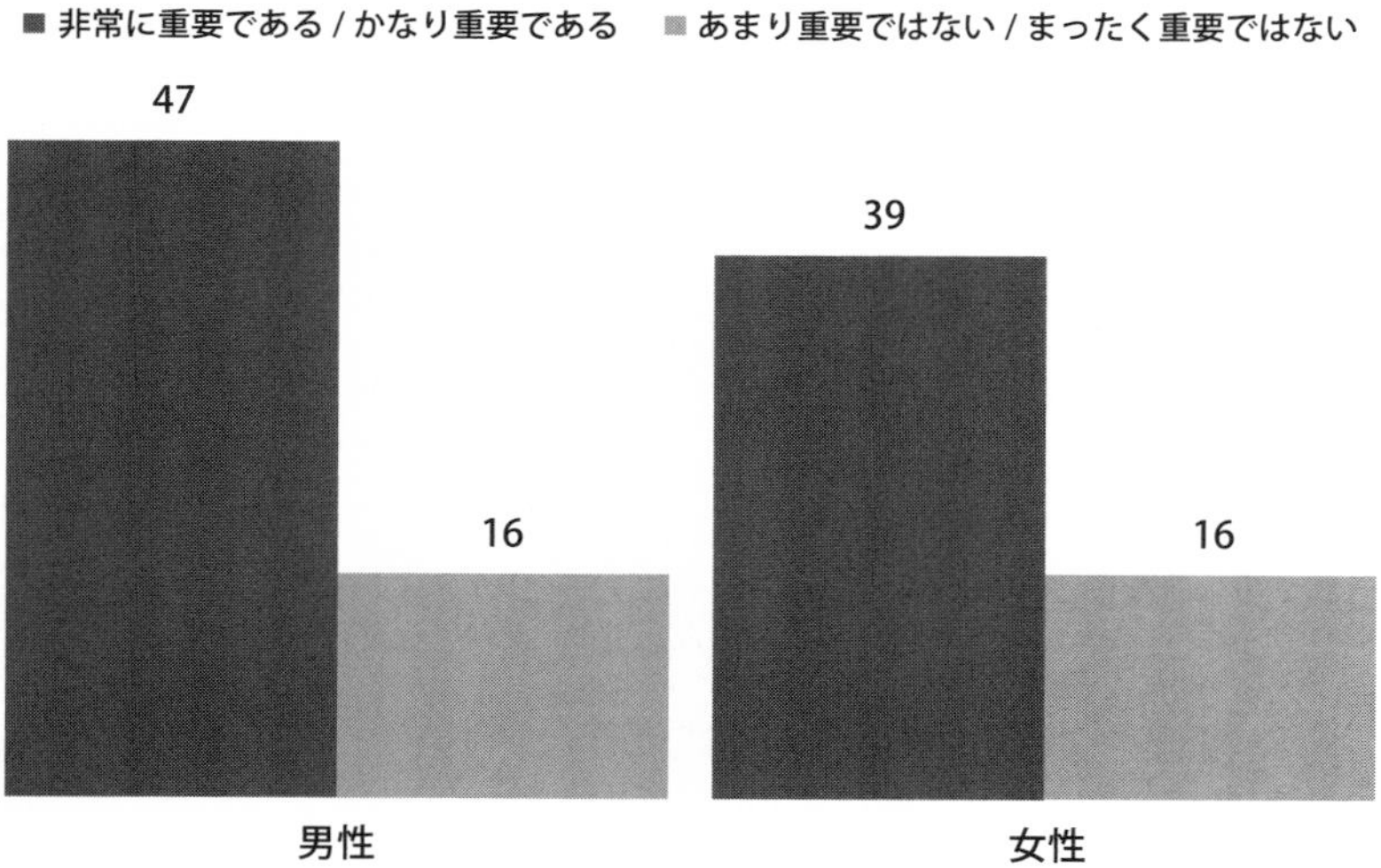

出典 Ipsos MORI 調査 J-21-041026-01

たちよりも富裕層になりたいという希望が強いように思われる（図9）。

ちなみに、富裕層になりたいという願望は、他の多くの国とは異なり、日本では低所得者と高所得者の間に差はない。低所得者（世帯年収300万円未満）の43%、高所得者（世帯年収1000万円以上）の46%が「富裕層になりたい」と答えている（図10）。

図9
日本人にとって富裕層であることは、どれだけ大切か？（年齢別）
質問：「富裕層であることは、あなたにとって個人的にどの程度重要ですか？」

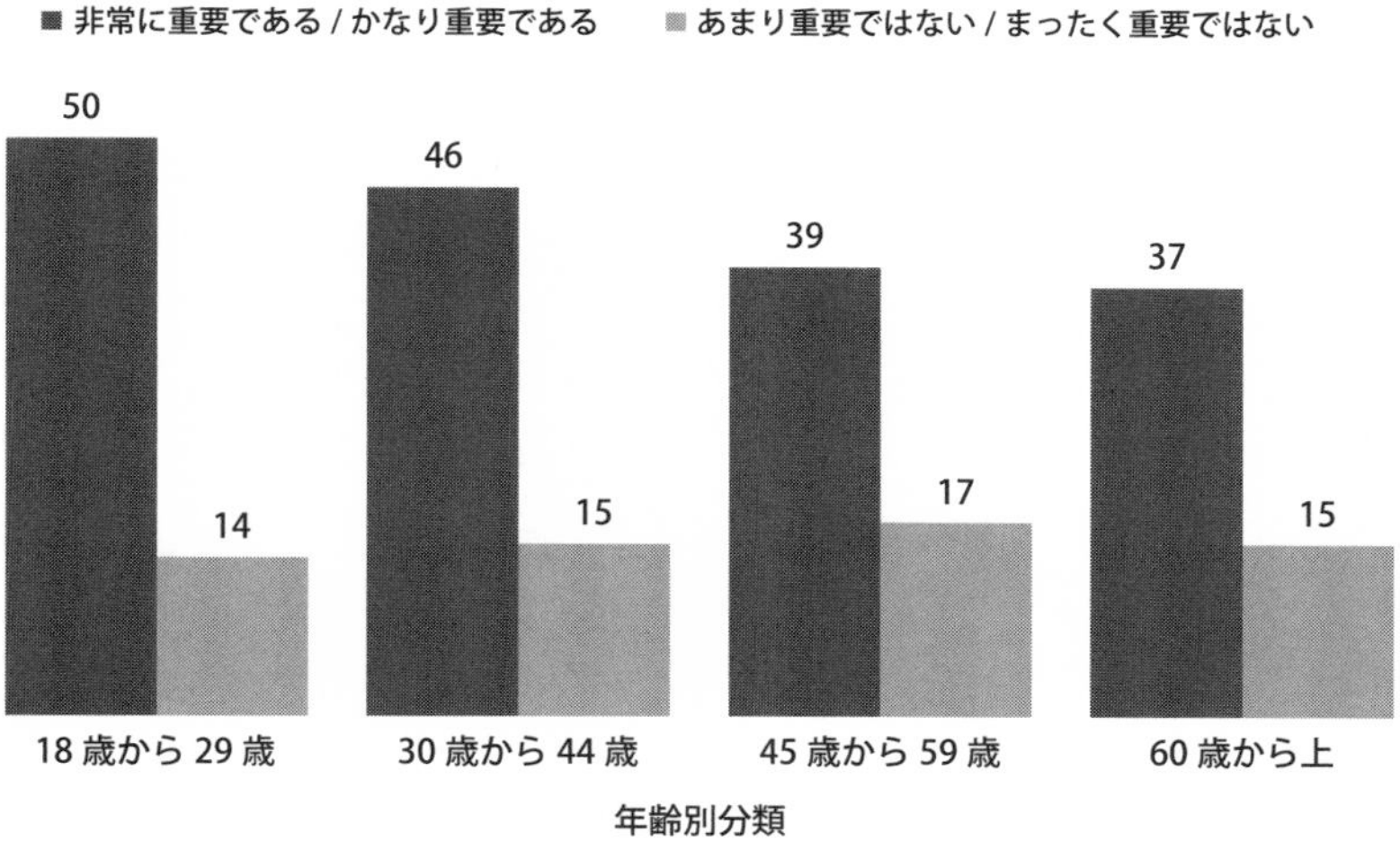

出典 Ipsos MORI 調査 J-21-041026-01

図 10
日本人にとって富裕層であることは、どれだけ重要か？
（所得グループ別）
質問：「富裕層であることは、あなたにとって個人的にどの程度重要ですか？」

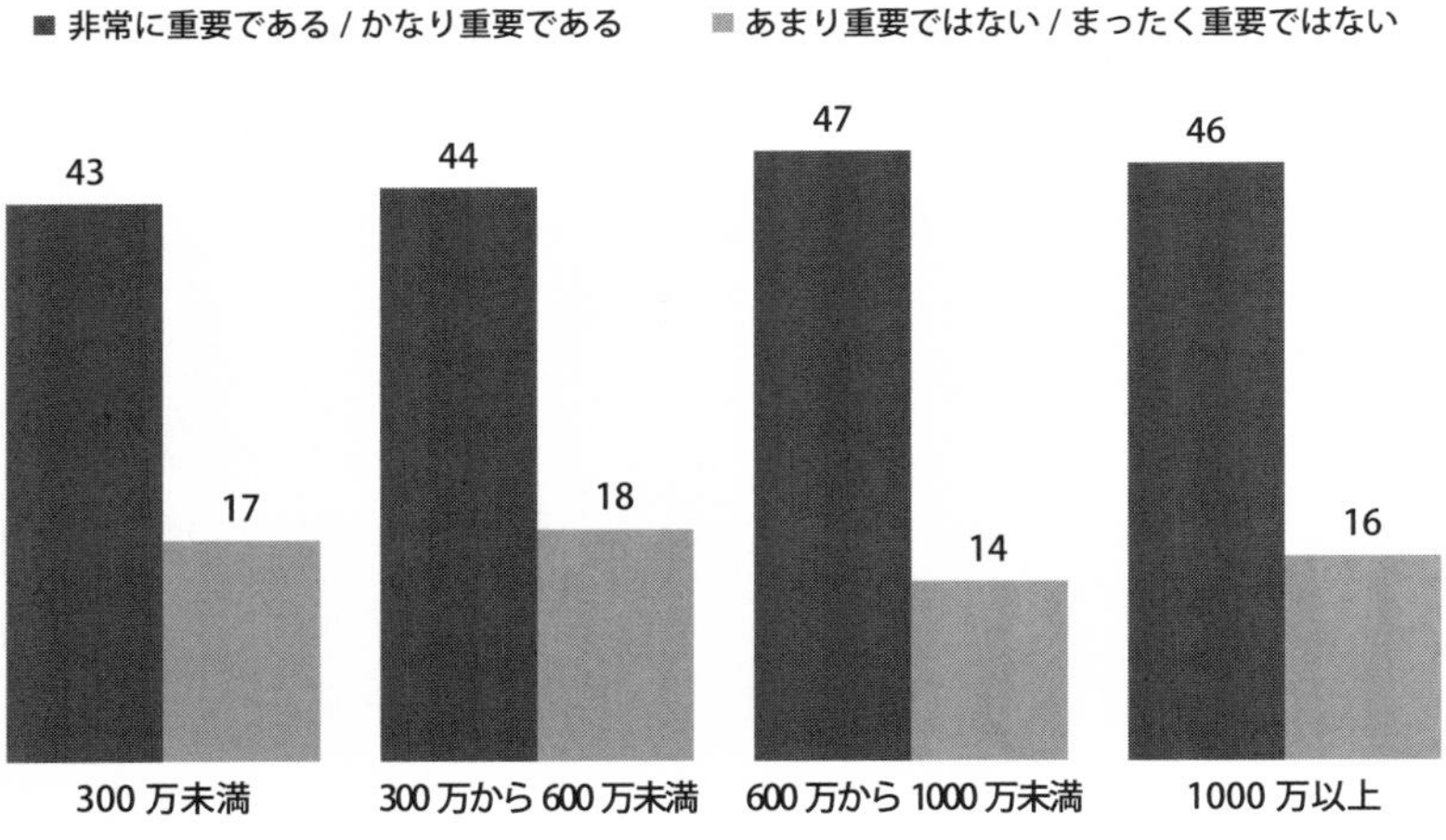

出典 Ipsos MORI 調査 J-21-041026-01

誰が富裕層にふさわしいか、日本人は経営者の給料や税金についてどう考えているか？

また、日本人の富裕層に対する意識は、富裕層がどのように富を得たかによって大きく異なるということがわかった。どのような人が富裕層にふさわしいか、という質問に対しては、回答者によってかなり異なる回答が返った。富裕層にふさわしいと思うのは、起業家（37％）、トップアスリート（26％）、クリエイターや芸術家（22％）などである（図11）。

誰が富裕層になるのがふさわしいか、という問いに対しては、年齢層によって違いがある。例えば、60歳以上の回答者のうち、金融投資家は富を得るに値すると考える人はわずか11％であるのに対し、30歳未満の回答者は26％にのぼった。また、この質問については、所得層によっても回答に違いが出てきた。低所得者（３００万円以下）では、起業家が富裕層になるのは当然だと思う人は29％に過ぎない。一方、高所得者（１０００万円以上）では、43％である。また、「上級管理職は富裕層になるべきだ」と考える人は、低所得者では10％であるのに対し、高所得者では予想通り2倍の21％となっている。

多くの国では、欧米での調査結果を示した次章で紹介するように、高収入の大企業の経営者に対する嫉妬が非常に顕著である。しかし、日本の回答者は、経営者の高報酬についてどう考えているのだろうか？

　欧米諸国と比較すると、日本では経営者の高報酬に対する考え方はバランスが取れている。欧米諸国では、経営者に対する嫉妬が大きく、全体的に極めて否定的な意見が多い。日本の回答者に経営者に関する8つの発言を提示したところ、肯定的な3つの発言は平均23%の賛成を得たが、否定的な5つの発言は平均20%の賛成に留まった

図 11

日本にとって富裕層になる資格があるのは誰か？

質問：「あなたが個人的に富裕層にふさわしいと思うのは、次のうち、どのグループの人たちですか？」

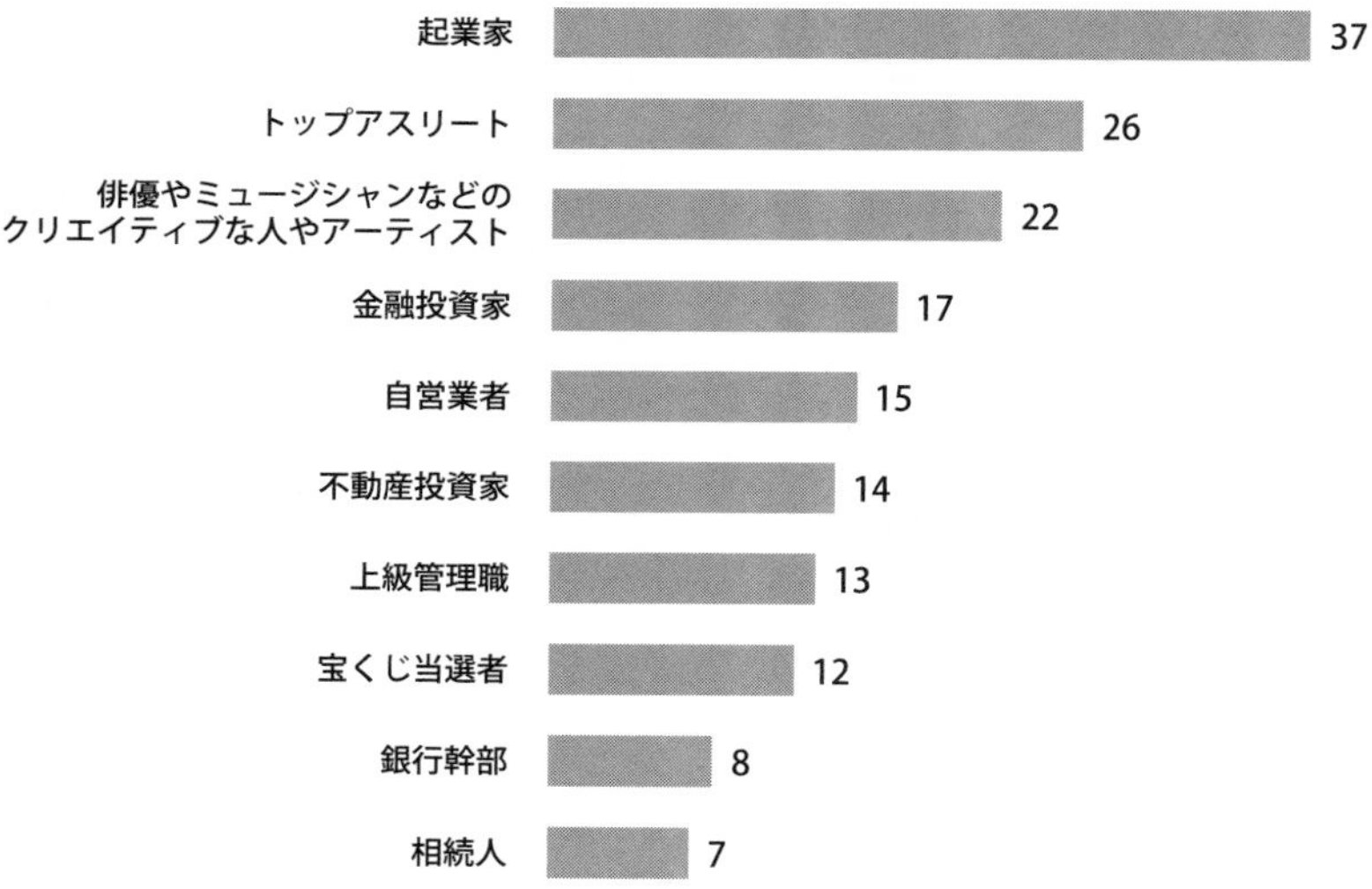

出典 Ipsos MORI 調査 J-21-041026-01

（図12）。

また、上級管理職の給与が高いことについても、日本では嫉妬を持つ人と嫉妬を持たない人の間に大きな違いがある。「経営層は、従業員と比べてそれほど長くハードに働くわけではないのだから、そんなに多くの収入を得ることは不適切だと思う」という意見を支持する人は、日本では嫉妬を持たない人の5％に過ぎない。しかし、嫉妬を持つ人では35％である（図13）。

図12
日本における経営者の給与に関する意見

質問：「従業員の100倍の収入を得ている経営層に見られる収入差について、いくつかの記述を紹介します。以下のうち、あなたが同意する文はどれですか？」

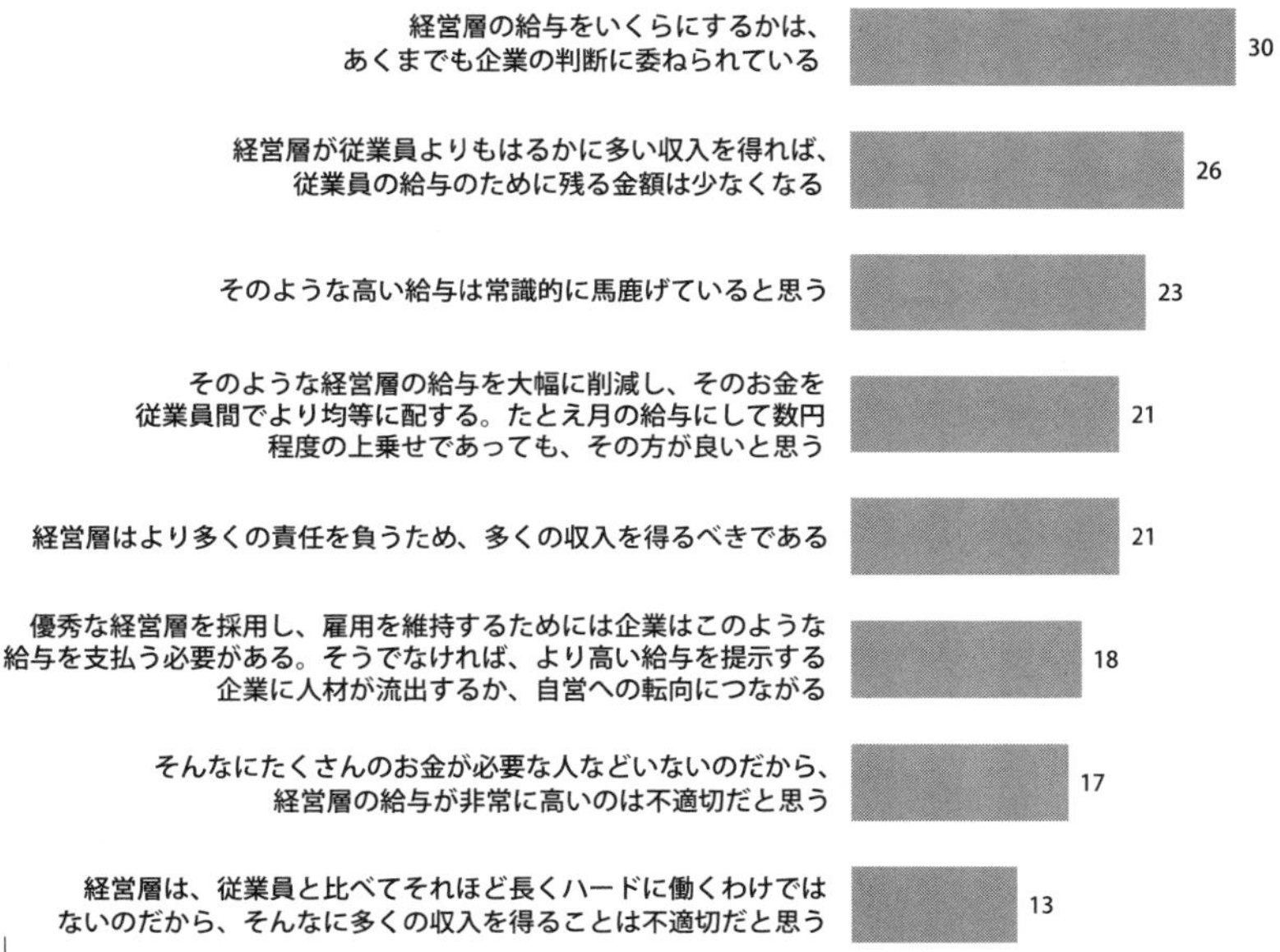
経営層の給与をいくらにするかは、あくまでも企業の判断に委ねられている
30
経営層が従業員よりもはるかに多い収入を得れば、従業員の給与のために残る金額は少なくなる
26
そのような高い給与は常識的に馬鹿げていると思う
23
そのような経営層の給与を大幅に削減し、そのお金を従業員間でより均等に配する。たとえ月の給与にして数円程度の上乗せであっても、その方が良いと思う
21
経営層はより多くの責任を負うため、多くの収入を得るべきである
21
優秀な経営層を採用し、雇用を維持するためには企業はこのような給与を支払う必要がある。そうでなければ、より高い給与を提示する企業に人材が流出するか、自営への転向につながる
18
そんなにたくさんのお金が必要な人などいないのだから、経営層の給与が非常に高いのは不適切だと思う
17
経営層は、従業員と比べてそれほど長くハードに働くわけではないのだから、そんなに多くの収入を得ることは不適切だと思う
13

出典 Ipsos MORI 調査 J-21-041026-01

図 13
日本における「被雇用者としてのマインドセット」
質問：「従業員の100倍の収入を得ている経営層に見られる収入差について、いくつかの記述を紹介します。以下のうち、あなたが同意する文はどれですか？」

経営層は、従業員と比べてそれほど長くハードに働くわけではないのだから、そんなに多くの収入を得ることは不適切だと思う

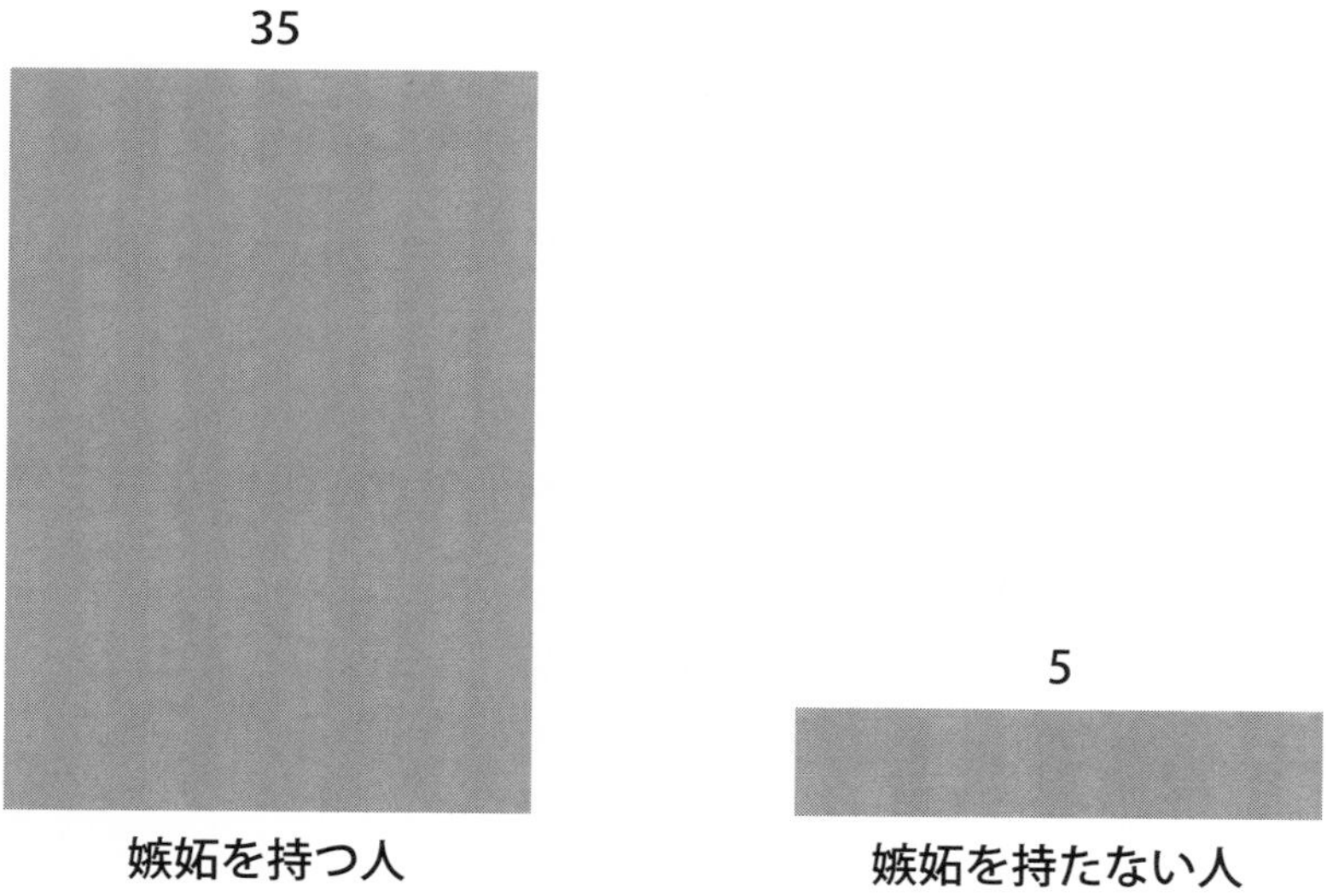

出典 Ipsos MORI 調査 J-21-041026-01

では、日本人は富裕層への課税についてどう考えているのだろうか。どの国でも、ほとんどの人が、富裕層は低所得者より高い税金を払うべきだ、ということに同意している。しかし、富裕層への課税はどの程度にすべきなのか？私たちは、回答者に２つの選択肢を提示した。

A.「富裕層の税金は高くすべきだが、過度に高くすべきではない。というのも、彼らは一般的に一生懸命働いて富を得ているのだから、国が彼らから多くを奪うべきではない。」

B.「富裕層に高い税金を課すだけではなく、極めて高い税金を課して、国内の貧富の差が大きくなりすぎないよう、国政が介入するべき。」

日本人の回答者の意見は分かれている。日本人の回答者の32%が「富裕層への税金は高くすべきだが、過度に高くすべきでない」と答え、30%が「富裕層への税金は極めて高くすべき」と主張している（図14）。次の２つの章では、他のほとんどの国の人々（ベトナムとスウェーデンを除く）が、富裕層に極めて高い税金をかけることを望んでいることについて述べる。

この点について興味深いのは、低所得者の30%が富裕層への超高税率に賛成し、低所得者の30%が富裕層への中程度の課税に賛成しており、所得階層による差がないことである。

年齢、収入、性別、学歴、地域はどのような役割を果たすか？

国によっては、次章で紹介するように、富裕層に対する考え方が若い人と年配の人とで大きく異なる場合がある。例えば、アメリカでは、年配の回答者は若い回答者よりも富裕層に対してはるかに肯定的なイメージを持っているが、多くのヨーロッパ諸国、特にイタリアでは、その逆が当てはまる。日本も多少の差はあるが、老若男女ともに社会的嫉妬は非常に低い（図15）。

富裕層の性格的特徴をどのように評価しているかを示すＰＴＣ（人格特性係数）を分析すると、日本では若年層（30歳未満）と高齢層（60歳以上）で差がないことがわかる。ＰＴＣは若年層で0・6、高年層で0・59である（図

図 14
日本：富裕層への超高税率？
質問：「次の記述のうち、バランスよく、最も同意できるものはどれか？」

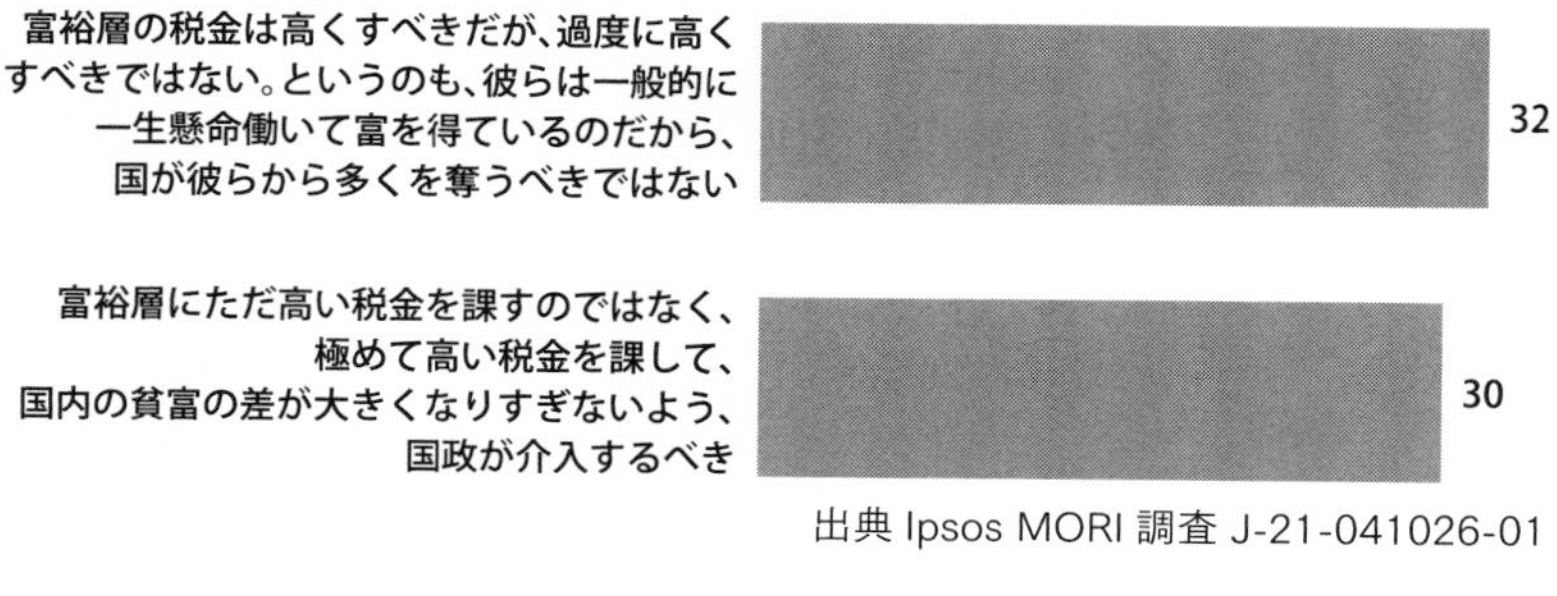
富裕層の税金は高くすべきだが、過度に高くすべきではない。というのも、彼らは一般的に一生懸命働いて富を得ているのだから、国が彼らから多くを奪うべきではない
32
富裕層にただ高い税金を課すのではなく、極めて高い税金を課して、国内の貧富の差が大きくなりすぎないよう、国政が介入するべき
30

出典 Ipsos MORI 調査 J-21-041026-01

16）。

多くの国で、所得と社会的嫉妬の間には明確な相関があり、低所得者は高所得者よりも社会的嫉妬を抱く傾向があることが多い。しかし、日本では、図17が示すように、所得と社会的嫉妬の間に明確な相関はない。低所得者の社会的嫉妬係数は0・25であり、高所得者（0・25）と同程度の低さである。

また、日本では男女の差がほとんどない。

図 15

日本における社会的嫉妬係数 - 年齢層別分析

係数１以上：嫉妬を持つ人（社会的嫉妬尺度２〜３点）が、嫉妬を持たない人（社会的嫉妬尺度０点）より多い場合。

係数１未満：嫉妬を持たない人が嫉妬を持つ人より多い

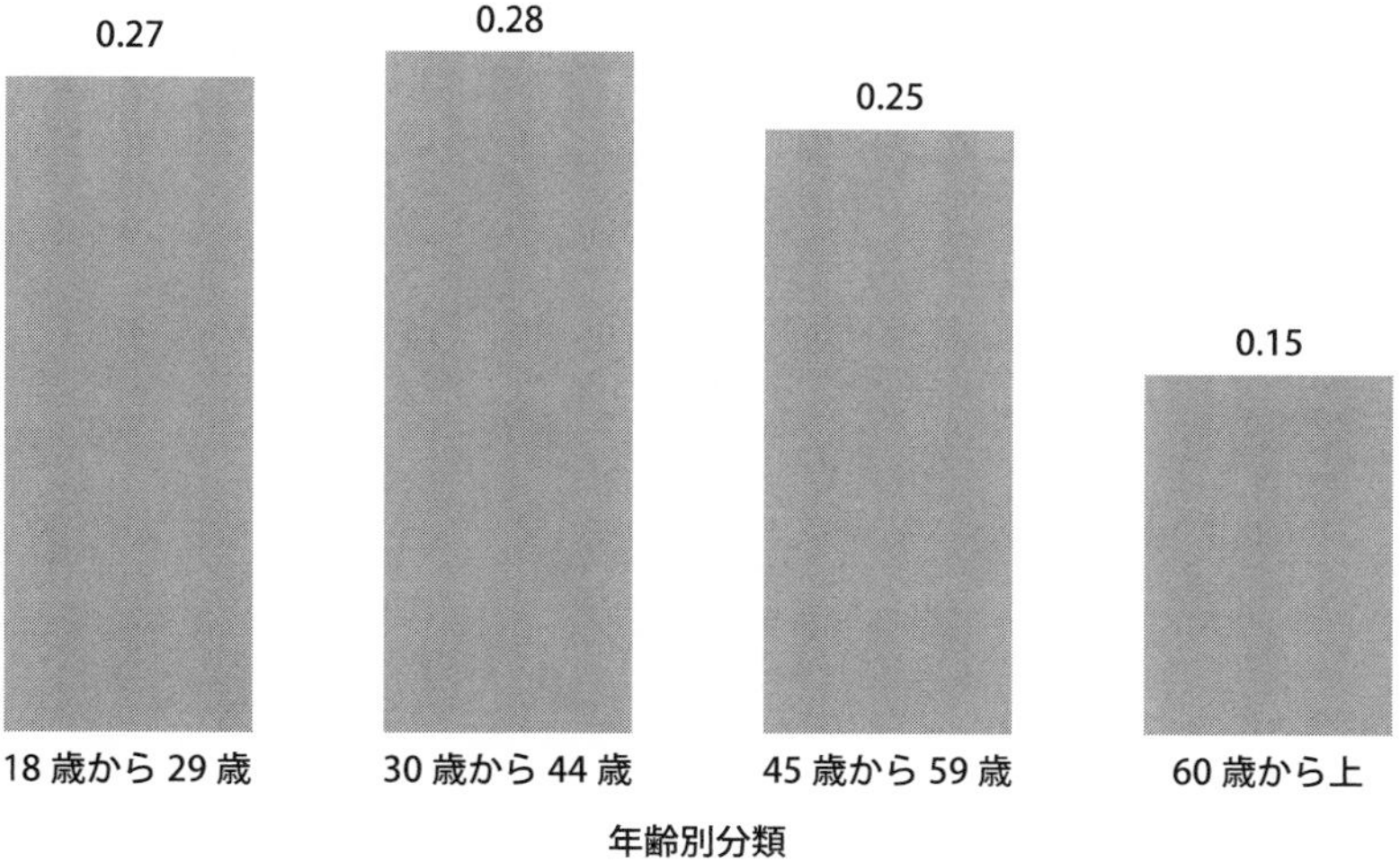

出典 Ipsos MORI 調査 J-21-041026-01

このことは、男性の社会的嫉妬係数が0・31で、女性（0・27）よりわずかに高いことからも確認できる。また、教育についても同様である。多くの国では低学歴者の方が高学歴者よりも社会的嫉妬が高いが、日本ではその差はほとんどない。低学歴の社会的嫉妬係数は0・19であり、大学・大学院卒の回答者（0・28）よりも若干低い。

社会的嫉妬の度合いも、日本では地域によってあまり差がない傾向がある。SECが最も低いのは東北で0・12、次いで四国で

図 16
日本における人格特性係数 - 年齢層別分析

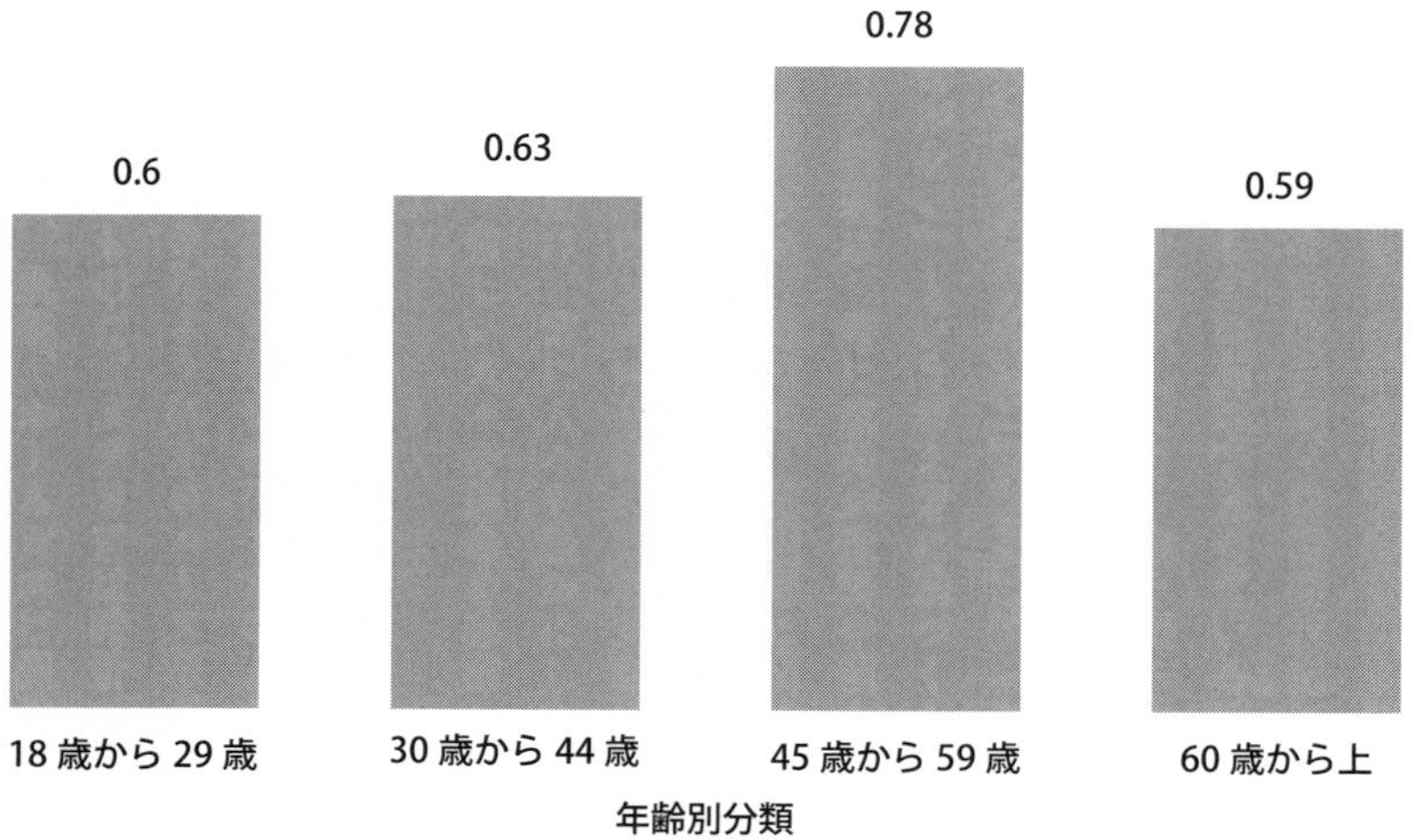

出典 Ipsos MORI 調査 J-21-041026-01

0・14。その他の地域では、SECは0・21から0・29の範囲にある。全体として、地域間の差はわずかである（図18）。

要約すると日本では社会的嫉妬が非常に少ない。全体として、日本の国民は富裕層に対して非常に好意的なイメージを持っていることが、今回の調査の様々な結果から確認された。日本では、社会的嫉妬係数は0・25、人格特性係数は0・7と非常に低くなっている。したがって、日本人は富裕層の人格特性に対して非常に好意的な見方をし

図 17
日本における社会的嫉妬係数 - 所得階層別分析
係数１以上：嫉妬を持つ人（社会的嫉妬尺度２～３点）が、嫉妬を持たない人（社会的嫉妬尺度０点）より多い場合。
係数１未満：嫉妬を持たない人が嫉妬を持つ人より多い

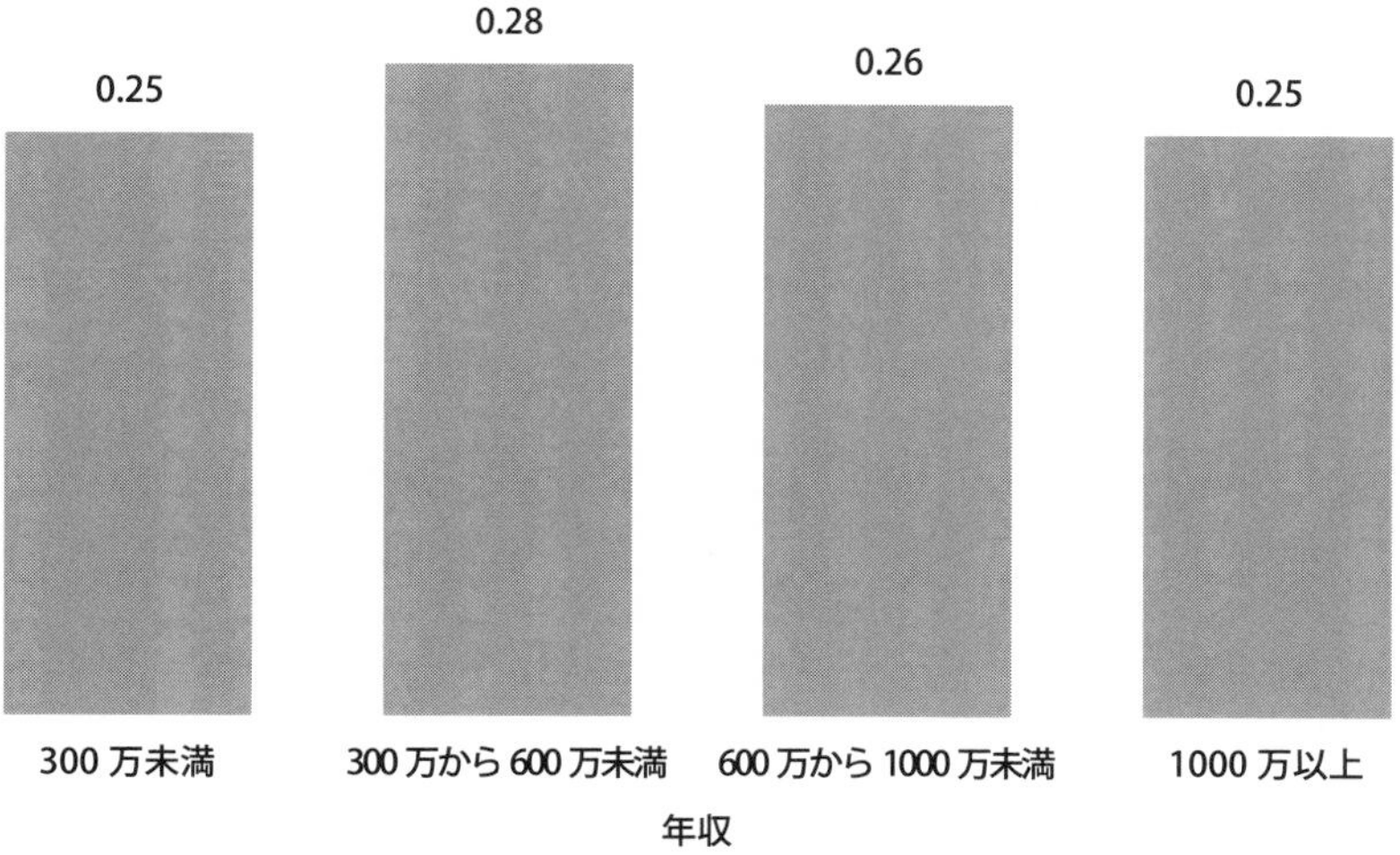

出典 Ipsos MORI 調査 J-21-041026-01

ていると結論づけられる。富裕層に対する好意的な見方は、富裕層感情指標にも反映されており、日本では0・4と著しく低く、富裕層に対して全般的に好意的であることを示している（1以下の数値はすべて、富裕層に対する肯定的な態度が優勢であることを意味する）。

現在までに、日本で実施した調査と同じ調査を他の10カ国でも行っている。以下の章では、まず米国と欧州の結果を紹介し、次にアジア3カ国（中国、ベトナム、韓国）の調査データを比較する。

図 18
日本における社会的嫉妬係数 - 居住地別分析

係数1以上：嫉妬を持つ人（社会的嫉妬尺度2～3点）が、嫉妬を持たない人（社会的羨望尺度0点）より多い場合。
係数1未満：嫉妬を持たない人が嫉妬を持つ人より多い

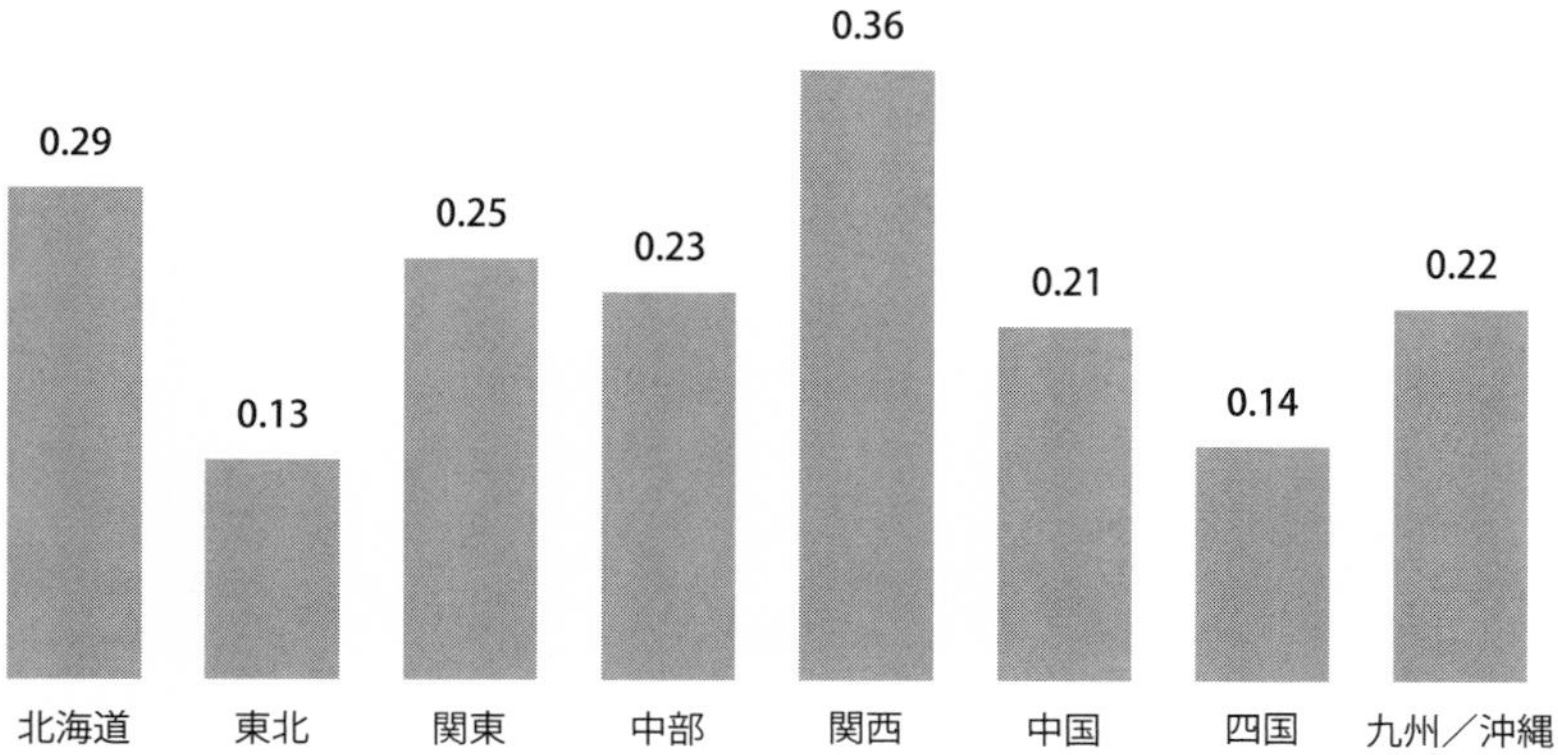

出典 Ipsos MORI 調査 J-21-041026-01

第9章　アメリカ人とヨーロッパ人の富裕層に対する見方

社会的嫉妬係数（SEC）

日本でも欧米と全く同じ質問をしたため、比較の根拠として信頼性が高い[393]。このうちアメリカ、フランス、イギリス、ドイツの4カ国の調査は2018年6月に実施されたが、その間の2年半で富裕層に対する意識が根本的に変化したとは考えにくい。同じ調査を、2020年7月にイタリア、11月にスペイン、2021年2月にスウェーデンで実施した。イプソスMORIは、アレンズバッハ世論調査研究所が企画・運営したドイツを除き、各国で少なくとも1000人を対象に調査を実施した。欧米では合計7644人に調査を実施した。ドイツ、フランス、イギリスでは各研究所が対面調査を行い、その他の国々では回答者にオンラインインタビューを行った。

調査は、国ごとの共通点と相違点の両方が非常によくわかる結果となった。本章では、調査対象7カ国における社会的嫉妬の度合いがどのように異なるかを見ていく。この調査のために開発された「社会的嫉妬係数」は、各国における嫉妬を持つ人と嫉妬を持たない人の比率を示すものである。この係数が1・0であれば、嫉妬を持つ人と嫉妬を持たない人が同数であることを意味する。1・0より小さい場合は、嫉妬を持たない人が嫉妬を持つ人より多く、1・0より大きい場合は、嫉妬を持つ人が嫉妬を持たない人より多くなる。社会的嫉妬係数で測定すると、社会的嫉妬はフランスにおいて最も高く、それにド

▼393　7カ国とも、調査項目は以下を除いて同一であった。大富豪（スウェーデンでは1000万クローネ以上の資産を持つ人）を個人的に知っている回答者に、その特定の大富豪の性格的特徴を尋ねる項目は、ドイツ、イタリア、スペイン、スウェーデンのみで実施されたものである。

イツが続く。アメリカ、スペイン、スウェーデン、イギリスでは、社会的嫉妬が著しく低い。イタリアはフランスやドイツよりもスウェーデンに近い中庸の位置にある。

社会的嫉妬係数は、以下の3つの質問に対するインタビュー回答に基づいて算出された。ここでもう一度、7カ国それぞれの回答を比較しながら再現してみる。

「たとえ自分個人の利益にならないとしても、富裕層（スウェーデンでは、少なくとも1000万クローネの資産を持つ個人）に対して大幅に増税するのは公平だと思いますか？」

図1

社会的嫉妬係数 -7カ国分析

係数1以上：嫉妬を持つ人（社会的嫉妬尺度2～3点）が、嫉妬を持たない人（社会的嫉妬尺度0点）より多い場合。

係数1未満：嫉妬を持たない人が嫉妬を持つ人より多い

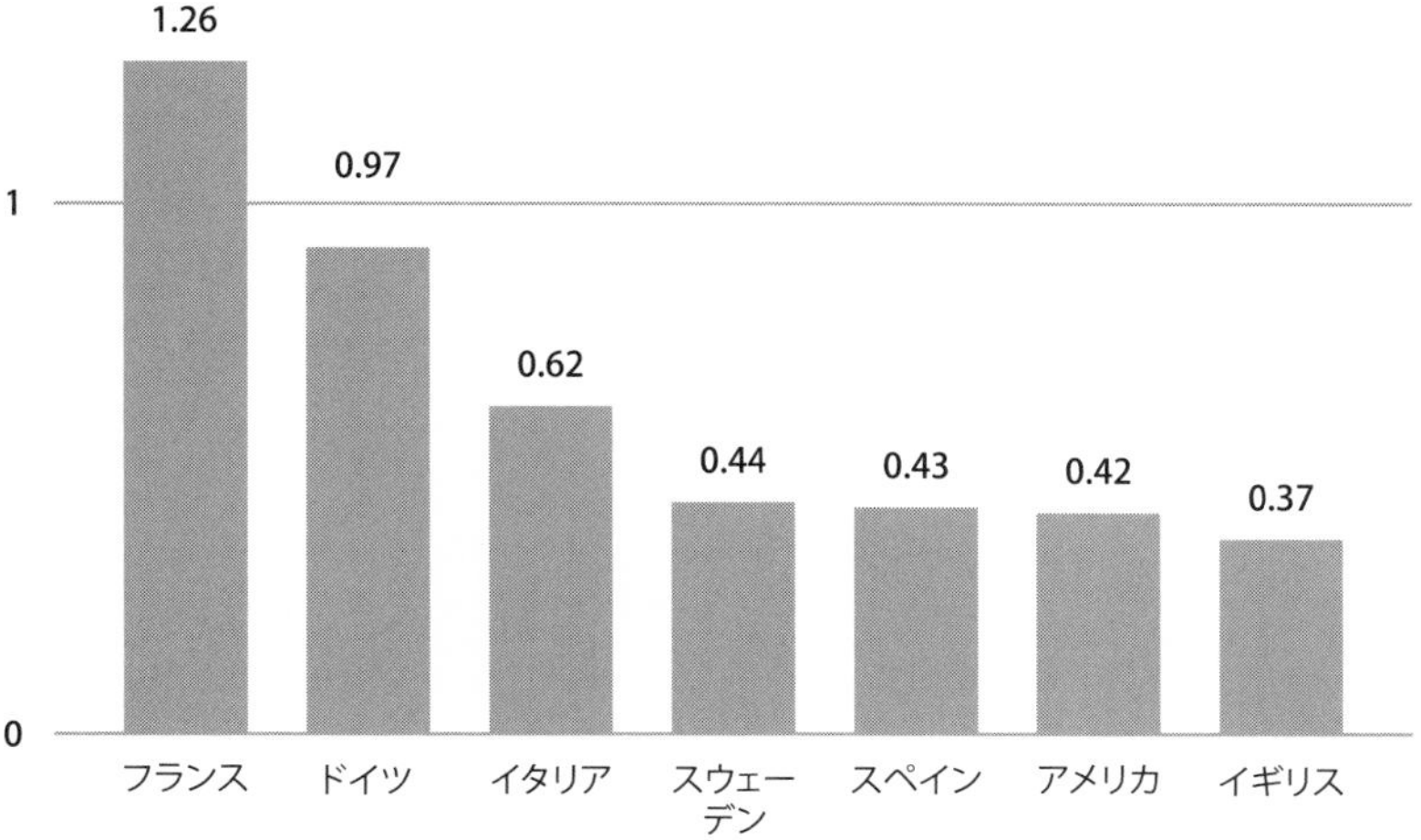

出典 Allensbach Institute 調査 11085、Ipsos MORI 調査 J18-031911-01-02、J-19-01009-29、J-19-01009-47、J-20-091774-05

ドイツ：賛成65％、反対23％＝賛成が42ポイント多い
アメリカ：賛成47％、反対28％＝賛成が19ポイント多い
フランス：賛成61％、反対20％＝賛成が41ポイント多い
イギリス：賛成50％、反対22％＝賛成が38ポイント多い
イタリア：賛成63％、反対12％＝賛成が51ポイント多い
スペイン：賛成57％、反対16％＝賛成が41ポイント多い
スウェーデン：賛成44％、反対29％＝賛成が15ポイント多い

インタビューにおける2つ目の質問は、次のようなものだ。「経営層（従業員の100倍以上稼ぐ経営者）の給与を大幅に削減し、そのお金を従業員間でより均等に配分する。たとえ月の給与にして数ポンド、ドル、ユーロ、クローネ程度の上乗せであっても、その方が良いと思う」

ドイツ：46％賛成
アメリカ：31％賛成
フランス：54％賛成
イギリス：29％賛成

イタリア：34％賛成
スペイン：31％賛成
スウェーデン：34％賛成

フランスとドイツの人々は、アメリカ人、スペイン人、スウェーデン人、イギリス人、イタリア人に比べて、明らかに高給取りの経営者に批判的で、再分配政策への支持を表明していることがわかる。

3つ目の質問は「富裕層（スウェーデンでは、少なくとも1000万クローネの資産を持つ個人）がリスクの高いビジネス上の決断をして、そのために大損をしたという話を聞くと、「当然の報いだ」と思うか」というものだ。

ドイツ：「そう思う」40％、「そう思わない」37％＝「そう思う」が3ポイント多い
アメリカ：「そう思う」28％、「そう思わない」29％＝1ポイント「そう思わない」が多い
フランス：「そう思う」33％、「そう思わない」41％＝8ポイント「そう思わない」が多い
イギリス：「そう思う」22％、「そう思わない」38％＝16ポイント「そう思わない」が多い
イタリア：「そう思う」24％、「そう思わない」29％＝5ポイント「そう思わない」が多い
スペイン：「そう思う」17％、「そう思わない」38％＝21ポイント「そう思わない」が多い
スウェーデン：「そう思う」22％、「そう思わない」38％＝16ポイント「そう思わない」が多い

英語にうまく取り込まれた「schadenfreude（シャーデンフロイデ、他人の不幸を喜ぶ）」という言葉の起源がドイツ語であることは、おそらく偶然ではないだろう。ドイツは、上記の「schadenfreude」に同意する人の数が、同意しない人の数を（わずかに）上回った唯一の国である。スペイン人、スウェーデン人、イギリス人は、これとは対照的に、シャーデンフロイデを示す人がはるかに少ない。

本研究では、3つの記述のいずれにも賛成しない人を「嫉妬を持たない人」、3つの記述のいずれかに賛成する人を「アンビバレント」と分類した。また、「嫉妬を持つ人」という言葉は、2つまたは3つの意見に同意したインタビュー対象者を指し、3つの意見すべてに同意した「筋金入りの嫉妬深い人」を含むサブグループである。▼394

社会的嫉妬係数は、嫉妬を持つ人と嫉妬を持たない人の比率を示したものである。もちろん、嫉妬を持たない人の中にも嫉妬を持つ人がいるであろうし、嫉妬を持つ人の中にも嫉妬を持たない人がいるであろう。しかし、3つとも肯定的な回答をした人よりも、3つとも否定的な回答をした人の方が、嫉妬を持たない人である可能性がはるかに高いのである。また、7カ国それぞれで全く同じ調査項目が使われているため、比較の根拠は非常に強固である。このように、英米圏の2カ国、スウェーデンとスペインにおける社会的嫉妬のレベルはほぼ同じであり、フランスとドイツにおける調査結果も非常によく似ていることがわかる。以下は、その結果の詳細である。

▼394　使用した手法については、第8章日本、p.172、脚注392を参照のこと。

図２
インタビュー対象者の社会的嫉妬係数におけるポジション別内訳
-7 カ国分析

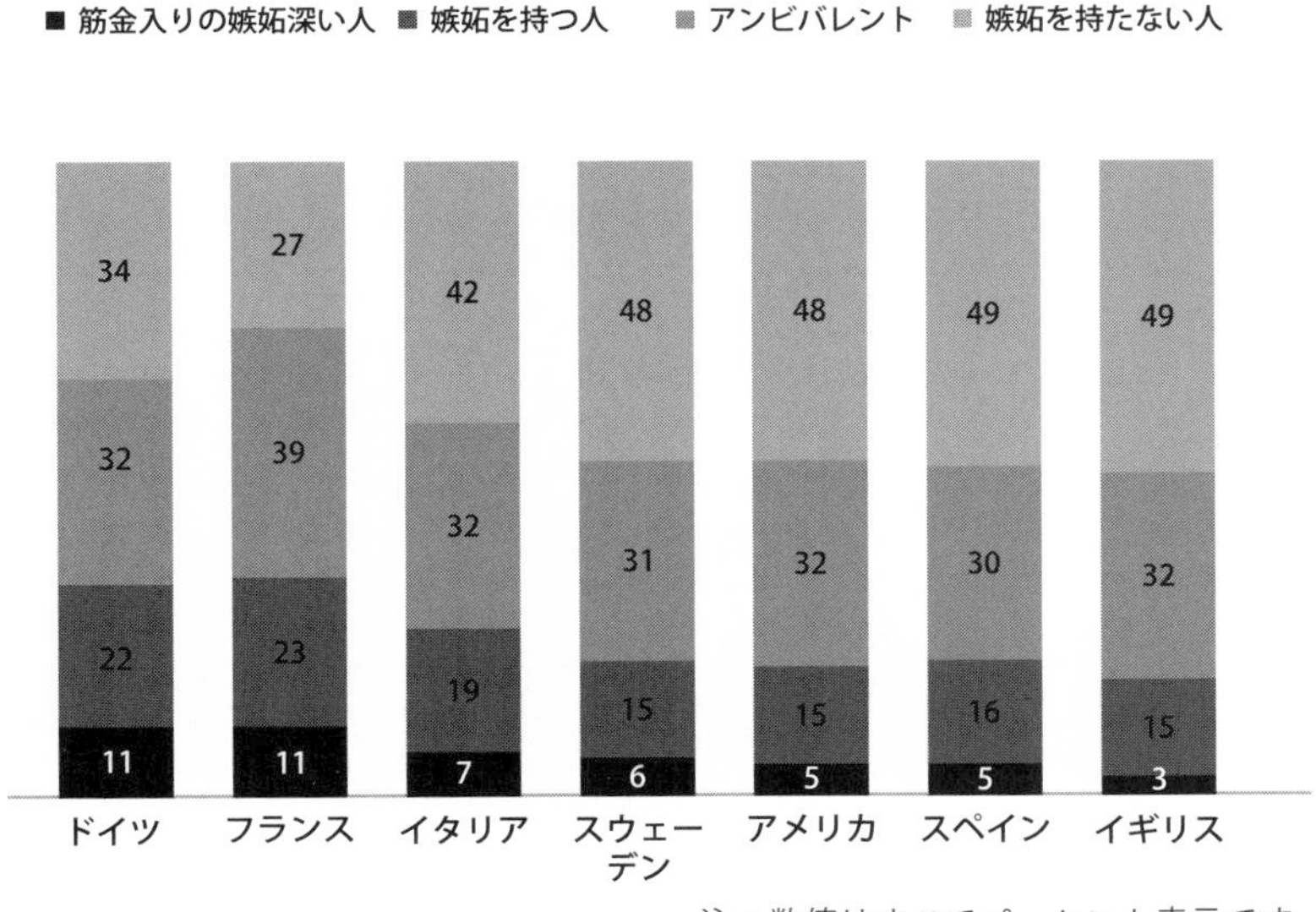

注：数値はすべてパーセント表示です。
出典 Allensbach Institute 調査 11085、Ipsos MORI 調査 J18-031911-01-02、J-19-01009-29、J-19-01009-47、J-20-091774-05

社会的嫉妬係数は、もちろん、所得集団によって異なる。多くの国では、高所得者の方が低所得者よりも社会的嫉妬が強い。スウェーデンでは、特に大きなばらつきが見られた（図3参照）。スペインだけは、不思議とこの相関がないようである。

図3
高所得者と低所得者の社会的嫉妬係数 -7ヶ国分析

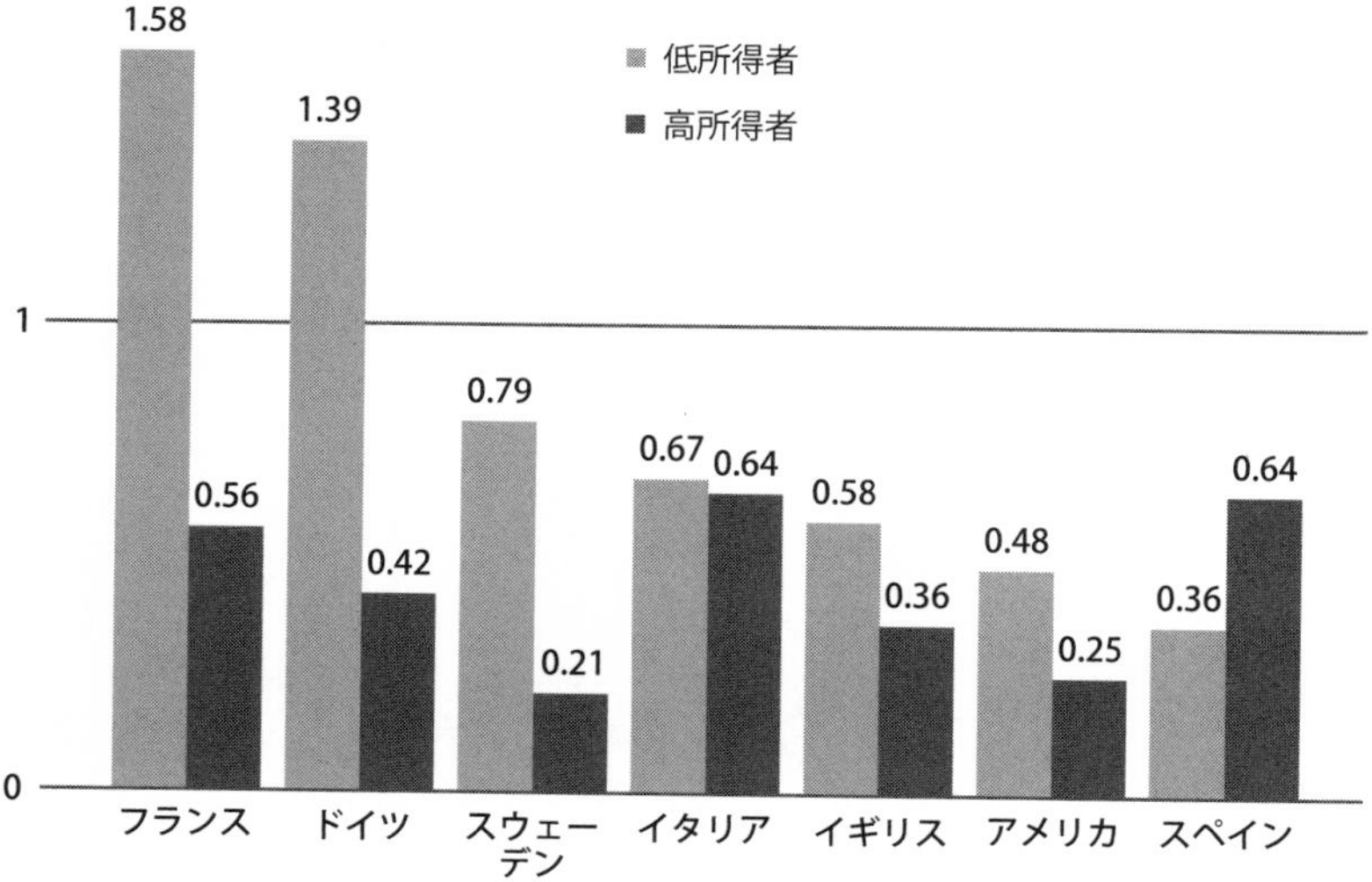

出典 Allensbach Institute 調査 11085、Ipsos MORI 調査 J18-031911-01-02、J-19-01009-29、J-19-01009-47、J-20-091774-05

人格特性係数と富裕層感情指標

社会的嫉妬係数は、各国の富裕層に対する嫉妬や態度のレベルを比較するための重要なパラメータであるが、もちろんそれだけではない。これは特にスペインで顕著である。一見すると、スペインの回答者は、スウェーデン、イギリス、アメリカのインタビュー対象者と同様に、富裕層に対して肯定的な態度をとっているように思われる。しかし、他のパラメータ、特に富裕層に対する人格的特徴の帰属を考慮すると、まったく異なる図式が浮かび上がり、例えば、スペイン人はアメリカ人よりもドイツ人とはるかに多くの共通点をもっていることがわかる。

7カ国すべてで、回答者に14の人格特性のリストを提示し、「次のうち、富裕層に最も当てはまる可能性が高いのはどれですか?」と質問した。14の性格特性のうち、7つは肯定的なもの（先見の明がある、勤勉、大胆／向こう見ず、想像力豊か、知的である、楽観的、正直）であり、残りの7つは否定的なもの（物質主義的、貪欲、自己中心的、傲慢、表面的、無慈悲、冷酷）であった。そして、各国の肯定的な特徴と否定的な特徴の平均的な割合を算出し、その2つの割合で割って、表1のような人格特性係数（Personality Trait Coefficient：PTC）を算出した。

表1
人格特性係数（PTC）
質問：「次のうち、富裕層に最も当てはまる可能性が高いのはどれですか？」
7つの否定的な特性の平均割合÷7つの肯定的な特性の平均割合

	スペイン	イタリア	ドイツ	スウェーデン	米国	フランス	グレートブリテン
否定的な特性の平均割合	36	28	44	26	30	30	22
肯定的な特性の平均割合	12	15	32	24	31	32	24
PTC	3.0	1.9	1.4	1.1	1.0	0.9	0.9

出典 Allensbach Institute 調査 11085、Ipsos MORI 調査 J18-031911-01-02、J-19-01009-29、J-19-01009-47、J-20-091774-05

図4
人格特性係数（PTC）
質問：「次のうち、富裕層に最も当てはまる可能性が高いのはどれですか？」
7つの否定的な特性の平均割合÷7つの肯定的な特性の平均割合

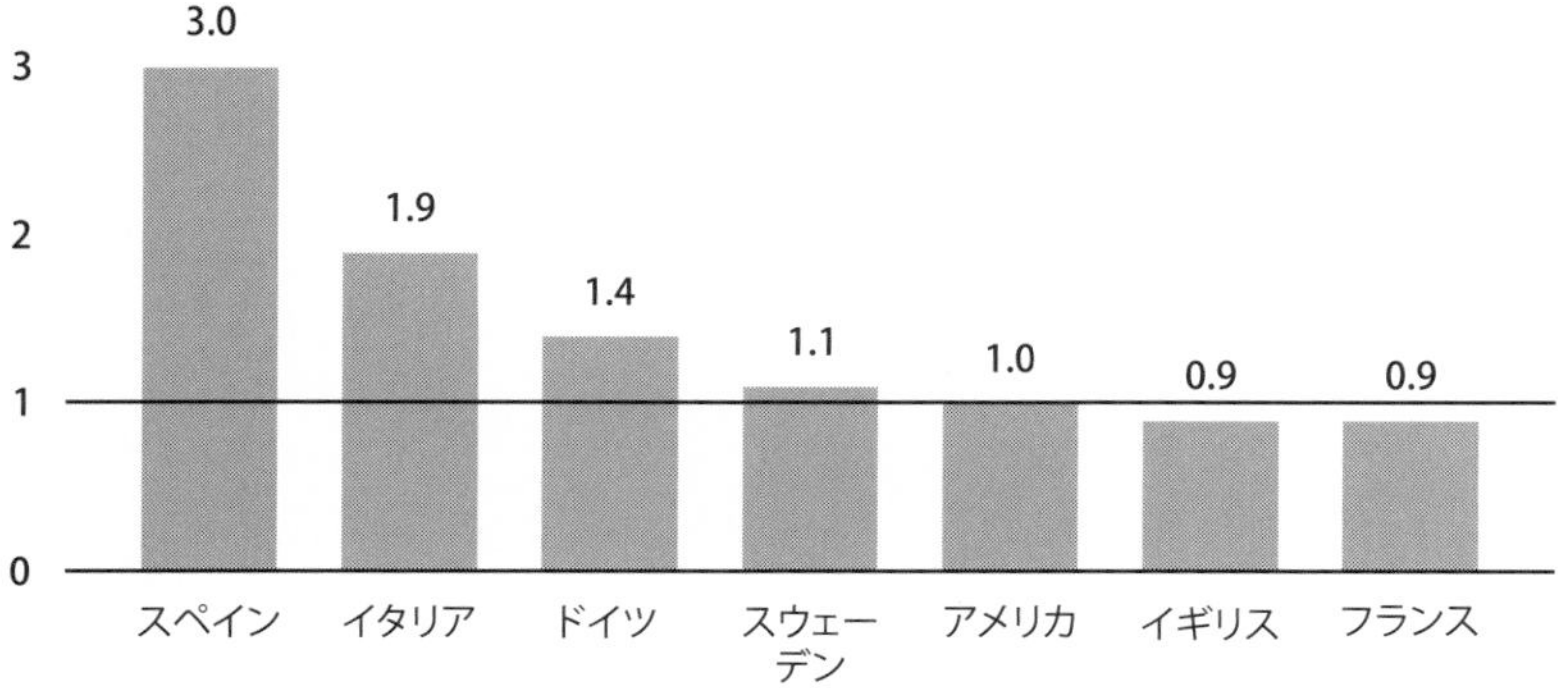

出典 Allensbach Institute 調査 11085、Ipsos MORI 調査 J18-031911-01-02、J-19-01009-29、J-19-01009-47、J-20-091774-05

この分析から、スウェーデン、アメリカ、イギリス、フランスでは、富裕層の性格特性として、否定的な特性と肯定的な特性がほぼ同じ頻度で挙げられているのに対し、ドイツ、イタリア、そしてなによりもスペインでは、否定的な性格特性が肯定的な性格特性をはるかに上回っていることがわかる。スペインでは、最も頻繁に言及された６つの性格特性のすべてが否定的であったのに対し、イギリスとアメリカでは、最も頻繁に言及された６つの性格特性のうち４つが肯定的であった。

図５
富裕層に多いとされる６つの性格特性 -7 つの国家分析

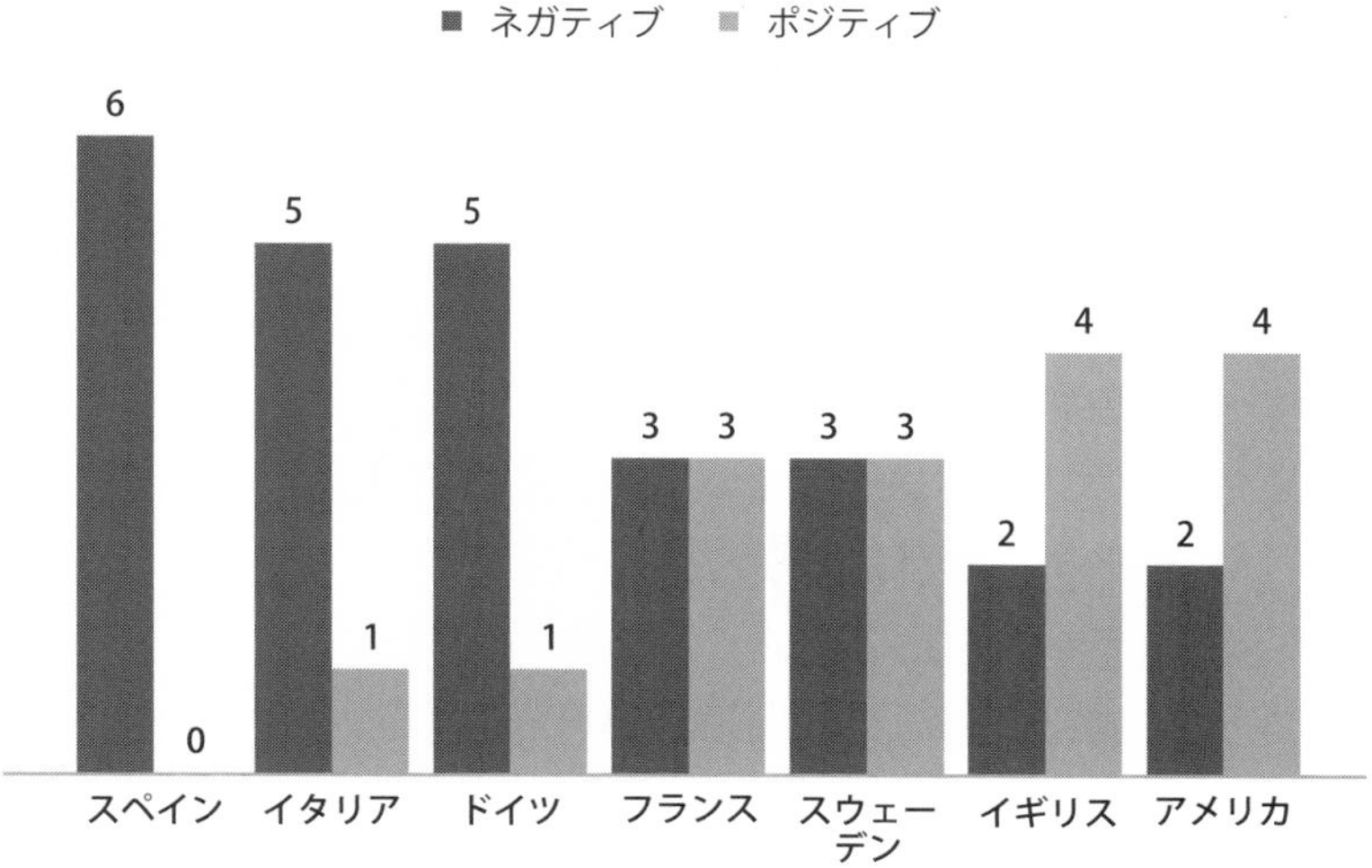

出典 Allensbach Institute 調査 11085、Ipsos MORI 調査 J18-031911-01-02、J-19-01009-29、J-19-01009-47、J-20-091774-05

そして、調査対象7カ国すべてで最も多く挙げられた特徴を足し合わせると、次のような図式が浮かび上がってくる。

最初の4カ国の調査結果を評価する際には、各国の社会的嫉妬の度合いを比較できるSEC（11章参照）のみを用いて分析を行った。しかし、分析を進めるうちに、SECだけでは、国民の富裕層に対する意識を真に描き出すのに必要な詳細の情報を得られないことが明らかになった。そこで、「社会的嫉妬係数」と「人格特性係数」を組み合わせた「富裕層感情指標」を開発した。SECは、最終的に社会的嫉妬尺度に関

図6
最もよく当てはまる性格特性 -6つの調査を合わせて
最もよく言及された6つの特性のうち、次の特性が含まれている調査対象国の数。

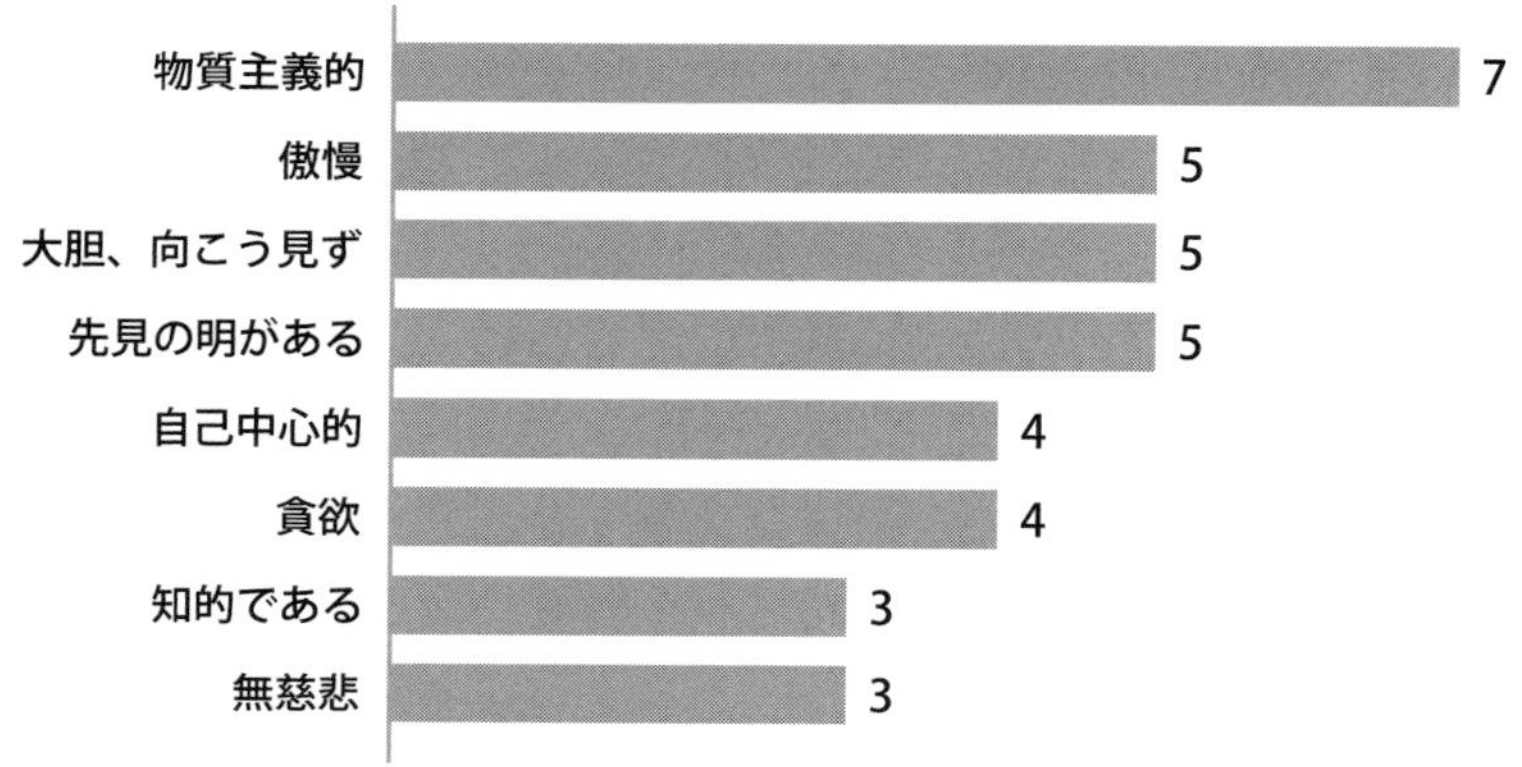

出典 Allensbach Institute 調査 11085、Ipsos MORI 調査 J18-031911-01-02、J-19-01009-29、J-19-01009-47、J-20-091774-05

する3つの質問に基づくので、人格特性項目のみに関連するPTCに対して、SECは3重の重み付けをした（表2）。

SECの分析に基づく従来の分析に比べ、新しいRSI分析は、スペイン人回答者が富裕層に対して非常に否定的な性格特性を持つことを明確に捉えている。

このようにRSIは、どの国でも富裕層に対する一般的な態度の信頼できるスナップショットを提供する。例えば、フランス、スペイン、ドイツでは、スウェーデン、アメリカ、イギリスよりも富裕層に対する一般的な意見がより否定的であることがわかる。イタリアはこの2つのグループの中間を占めているが、他のヨーロッパ本土の国々に近い。一方、スウェーデンは、英語圏の2カ国に近い（図7）。

第6章で示したように、偏見に関する研究は、

表2
富裕層感情指標（RSI）

社会的嫉妬係数（SEC）、人格特性係数（PTC）により調整。RSI=(3SEC+1PTC) : 4
RSIが1より大きい：否定的な面が肯定的な面より多い。
RSIが1未満：肯定的な面が否定的な面より多い。

	スペイン	イタリア	ドイツ	スウェーデン	米国	フランス	グレートブリテン
SEC	0.4	0.6	1.0	0.4	0.4	1.3	0.4
PTC	3.0	1.9	1.4	1.1	1.0	0.9	0.9
RSI	1.1	0.9	1.1	0.6	0.6	1.2	0.5

出典 Allensbach Institute 調査 11085、Ipsos MORI 調査 J18-031911-01-02、J-19-01009-29、J-19-01009-47、J-20-091774-05

世界中の危機やその他の人道的問題に対してマイノリティがスケープゴートにされていることを裏付ける多くの証拠を提示している。特に、経済・金融危機に関しては、その原因が非常に複雑で、ほとんどの人が理解していないため、スケープゴート（「強欲な銀行家」、「超富裕層」など）を非難する傾向が一般的である。7カ国それぞれのインタビュー対象者には、次のような文言が提示された。

「金融や人道的な問題など、世界の大きな問題の多くは、大富裕層でどんどん力をつけたい人たちが原因である」。

図7
富裕層感情指標（RSI）
社会的嫉妬係数（SEC）、人格特性係数（PTC）で調整。RSI=(3SEC+1PTC) : 4
RSIが1より大きい：否定的な面が肯定的な面より多い。
RSIが1未満：肯定的な面が否定的な面より多い。

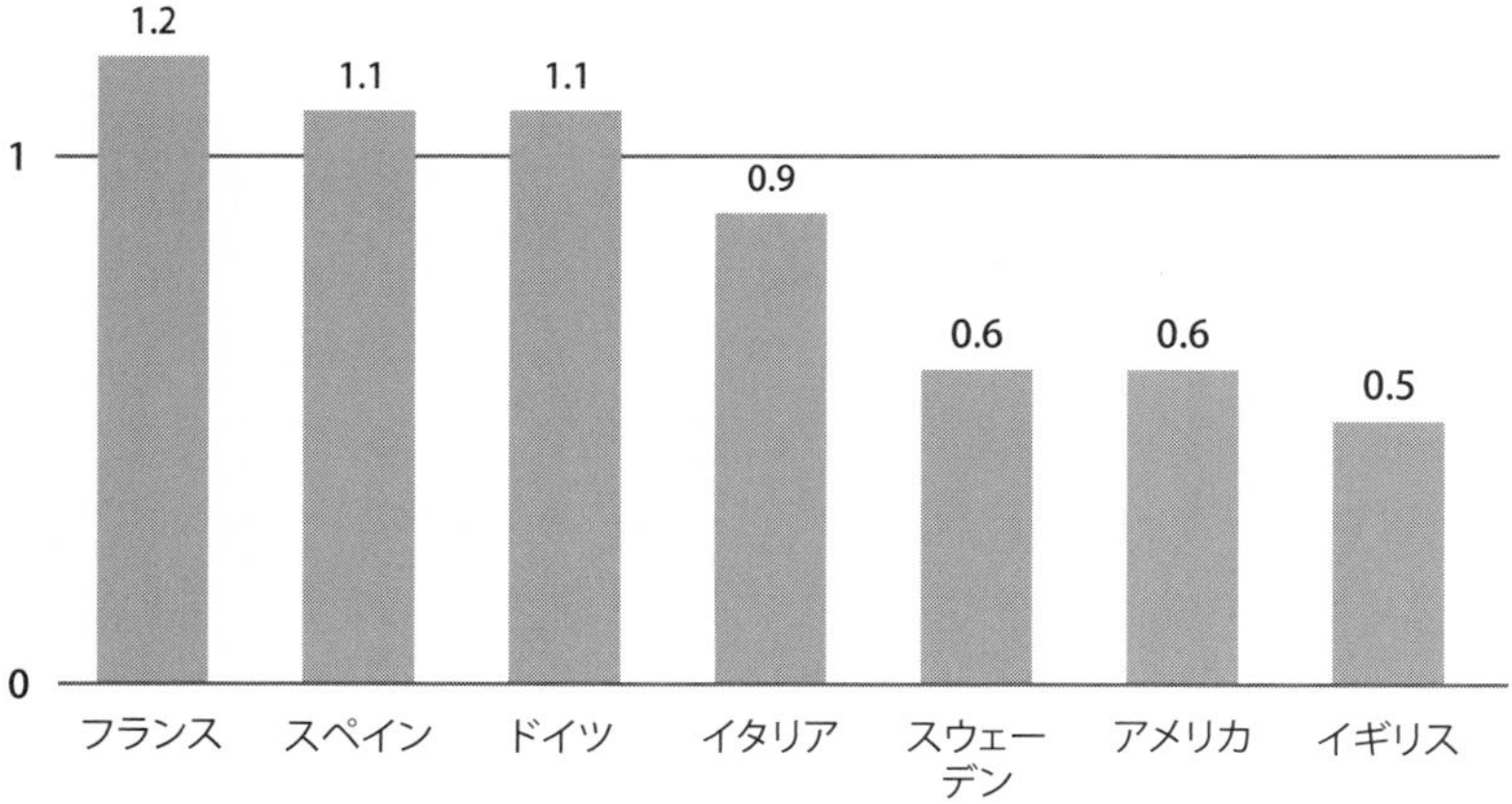

出典 Allensbach Institute 調査 11085、Ipsos MORI 調査 J18-031911-01-02、J-19-01009-29、J-19-01009-47、J-20-091774-05

図８
スケープゴートにする傾向 -7 カ国分析
以下の記述に「同意する」と回答した人の割合。
「金融や人道的な問題など、世界の大きな問題の多くは、大富裕層でどんどん力をつけたい人たちが原因である。」

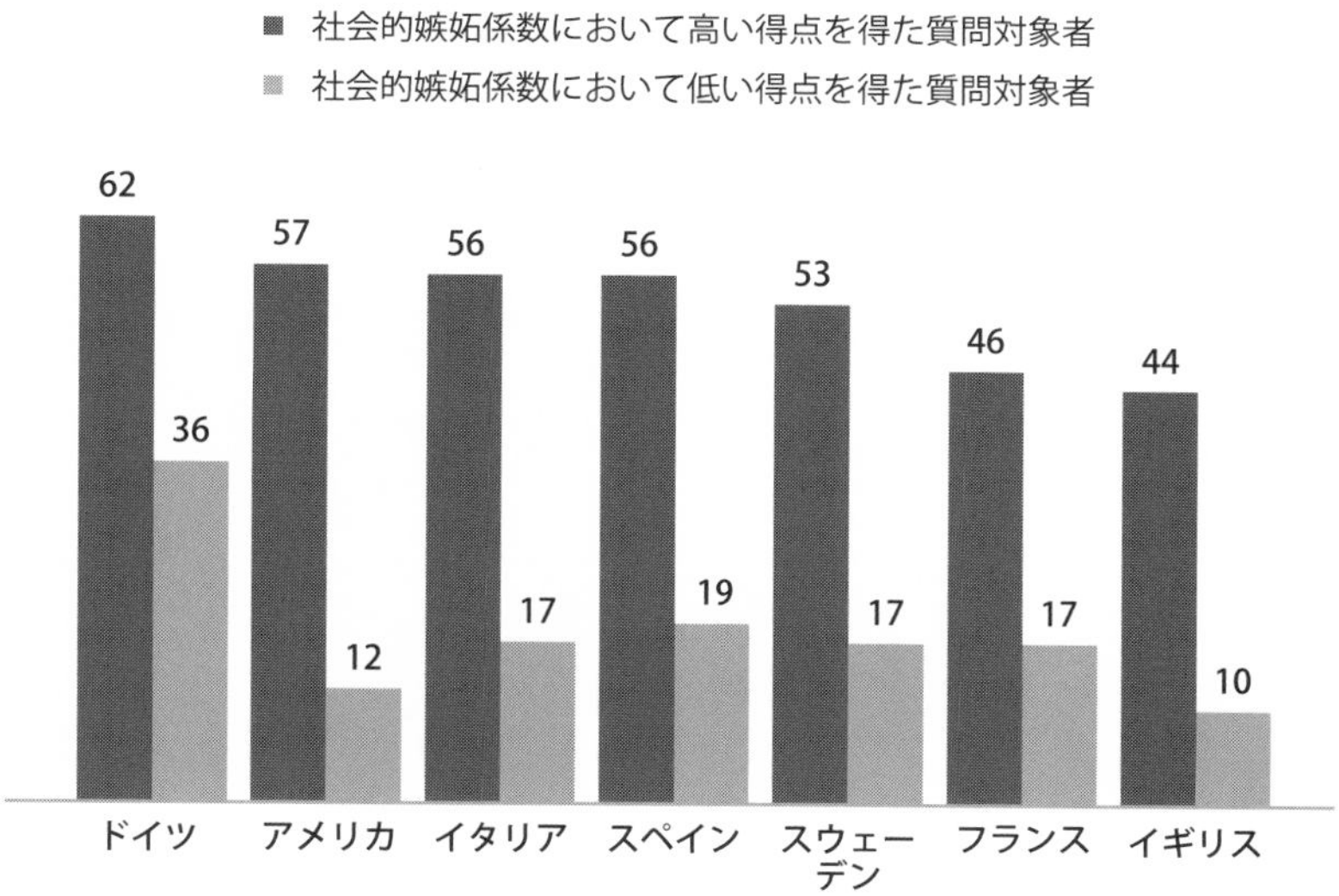

出典 Allensbach Institute 調査 11085、Ipsos MORI 調査 J18-031911-01-02、J-19-01009-29、J-19-01009-47、J-20-091774-05

7カ国すべての調査項目に対する回答から、嫉妬を持つ人と嫉妬を持たない人の違いが確認された。特に「嫉妬を持つ人」は「スケープゴート」に非常に敏感で、この点からも社会的嫉妬の尺度が「嫉妬を持つ人」と「嫉妬を持たない人」の区別に有効であることが確認された。図8からわかるように、「スケープゴート」発言は、嫉妬を持つ人から嫉妬を持たない人よりもはるかに多くの同意を得ることができた。

欧米における若年層と高齢層の回答結果の違い

若いアメリカ人は、年配のアメリカ人に比べて、富裕層に対してはるかに批判的である。このことは、たとえば、若いアメリカ人と年配のアメリカ人が富裕層に割り当てる性格的特徴の一覧からわかる（図9）。

ほぼすべての質問で、若いアメリカ人は年配のアメリカ人に比べて富裕層に批判的であるという共通の傾向が見られる。今回の調査で最も批判的だった「富裕層はお金を稼ぐことには長けているが、たいていはまともな人々ではない。」という項目でも、若いアメリカ人の40％が同意しており（同意しないは23％）、年配のアメリカ人の15％が同意し、50％が同意しないとは対照的であった（図10）。

富裕層に対する若年層と高齢者の意識では、イタリアは米国と正反対である。イタリア

図９
アメリカ：富裕層に当てはまりやすい特徴は何か - 年齢層別分析
質問：「次のうち、富裕層に最も当てはまる可能性が高いのはどれか？」

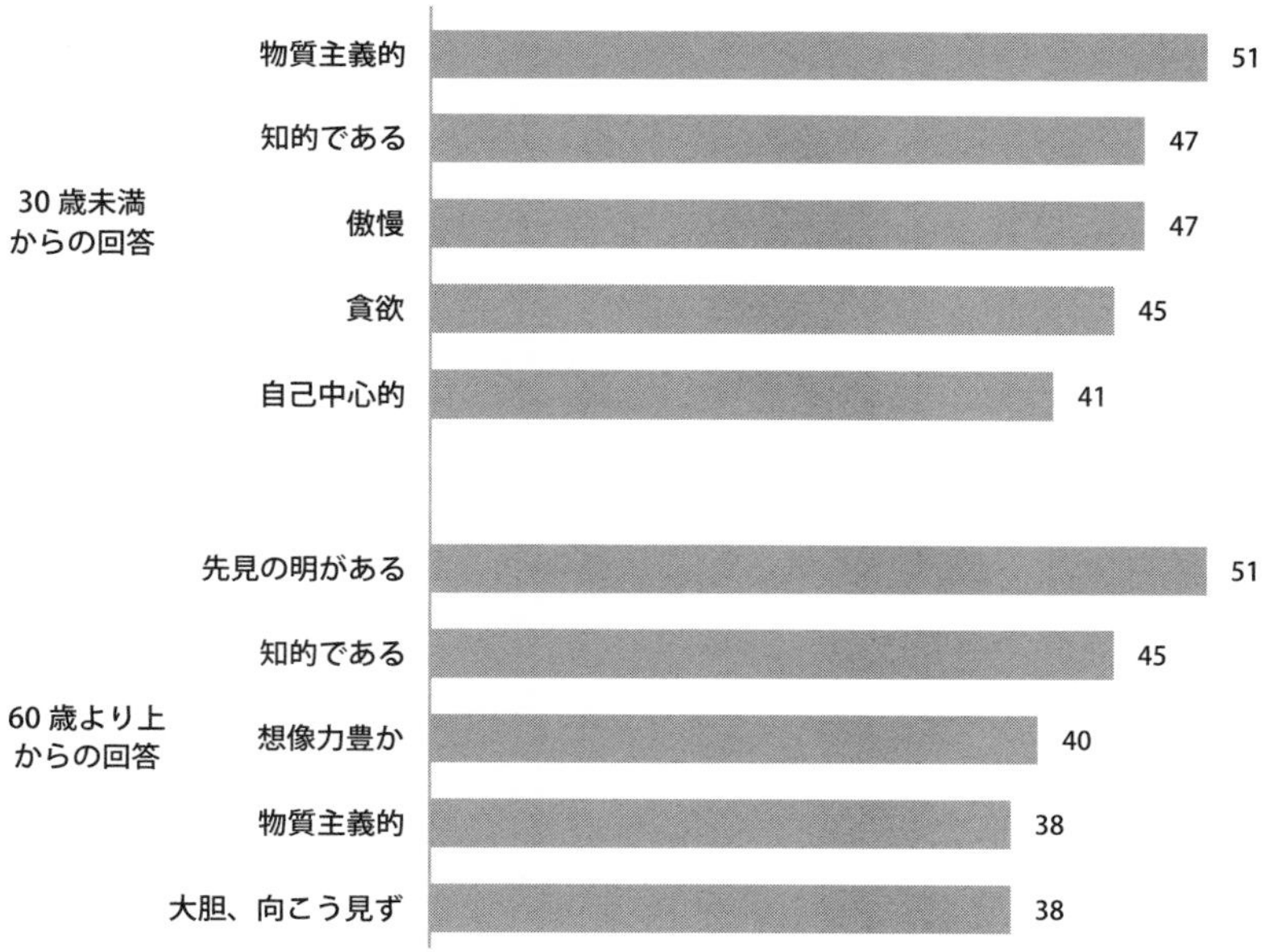

出典 Ipsos MORI 調査 J18-031911-01-02

図 10
アメリカ：「富裕層はまともでない」と考える傾向 - 年齢層別分析
質問：「次の記述にどの程度同意するかお答えください。富裕層はお金を稼ぐことには長けているが、たいていはまともな人々ではない。」

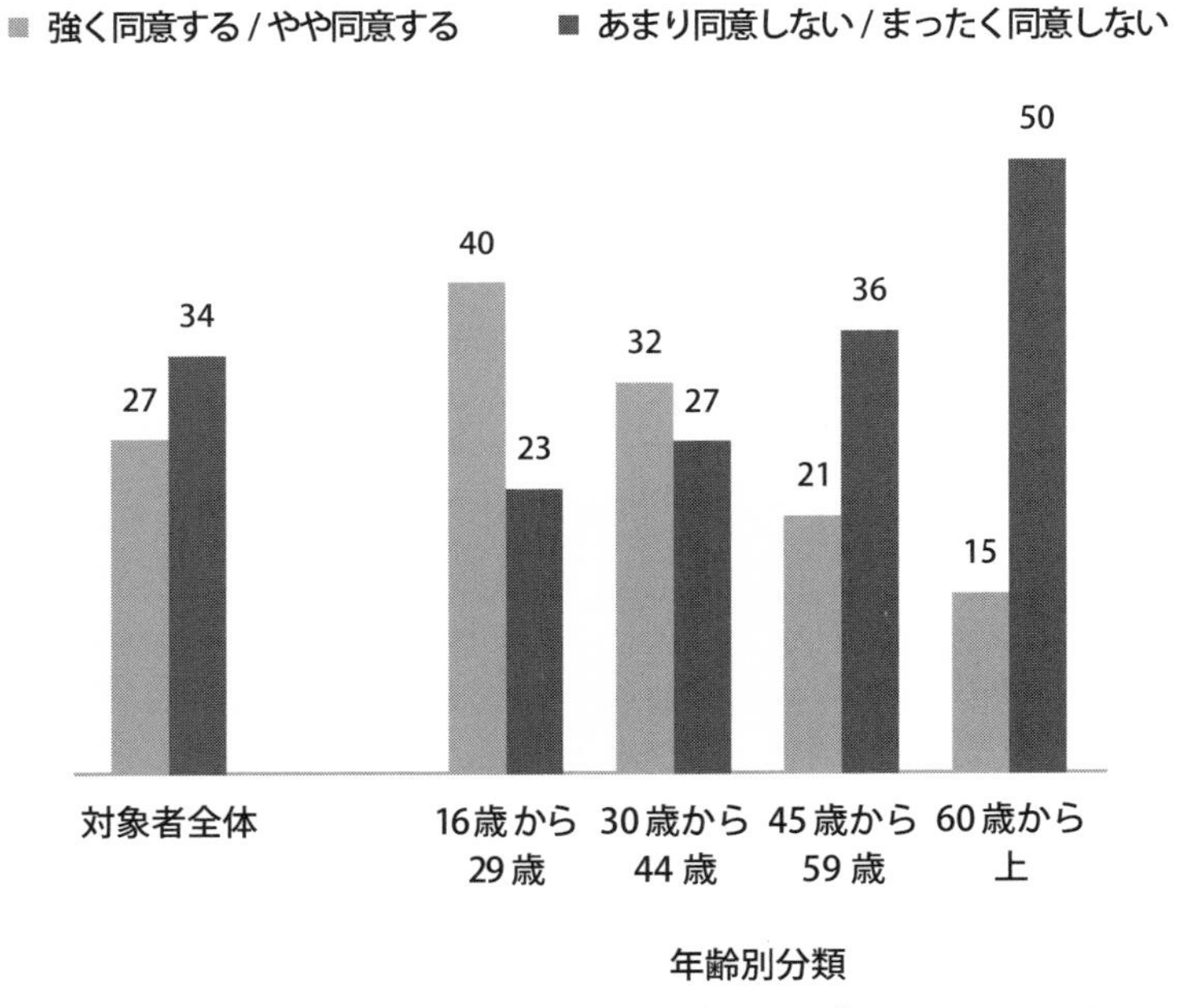

注：データはすべて回答者総数に対する比率である。「どちらとも言えない」を省いたため、数値の合計は100%とならない。
出典 Ipsos MORI 調査 J18-031911-01-02

の若い世代は、年配の世代に比べ、富裕層の性格を肯定的にとらえることが多く、否定的にとらえることは少ない。30歳以下の若者の過半数が嫉妬を持たない人（52％）であり、嫉妬を持つ人はわずか16％に過ぎない。また、「筋金入りの嫉妬深い」人の割合は、若いイタリア人の中では1％と低い。

一方、60歳以上では、嫉妬を持たない人は3分の1（34％）、嫉妬を持つ人は半数近く（45％）であった。イタリア全体では、社会的嫉妬係数は0・62であるが、若年層では0・31となり、他の調査対象国の最低値（イギリス：0・37）よりも低くなっている。一方、年配のイタリア人の社会的嫉妬係数は1・32であり、他のどの調査対象国よりも高い（フランス：1・26）。

イタリア人回答者の富裕層に関する否定的な発言と肯定的な発言への同意を分析すると、一般的に若いイタリア人は肯定的な発言に同意する傾向が強く、否定的な発言にはあまり同意しないことがわかった。一方、高年齢層ではその逆である。富裕層に関する9つの肯定的な意見のうち、若いイタリア人の方が年配のイタリア人よりも7つの意見に同意しており、そのうち2つの意見については、同意のレベルが同じであった。イタリアでは、どの肯定的な意見にも同意しない人が、若い人よりも年配の人の方が多かった。

他のヨーロッパ諸国でも、若い回答者の方が年配者よりも富裕層に対して肯定的な態度をとっているが、その差はイタリアほど顕著ではない。図11は、ヨーロッパの若年層とアメリカの若年層で、富裕層に対する考え方に大きな違いがあることを示している。

しかし、スペインを除くすべての国で、若い世代が「自分にとって豊かであることが重要である」と回答した割合は、高齢者の割合よりも有意に高いことがわかった。

若い人の方が年配者よりも富裕層になりたいと考えている割合が高いのは当然といえば当然である。なぜなら、若い人たちにはまだ人生が長く、あらゆる可能性が残されている。しかし60歳までに富裕層になれなかった人は、たとえ大きな富を得たいと思っても、おそらく無理だろうと受け入れているからである。

図 11

7カ国における社会的嫉妬 - 年齢層別の分析

嫉妬の係数（社会的嫉妬尺度で2点または3点）- 指標となる値母集団全体＝100

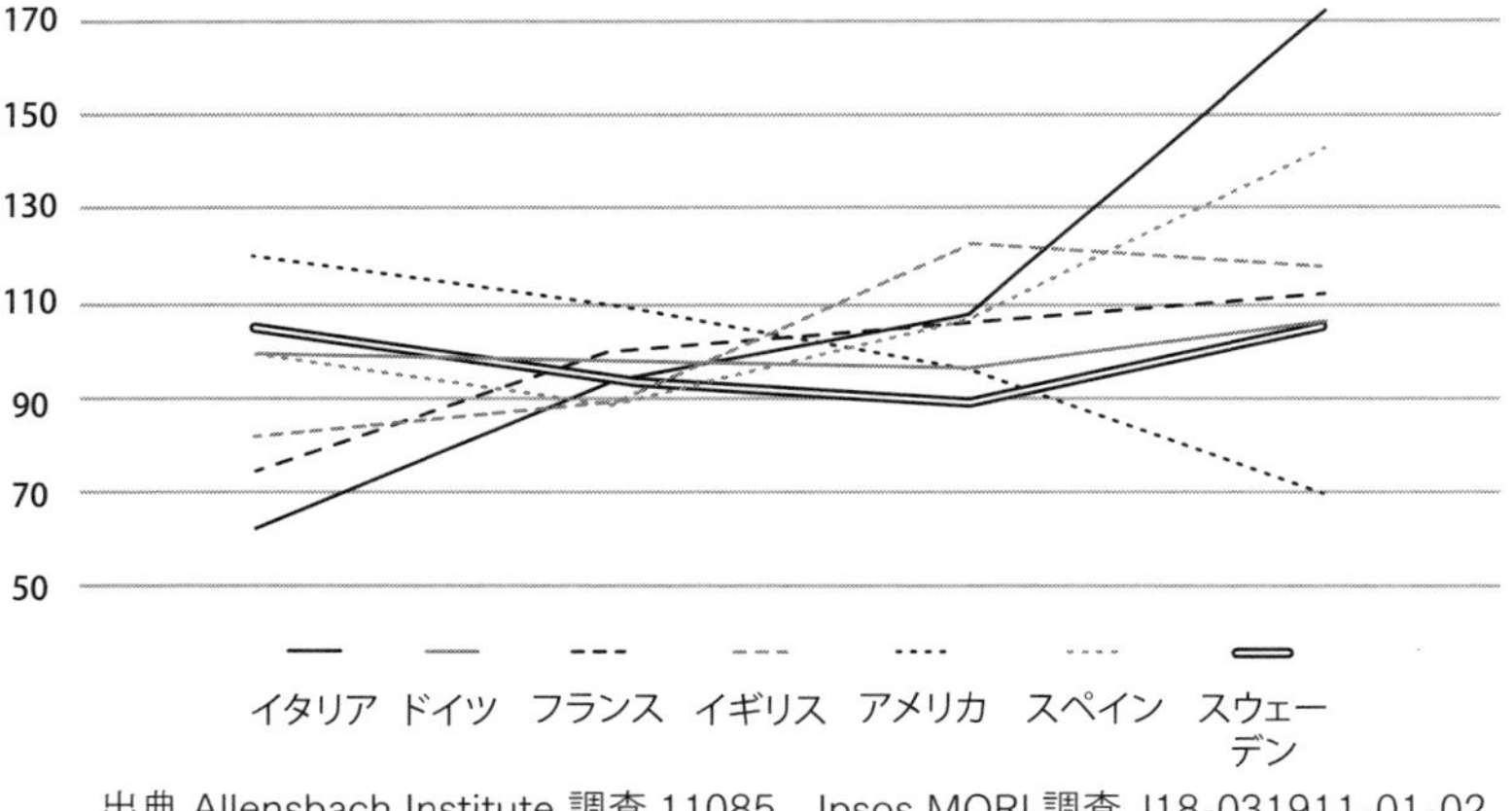

出典 Allensbach Institute 調査 11085、Ipsos MORI 調査 J18-031911-01-02、J-19-01009-29、J-19-01009-47、J-20-091774-05

図 12
30 歳未満と 60 歳以上の回答者の社会的嫉妬係数 -7 カ国分析
係数 1 以上：嫉妬を持つ人（社会的嫉妬尺度 2 ～ 3 点）が、嫉妬を持たない人（社会的嫉妬尺度 0 点）より多い場合。
係数 1 未満：嫉妬を持たない人が嫉妬を持つ人より多い

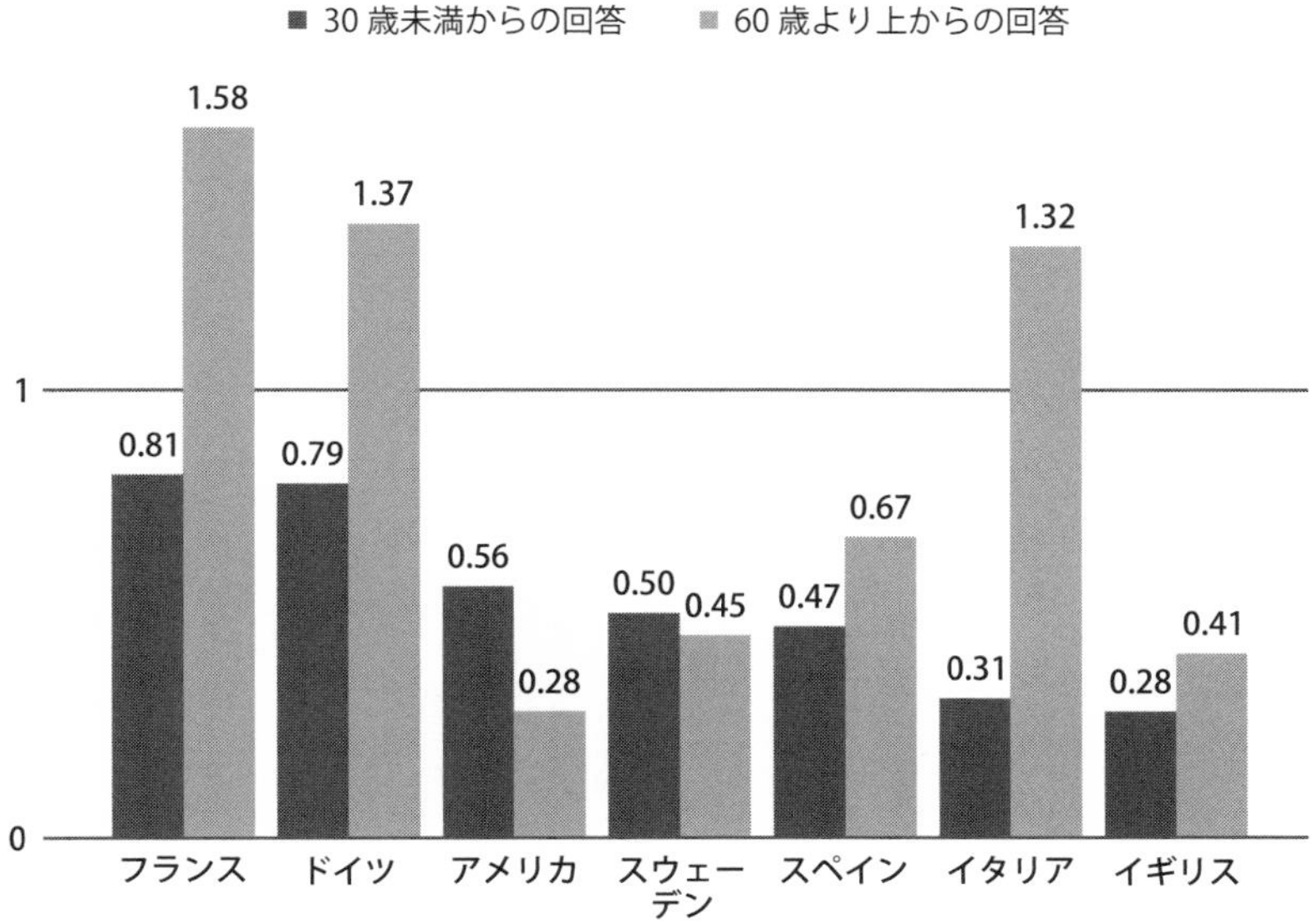

出典 Allensbach Institute 調査 11085、Ipsos MORI 調査 J18-031911-01-02、J-19-01009-29、J-19-01009-47、J-20-091774-05

図 13
富裕層であることの主観的重要度：年齢・国別 -7 カ国分析
質問：「なかには、裕福であることは重要だと考える人もいます。富裕層であることは、あなたにとって個人的にどの程度重要ですか？」
回答：非常に重要である／かなり重要である

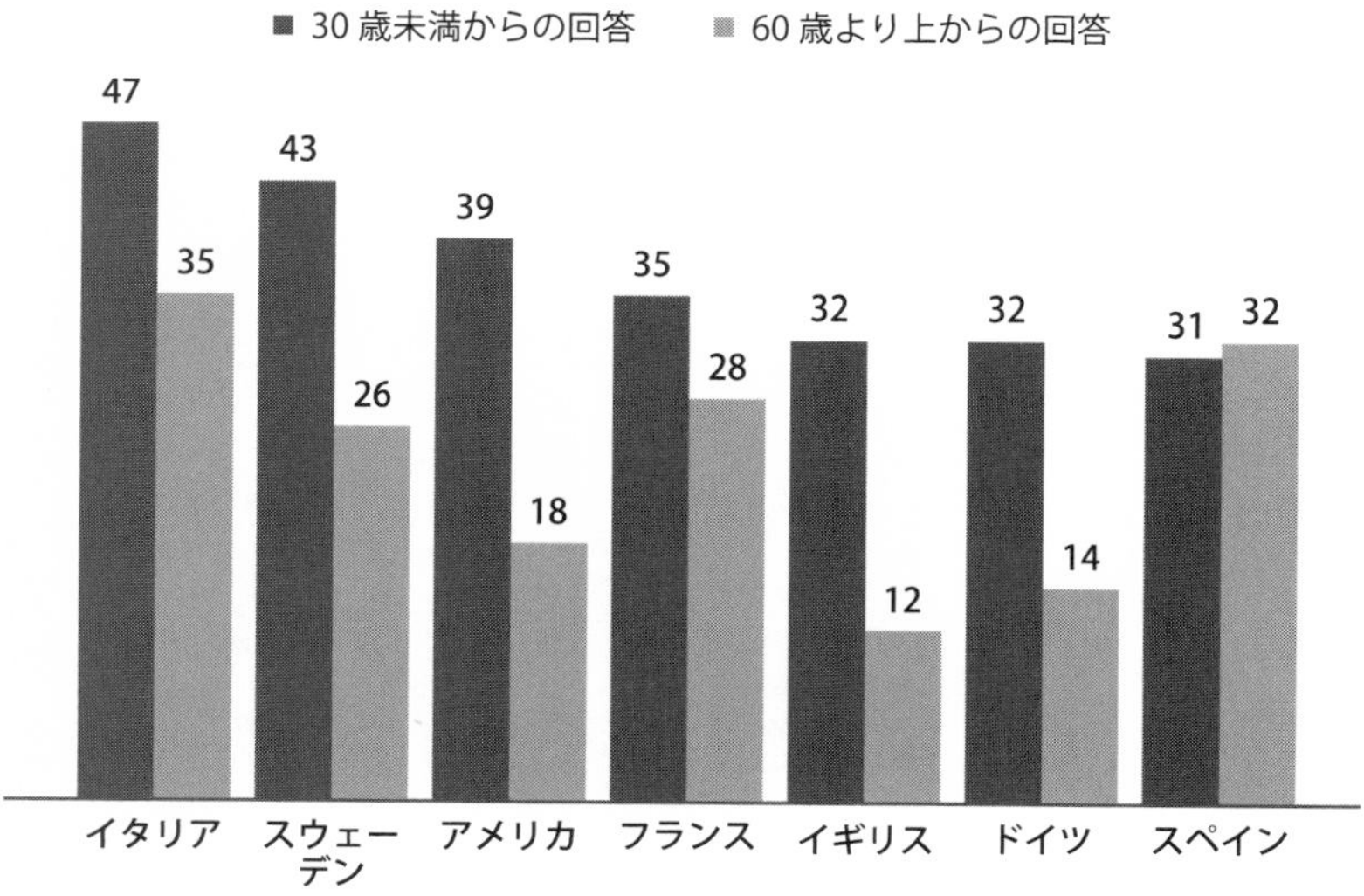

出典 Allensbach Institute 調査 11085、Ipsos MORI 調査 J18-031911-01-02、J-19-01009-29、J-19-01009-47、J-20-091774-05

性別・学歴による違い

富裕層になりたいという願望は、一般に女性よりも男性の方が強く、その差は特に米国で顕著である。すべての調査対象国で、女性よりも男性の方が、個人的に豊かになることが重要であると答えている。

７カ国の社会的嫉妬の尺度について性別で分析すると、より異なった構図が浮かび上がってくる。ドイツ、イタリア、フランスでは、女性の方が男性より少し嫉妬深いようである。一方、アメリカ、スペイン、イギリス、スウェーデンではその逆であり、この４カ国はＳＥＣが最も低い国である。

学歴と富裕層に対する態度には相関があるのだろうか？概して、低学歴のインタビュー対象者は高学歴のインタビュー対象者よりも富裕層に対して批判的である。この違いは、「富裕層が得をすればするほど、貧乏人は損をする」というゼロサムステートメントに対する被調査者の回答から最もはっきりと見て取ることができる。イタリアを除くすべての国で、低学歴者の方が高学歴者よりもこの意見に同意している。

ドイツとフランスでは、社会的嫉妬は高学歴者よりも低学歴者の間で著しく顕著である。イタリア、スウェーデン、イギリスでは、その差はわずかである。米国では、高学歴者の方が低学歴者よりも社会的嫉妬の傾向が強いという結果が得られた。

図 14
富裕層であることの主観的重要性 - 性別・国別の分析
質問：「なかには、裕福であることは重要だと考える人もいます。富裕層であることは、あなたにとって個人的にどの程度重要ですか？」
回答：非常に重要である／かなり重要である

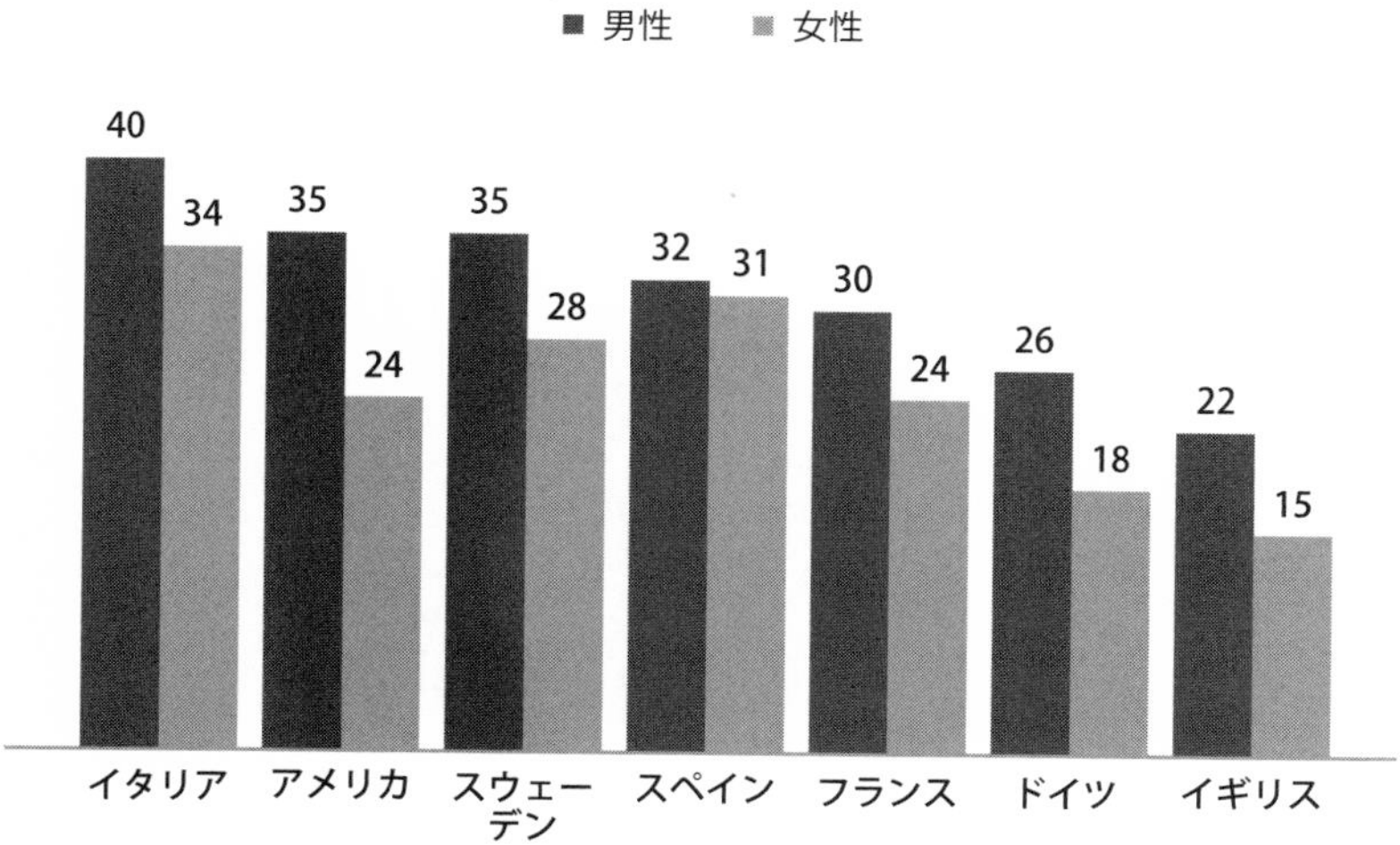

出典 Allensbach Institute 調査 11085、Ipsos MORI 調査 J18-031911-01-02、J-19-01009-29、J-19-01009-47、J-20-091774-05

図 15
7 カ国における社会的嫉妬係数 - 男女別分析
係数１以上：嫉妬を持たない人（社会的嫉妬尺度２～３点）が、嫉妬を持たない人（社会的嫉妬尺度０点）より多い場合。
係数１未満：嫉妬を持たない人が嫉妬を持つ人より多い

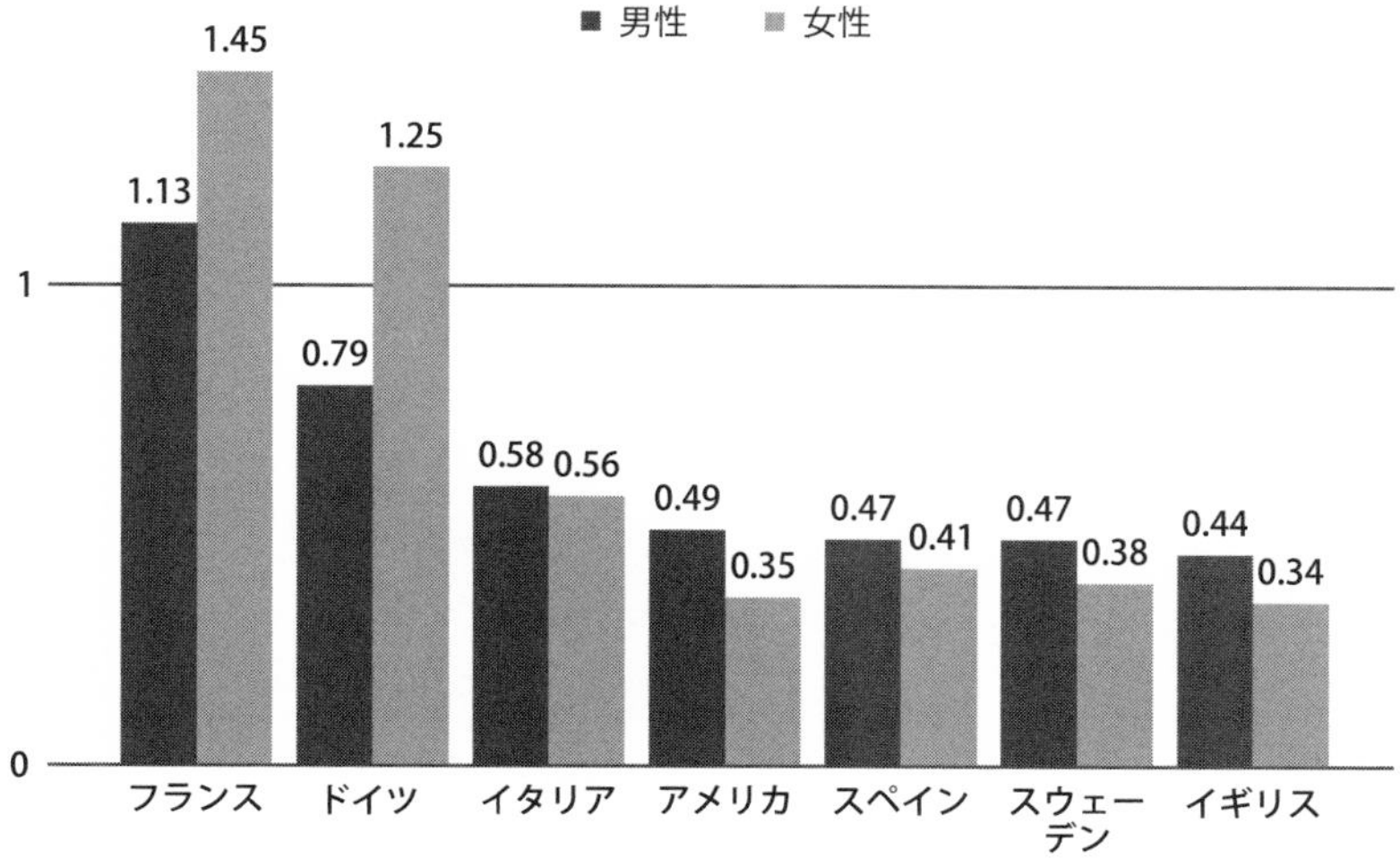

出典 Allensbach Institute 調査 11085、Ipsos MORI 調査 J18-031911-01-02、J-19-01009-29、J-19-01009-47、J-20-091774-05

図 16
7カ国におけるゼロサム思考 - 教育・国別分析

質問：「次の記述についてどの程度同意しますか？：富裕層が多くを手にすればするほど、貧困層の取り分は減る。」
「強く同意する／やや同意する」の回答数から「全く同意しない／やや同意する」の回答数を差し引いた値。

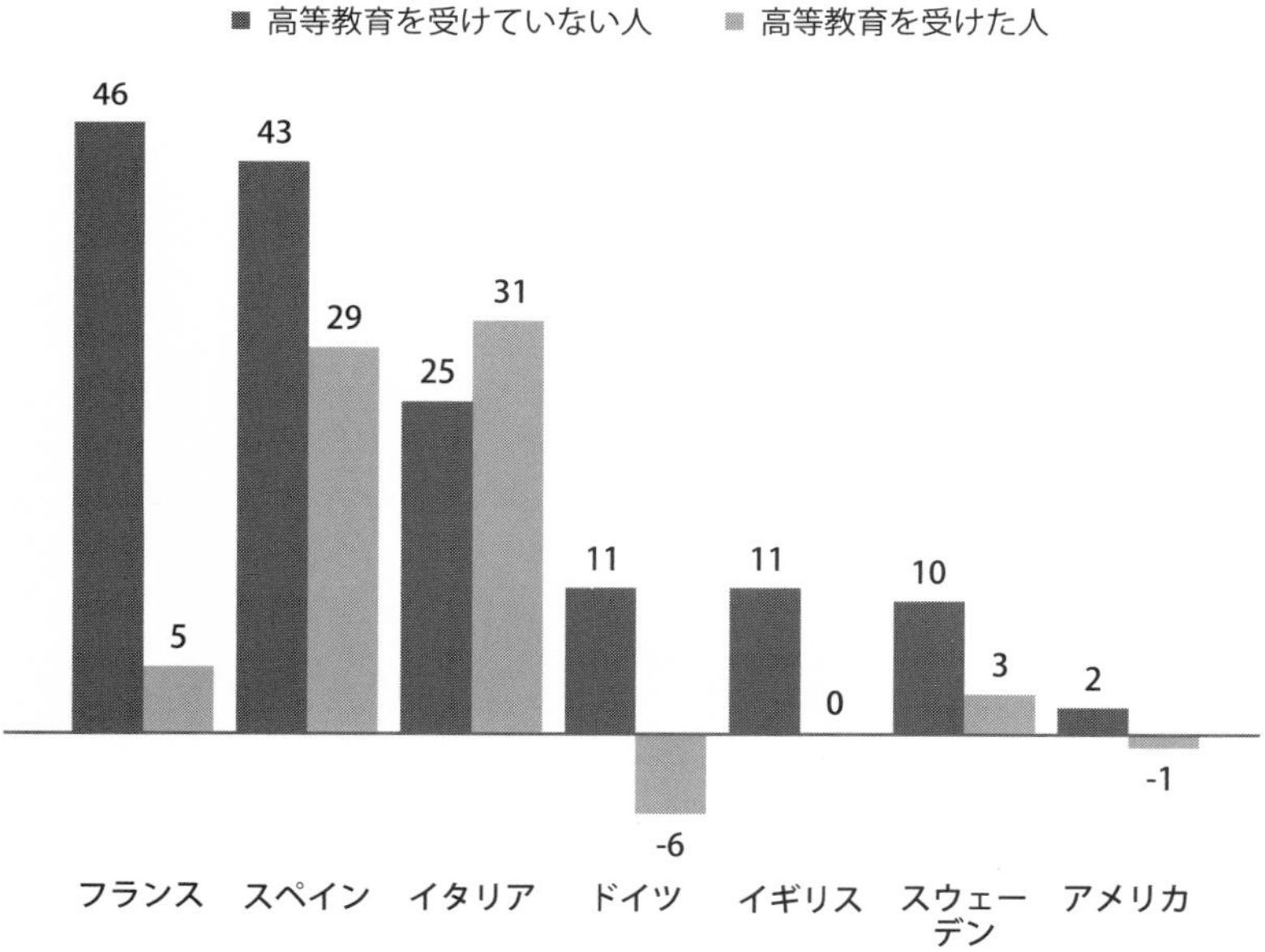

注：「強く同意する／やや同意する」と「全く同意しない／やや同意する」の回答比率の差。
出典 Allensbach Institute 調査 11085、Ipsos MORI 調査 J18-031911-01-02、J-19-01009-29、J-19-01009-47、J-20-091774-05

図 17

7 カ国における社会的嫉妬係数 - 教育別分析

係数 1 以上：嫉妬を持つ人（社会的嫉妬尺度 2 ～ 3 点）が、嫉妬を持たない（社会的嫉妬尺度 0 点）より多い場合。

係数 1 未満：嫉妬を持たない人が嫉妬を持つ人より多い

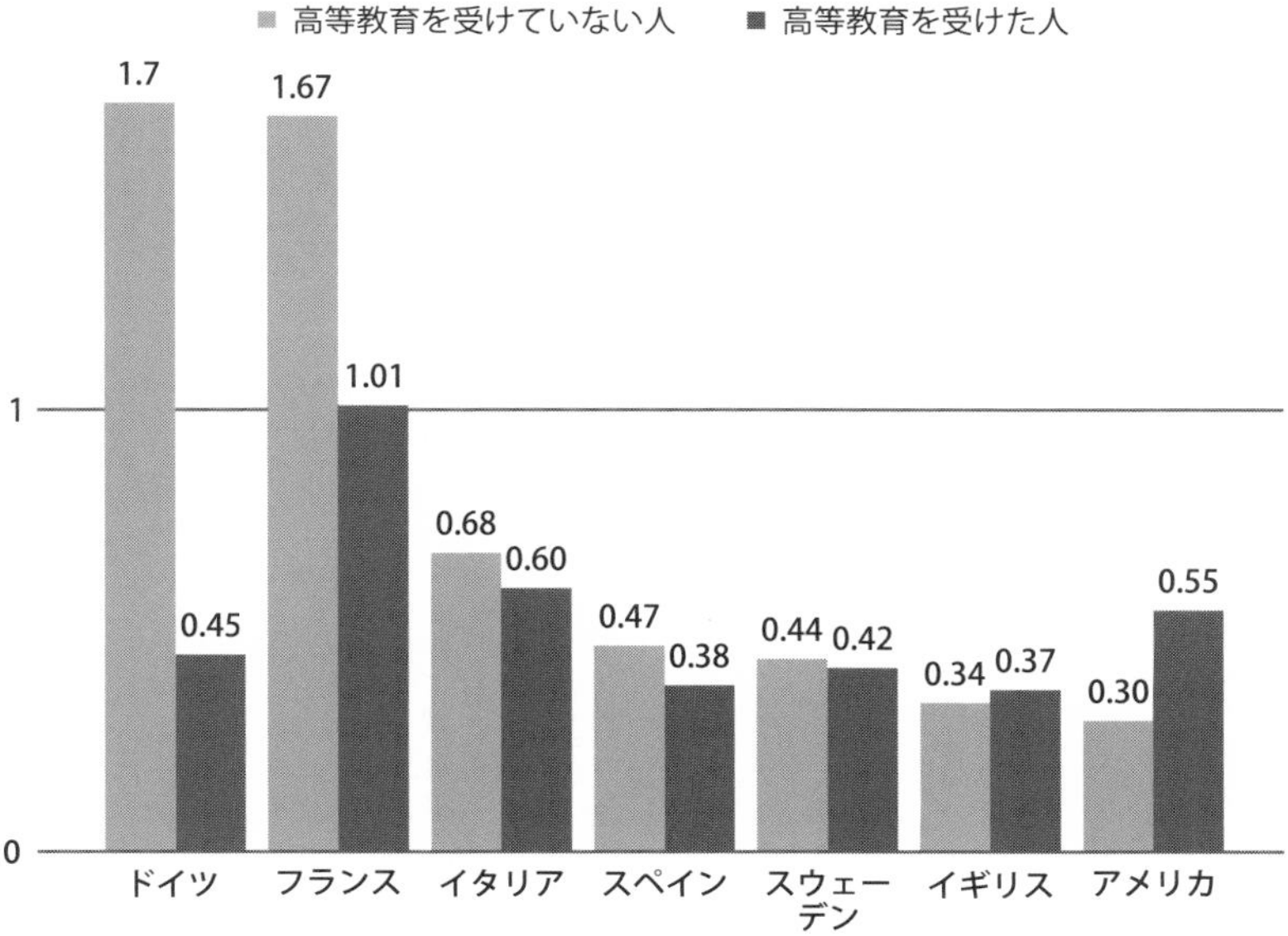

出典 Allensbach Institute 調査 11085、Ipsos MORI 調査 J18-031911-01-02、J-19-01009-29、J-19-01009-47、J-20-091774-05

富裕層にふさわしい人、そうでない人

これまでの多くの調査では、富裕層に対する意識は一律に質問されてきた。しかし、富裕層になったきっかけによって、富裕層に対する印象は大きく異なることは当然である。例えば、起業家として富を築いたのか、それとも相続したのか。高給取りのエリートアスリートなのか、宝くじ当選者なのか、不動産投資家なのか。また、回答者の意識をより詳しく知るために、7カ国すべてで「あなたが個人的に富裕層にふさわしいと思うのは、次のうち、どのグループの人たちですか？」という質問を行った。

以下はそうした結果の比較である。

ドイツ

1. 自営業者
2. 起業家
3. 宝くじ当選者
4. 俳優やミュージシャンなどのクリエイティブな人やアーティスト
5. トップアスリート

6. 相続人

米国

1. 起業家
2. 自営業者
3. 俳優やミュージシャンなどのクリエイティブな人やアーティスト
4. 不動産投資家
4. 宝くじ当選者
5. 金融投資家

フランス

1. 自営業者
2. 起業家
3. 俳優やミュージシャンなどのクリエイティブな人やアーティスト
4. 宝くじ当選者
5. 上級管理職
6. トップアスリート

イギリス

1. 起業家
2. 自営業者
3. 俳優やミュージシャンなどのクリエイティブな人やアーティスト
4. 宝くじ当選者
5. トップアスリート
6. 金融投資家

イタリア

1. 起業家
2. 自営業者
3. 俳優やミュージシャンなどのクリエイティブな人やアーティスト
4. 宝くじ当選者
5. トップアスリート
6. 上級管理職

スペイン

1. 起業家
2. 自営業者

3. 俳優やミュージシャンなどのクリエイティブな人やアーティスト
4. 宝くじ当選者
5. トップアスリート
6. 金融投資家

スウェーデン

1. 自営業者
2. 起業家
3. 俳優やミュージシャンなどのクリエイティブな人やアーティスト
4. 宝くじ当選者
5. トップアスリート
6. 金融投資家

以上のことからわかるように、調査対象7カ国すべてにおいて、起業家や自営業者がリードしている。同時に、俳優やミュージシャンなどのクリエイティブな人々やアーティスト、トップアスリート、宝くじ当選者なども富裕層になる資格があると回答者は明確に考えている。米国、スペイン、英国、スウェーデンの社会的嫉妬の度合いが低い4カ国では、金融投資家もランキングに登場する。一方、ドイツでは金融投資家は下から2番目で、フランスとイタリアでも大きく差をつけられている。しかし、7カ国に共通する発見がある。それは、銀行員が最も富裕層にふさわしくない集団のひとつとみなされていることだ。スウェーデンでも最下位であった。

ミリオネアに対する一般的・個人的認識

7カ国とも同じ質問紙を使用したが、アメリカ、フランス、イギリスでは、残念ながら、この質問はその後の調査で初めて思いついたため、使用しなかった項目がある。ドイツ、スペイン、イタリア、スウェーデンの全人口を対象に、富裕層について一般的にどう思うかを聞いた後、個人的に富裕層（スウェーデンでは1000万クローネ以上の資産を持つ人）を少なくとも1人知っている回答者だけに補足質問をした。我々は、回答者が最もよく知る特定の富裕層について、どのような性格的特徴を挙げるかを知りたかったのである。そして、一般的な富裕層と、彼らが個人的に知っている富裕層の持つ、肯定的な性格特性と否定的な性格特性の頻度を比較した。ドイツ、イタリア、スペイン、スウェーデンで収集したデータから、国民全体が持つ否定的な意識と、少なくとも一人の富裕層を知っている回答者のサブグループから得られた回答の間に大きな食い違いがあることが明確に確認された。

図 18
富裕層に対する一般的・個人的認識：肯定的な発言と中立的な発言 -4 カ国分析

一般人（全回答者）への質問：「次のうち、富裕層に最も当てはまる可能性が高いのはどれですか？」

個人的に富裕層を１人以上知っている回答者への補足質問：「あなたが最もよく知っている富裕層に当てはまるものはどれですか？」

- 平均値

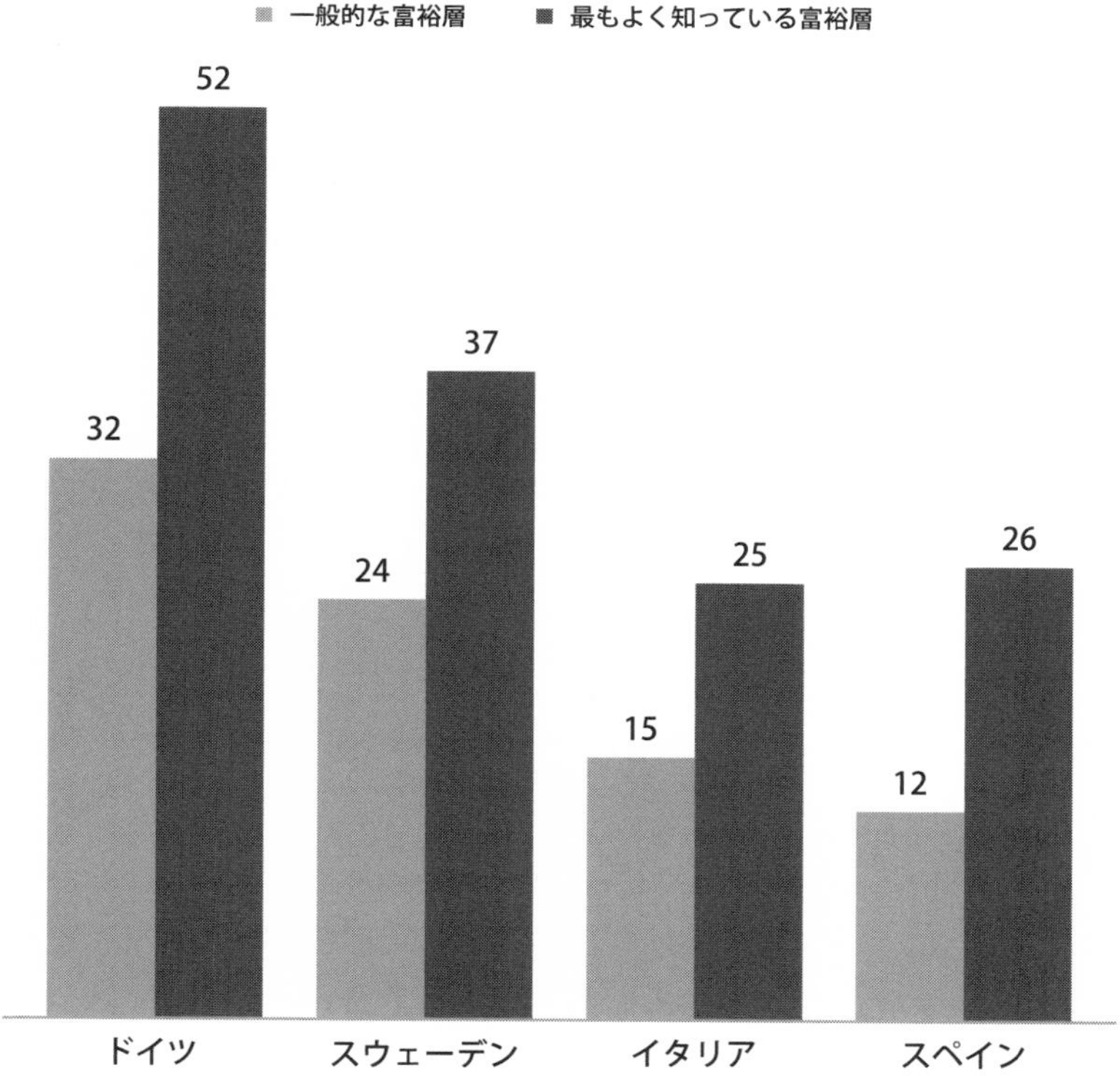

出典 Allensbach Institute 調査 11085、Ipsos MORI 調査 J-19-01009-29、J-19-01009-47、J-20-091774-05

逆に、ドイツで平均44％、スペインで36％、イタリアで28％、スウェーデンで26％の人々が富裕層に対して否定的な特徴を結びつけた結果となった。しかし、個人的に富裕層を一人でも知っている回答者では、その数値は著しく低く、ドイツで平均15％、スウェーデンで17％、スペインで19％、イタリアで20％に留まった。

全14項目の性格特性のうち、「正直」は、調査したすべての国で最も選択頻度が低い項目であった。

しかし、富裕層について全回答者に同じ質問をし、さらに富裕層を1人以上知っているサブグループに質問した国では、「正直」という特性の帰属に大きな違いが見られることが印象的である。富裕層を1人以上知っている回答者は、自分が最もよく知っている富裕層を正直であると表現する傾向が、母集団全体の回答者よりもはるかに高いのである。

これは、偏見研究の分野の科学者が他の社会的マイノリティとの関連ですでに確認していることである。マイノリティグループを身近で個人的に経験している人は、メディアによってのみ認識を形成されている人よりも、そのグループに対して肯定的な態度をとる可能性が高いのだ。今回の調査が示すように、マイノリティである富裕層に対するイメージもまた同様である。

図 19
富裕層に対する一般的・個人的認識：（やや）否定的な発言 -4 カ国分析
一般人（全回答者）への質問：「次のうち、富裕層に最も当てはまる可能性が高いのはどれですか？」

個人的に大富豪を1人以上知っている回答者への補足質問：「あなたが最もよく知っている富裕層に当てはまるものはどれですか？」
- 平均値

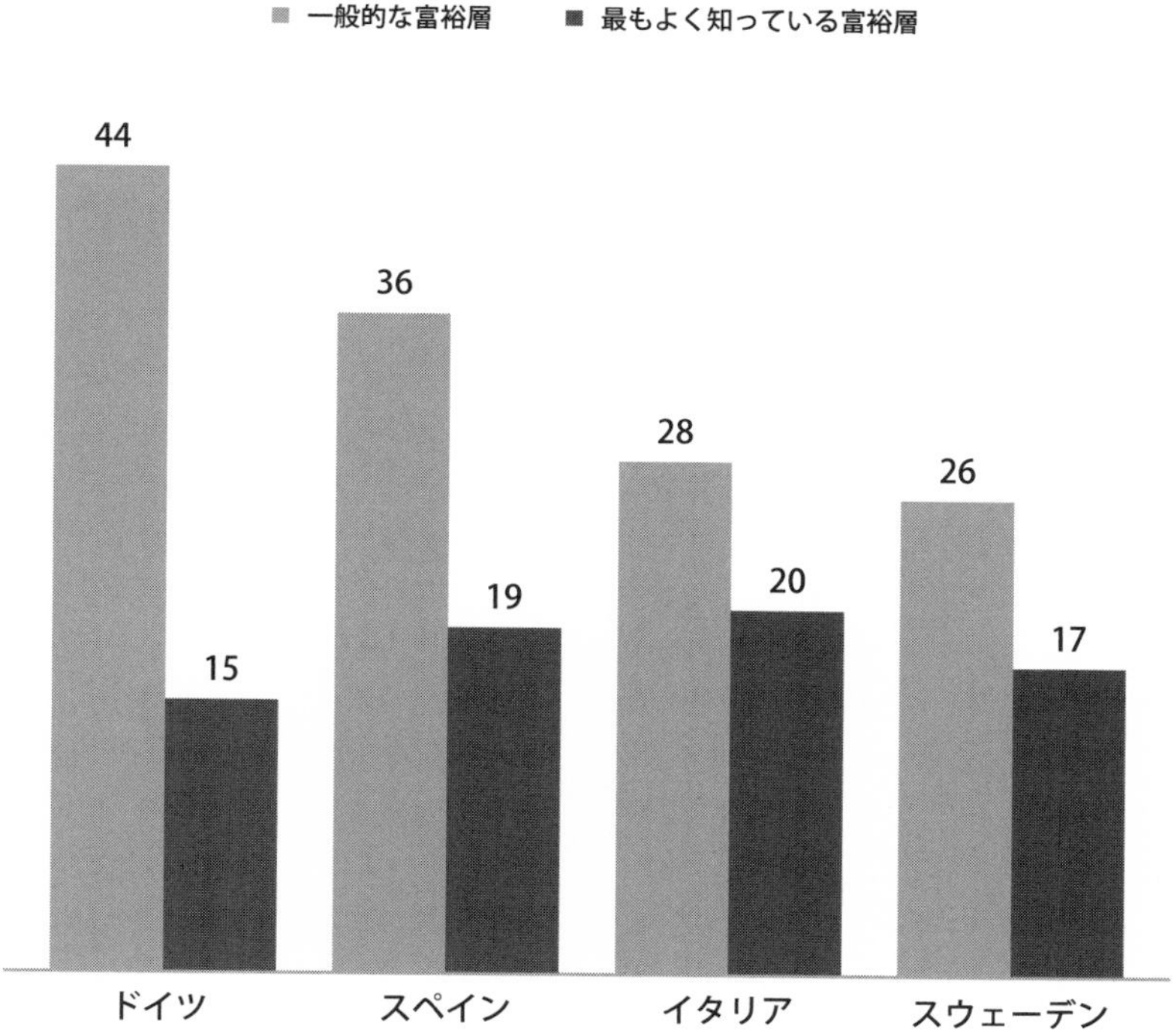

出典 Allensbach Institute 調査 11085、Ipsos MORI 調査 J-19-01009-29、J-19-01009-47、J-20-091774-05

第7章で紹介した研究成果は、一般に「道徳特性（M特性）」の判断が「能力特性（C特性）」の判断よりも外集団の印象形成に大きな役割を果たすことを示している。すでに見たように、能力特性は外集団に帰属させるが道徳特性は帰属させないということは、広範囲に及ぶ結果をもたらす。私たちは知覚の研究から、他者や集団に対する印象は一般に能力特性よりも道徳特性に依存することを知っている。一般に、道徳に関連する情報は能力に関連する情報よりも知覚においてより重要な役割を果たすことが示されている。研究者たちは、道徳と能力が、私たちの外集団に対する認

図 20
富裕層は誠実か？ -7カ国分析
質問：「次のうち、富裕層に最も当てはまる可能性が高いのはどれですか？」
「正直」という項目に対する回答

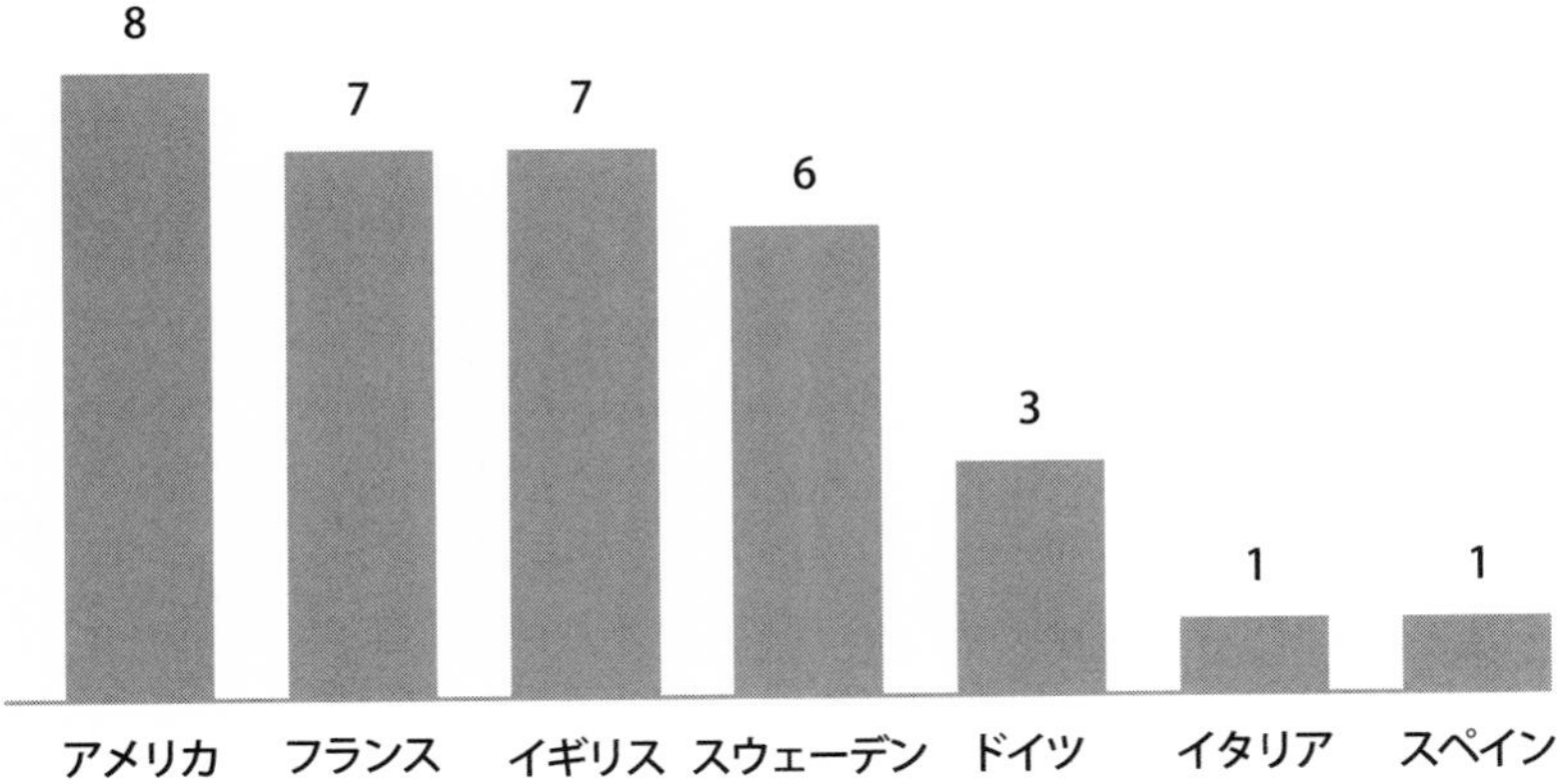

出典 Allensbach Institute 調査 11085、Ipsos MORI 調査 J18-031911-01-02、J-19-01009-29、J-19-01009-47、J-20-091774-05

図 21
富裕層は正直か？一般的な認識と個人的な認識 -4 カ国分析

一般人（全回答者）への質問：「次のうち、富裕層に最も当てはまる可能性が高いのはどれですか？」

個人的に大富豪を１人以上知っている回答者への補足質問：「あなたが最もよく知っている富裕層に当てはまるものはどれですか？」

「正直」という項目に対する回答

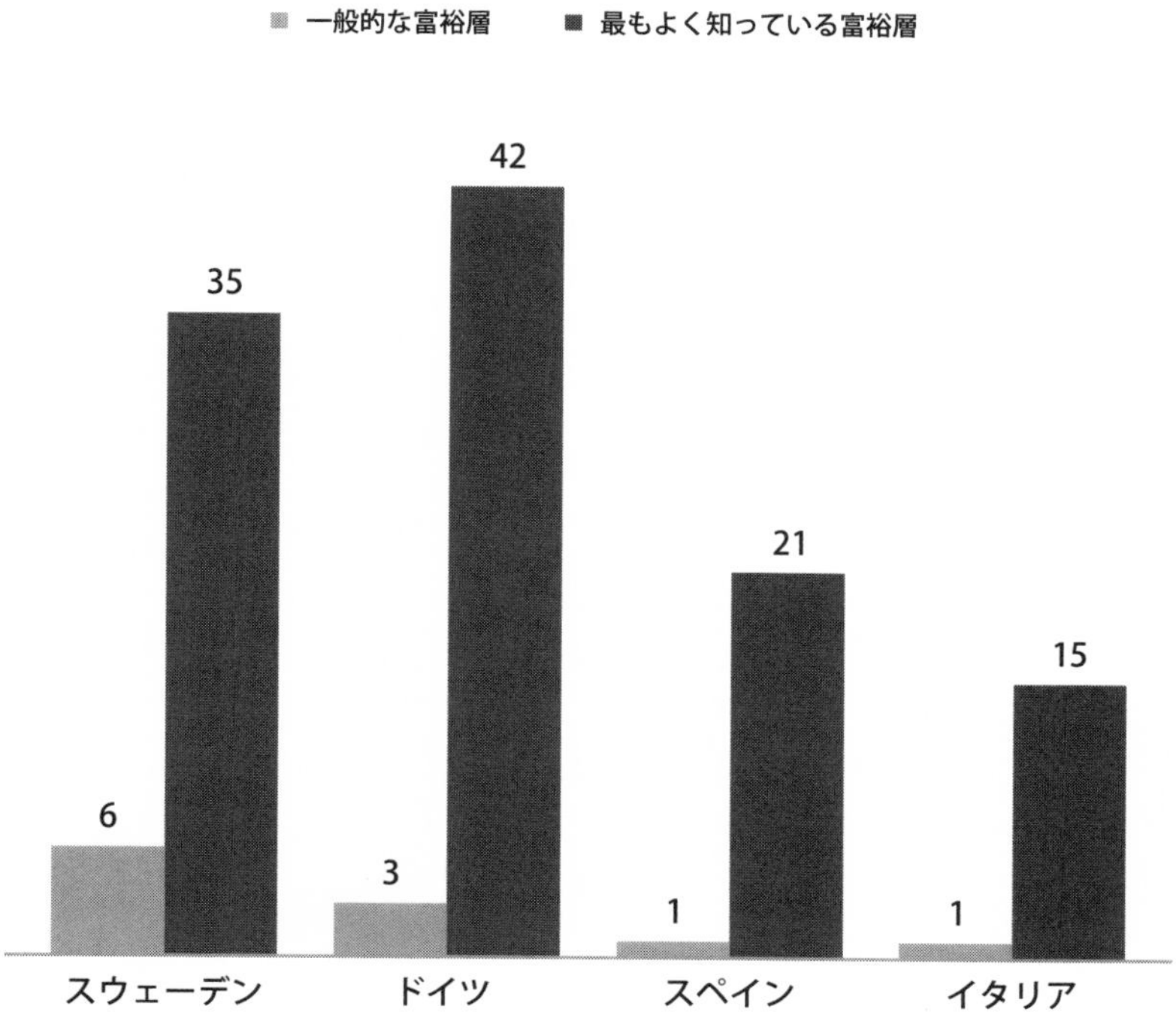

出典 Allensbach Institute 調査 11085、Ipsos MORI 調査 J18-031911-01-02、J-19-01009-29、J-19-01009-47、J-20-091774-05

識を決定する2つの重要な要因であることを実証している。私たちの知覚の約4分の3は、この2つの要素によって決定される。[395]

ボグダン・ウォジスク、ロジャ・バジンスカ、マルシン・ジャウォルスキは、外集団に対する印象が、正直などの「道徳性」に関連する分類と、知能などの「能力」に関連する分類のどちらに基づいているかを測定する実験を行った。その結果、他者に対する全体的な印象の形成に用いられる上位7つの特性のうち6つが道徳的特性であり、能力的特性は1つだけであることが確認された。「M特性の判断は、特定のC特性の判断よりも、全体的な印象の相対的に良い予測因子として浮上した」。[396]

富裕層の肯定的特徴として最も多く挙げられているのは能力的特徴で、特に知性と勤勉さである。一方、否定的な特徴として最も多く挙げられているのが、物質主義や傲慢さといった道徳的特徴であり、最も少なく挙げられているのが、正直である。知的で勤勉、大胆でありながら、冷酷で傲慢、自己中心的で不誠実な人物は脅威となる。反対に、知性がなく、怠け者で臆病だが、正直で人当たりがよく、利他的な人は無害にみえるだろう。また、他人に対する好悪の印象は、能力的特徴よりも道徳的特徴に基づいているため、富裕層が知的で勤勉であると同時に冷酷で不誠実であると認識されても、それはほとんど「役に立たない」のである。

▼395　Wojciszke, Bazinska, Jaworski, 1251.
▼396　同上、1256。

税金について

回答者の多くは、富裕層は貧困層や平均的な所得者よりも高い税率を支払うべきであり、調査対象国の税制はすべてそのように設計されている、ということに同意している。しかし、どの程度の税率が必要かという問題については、意見が分かれるところである。例えば、フランスやドイツでは、富裕層は高い税金を払うだけでなく、非常に高い税金を払うべきだという意見が多数を占めている。他の国でも、富裕層には高い税金を払うだけでなく、非常に高い税金を払うべきだという意見が、相対的に多数派である。この点、今回調査した国の中で、スウェーデンだけが「富裕層に非常に高い税金を払うべきだ」という提案に反対しているのは興味深い。これはおそらく、１９７０年代のスウェーデンでは、富裕層に非常に高い税金を課しており、その罰当たりな税制が社会全体にダメージを与えていることを、当時のスウェーデン人が認識していたことと関係があるのだろう。実際、スウェーデンの富裕層（IKEAの創業者イングヴァル・カンプラードなど）の中には、高すぎる税金から逃れるためにスウェーデンから国外に脱出した人もいた。１９９０年代、スウェーデンの税制は改革され、富裕税、相続税、贈与税が廃止された。

図 22
富裕層への超高税率？ -7 つの国別分析
質問：「次の記述のうち、全体として最もあなたが同意するものはどれですか？」
①富裕層の税金は高くすべきだが、過度に高くすべきではない。
②富裕層に高い税金を課すだけではなく、極めて高い税金を課すべきだ。

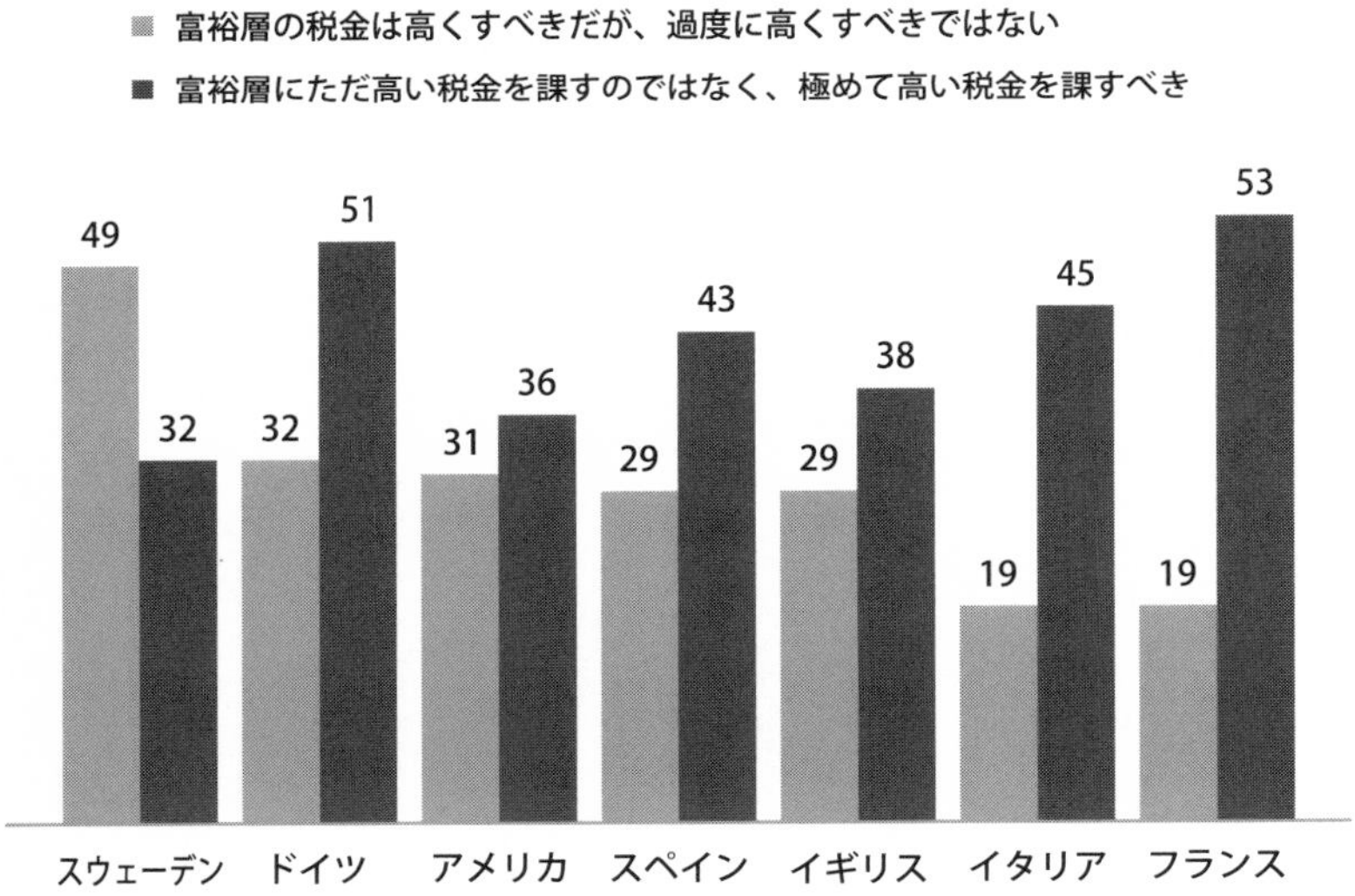

出典 Allensbach Institute 調査 11085、Ipsos MORI 調査 J18-031911-01-02、J-19-01009-29、J-19-01009-47、J-20-091774-05

経営者の給与

もし私が、富裕層の高収入や富に最も貢献している性格や特徴を尋ねられたら、個人的には「勤勉さ」よりも「創造性」（起業家の場合）や「希少性・稀有な才能」（トップ経営者やトップアスリート、富裕層に高い税金を課すだけではなく、極めて高い税金を課すべきだ。アーティストなどの場合）などの要素をはるかに上位に評価するだろう。

富裕層の労働時間は平均的な人口よりも長いので、この点では、富裕層を特に「勤勉」と見なした回答者は正しかったと言えるだろう。２０１２年、メラニー・ボーウィング・シュマレンブロックが４７２人のドイツ人富裕層（平均純資産２３０万ユーロ、中央値１４０万ユーロ）[397]を調査したところ、中流階級の平均労働時間が39時間なのに対し、富裕層は週平均46時間働いていることがわかった。そして、自営業で富裕層になった人は、平均して週に約50時間働いている。[398]したがって、ドイツの富裕層は、中産階級の人々よりも平均して週に18%から43%多く働いていることになる。しかし、このような労働時間の増加だけでは、ボーウィング・シュマレンブロックの調査対象者の資産が、国民全体の平均資産の40倍以上高い理由を説明することはできない。

富裕層に関する研究から、富裕層の大半は起業家として富を築いたことが分かっている。[399]多くの場合、彼らは優れたビジネスのアイデアを持っており、特に創造性に富んでい

▼397　ボーウィング・シュマレンブロック、139.
▼398　同上、213.
▼399　同上、187。

た。しかし、回答者が最も多く挙げた富裕層の特徴に「創造性」は含まれておらず、「勤勉さ」の方がはるかに多く挙げられている。

このように、7カ国とも富裕層を知らないという回答者が圧倒的に多いことから、ほとんどの回答者は、メディアによる描写や自分の経験を投影して富裕層を認識しているに違いない。そのため、一般の従業員にとって、より多くの収入を得るには、残業するなどして勤勉に働けばよいということになる。経験的に、「どれだけ長く、どれだけ一生懸命働くか」によって、その人の稼ぎが変わってくるということを、従業員は知っている。そのため、富裕層に対して好意的な人は、富裕層は特に勤勉であると考えるかもしれないが、今回の調査で明らかになったように、富裕層に対して批判的な人は、富裕層が特に勤勉であると考えている人はかなり少ないと思われる。

富裕層に対する回答者の態度は、個人の収入を決定する重要な要素に関する仮定に強く影響されている。この影響は、経営者の給与に関するインタビュー回答者の意見に表れている。経営者の給与水準は、多くの人が考えるように、その人の労働時間によって決まるのではなく、一流の経営者人材の市場における需給によって決まるのである。しかし、この関連性を認識していない人がほとんどであり、特に低所得者はそうではないことが、今回の調査データで明らかになった。7カ国すべてにおいて、従業員の100倍以上の収入を得る経営層について、以下の記述に同意するかどうかを尋ねた。

記述A：「経営層は、従業員と比べてそれほど長くハードに働くわけではないのだか

図 23
経営層の高報酬に対する意識 -7 カ国の分析
従業員の 100 倍以上の収入を得る経営層について、A および B の記述に同意する各国の回答者の割合

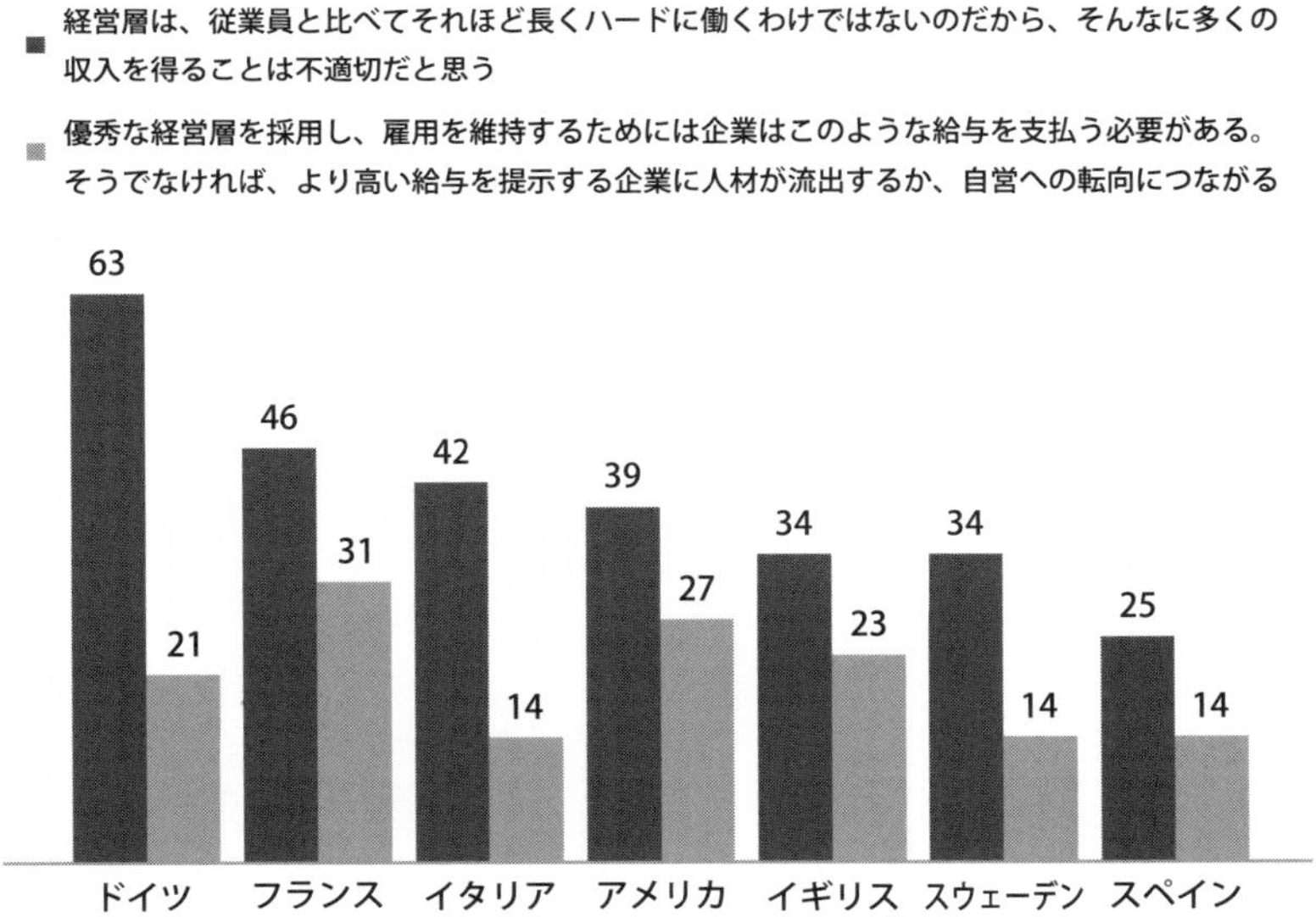
経営層は、従業員と比べてそれほど長くハードに働くわけではないのだから、そんなに多くの収入を得ることは不適切だと思う
優秀な経営層を採用し、雇用を維持するためには企業はこのような給与を支払う必要がある。そうでなければ、より高い給与を提示する企業に人材が流出するか、自営への転向につながる
63
21
46
31
42
14
39
27
34
23
34
14
25
14
ドイツ
フランス
イタリア
アメリカ
イギリス
スウェーデン
スペイン

出典 Allensbach Institute 調査 11085、Ipsos MORI 調査 J18-031911-01-02、J-19-01009-29、J-19-01009-47、J-20-091774-05

ら、そんなに多くの収入を得ることは不適切だと思う」

記述B：「優秀な経営層を採用し、雇用を維持するためには企業はこのような給与を支払う必要がある。そうでなければ、より高い給与を提示する企業に人材が流出するか、自営への転向につながる」

Aは、給与は最終的にはその人がどれだけ一生懸命、長く働くかによって決まる、あるいは決まるべきであり、非常に高い給与、つまり努力に直接比例しない給与は「不公平」であることを意味している。一方、Bは、一流の経営層の市場における需要と供給が経営層の給与の主な決定要因であると仮定している。

図23からわかるように、7カ国すべてにおいて、回答者の大多数は、より長く、より熱心に働くことが個人の給与を決定する上で決定的な役割を果たすべきであるという意見Aに同意している。低所得層の回答者は、おそらく個人的な経験から、より長く、より熱心に働くことがすべての収入に直接影響する（残業が多い＝賃金が高い）と考えているようで、Aという意見に同意する人がはるかに多い。

第10章　アジア4カ国の比較：中国、日本、韓国、ベトナムの富裕層に対する態度

アジア人にとって、富裕層であることはより重要である

2021年5月に中国で、2021年9月に韓国、ベトナム、日本で同調査を実施した。各国とも、イソプスMORIは約1000人の回答者を対象に調査を実施した。[400]（日本についての調査は第8章で詳述した通りだ。）

どの調査でも、富裕層になることが個人的にどの程度重要かを問う項目がある。ヨーロッパ6カ国とアメリカでは、平均28％の回答者が、富裕層になることは「非常に重要である」または「かなり重要である」であると回答している。

最新の調査では、この数値がすべてのアジア諸国で高いことが確認されている。日本では43％、中国では50％、韓国では63％、そしてベトナムでは76％という高い数値を示している。つまり、アジア4カ国の平均は58％であり、欧米よりも30ポイントも高いのである。アジア人は成功に飢えている。このことは、アジア大陸の大部分、特に中国やベトナムなどの国々の経済ダイナミズムが高いことを部分的に説明している（図1）。

社会的嫉妬係数（SEC）、人格特性係数、富裕層感情指標

▼400　中国では、イソプスMORIではなく、アレンズバッハ研究所の提携先が調査を実施した。

本研究で開発した社会的嫉妬係数（SEC）は、ある国において、嫉妬を持つ人と嫉妬を持たない人の比率を示すものである。SECの決定方法は第8章で説明したとおりである。1・0という値は、嫉妬を持つ人と嫉妬を持たない人の数が同じであることを意味する。値が1・0より小さい場合は、嫉妬を持たない者の数が多く、値が1・0より大きい場合は、社会的に嫉妬を持つ者の数が多くなる。日本、韓国、ベトナムでは、欧米に比べて社会的嫉妬が圧倒的に少ないことがわかる。日本で

図1
富裕層であることがいかに重要か？
質問：「富裕層であることは、あなたにとって個人的にどの程度重要ですか？」
回答：非常に重要である／かなり重要である

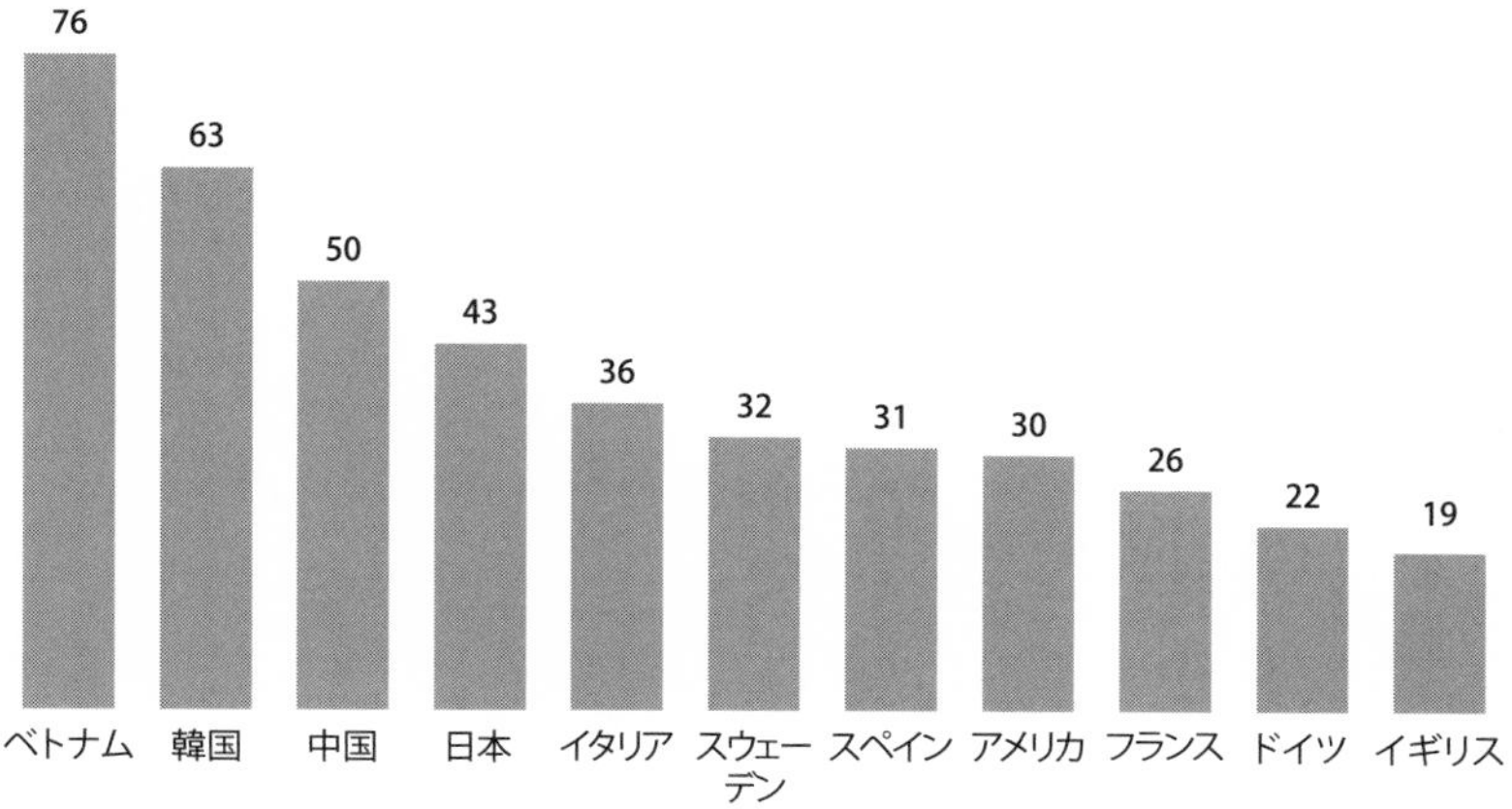

出典 Allensbach Institute 調査 11085、8271、Ipsos MORI 調査 J-18-031911-01-02、J-19-01009-29、J-19-01009-47、J-20-091774-05、and J-21-041026-01

は、社会的嫉妬係数が0・25と、調査を行った11カ国の中で最も低い値となっている。韓国はSECが0・33にすぎず、ベトナムのSECは0・43である。一方、中国のSECは0・93と他のアジア3カ国に比べてかなり高く、調査対象11カ国中、フランス、ドイツに次いで3番目に高い（図2）。

11カ国すべてでまったく同じ質問をしているので、信頼できる比較基準となる。日本は他のどの国よりも嫉妬を持たない人の割合が高い（57％）。韓国とべ

図2

中国、日本、韓国、ベトナムにおける社会的嫉妬係数

係数1以上：嫉妬を持つ人（社会的嫉妬尺度2〜3点）が、嫉妬を持たない人（社会的嫉妬尺度0点）より多い場合。

係数1未満：嫉妬を持たない人が嫉妬を持つ人より多い

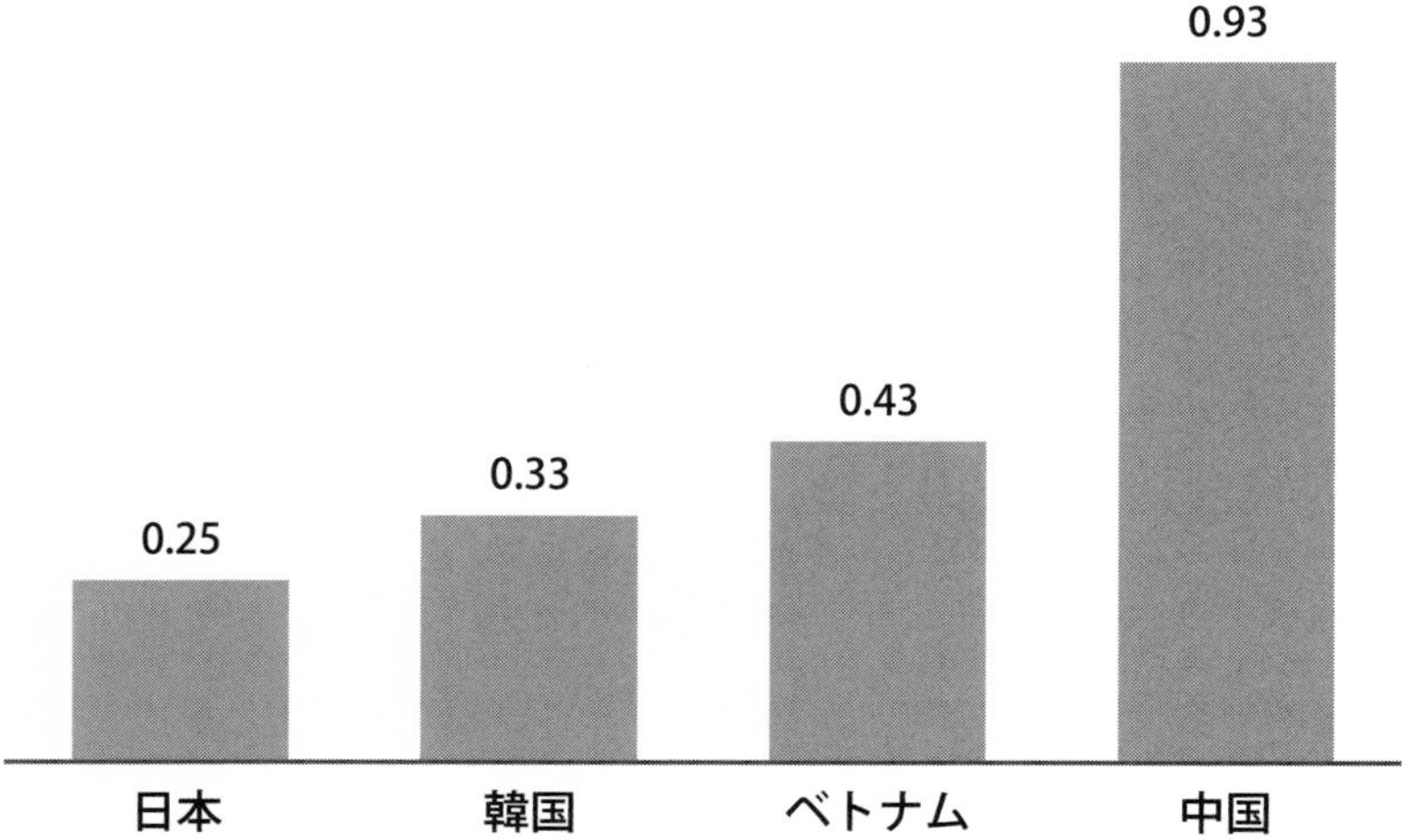

出典 Allensbach Institute 調査 8271、Ipsos MORI 調査 J-21-041026-01

トナムは、それぞれ46%、44%と、アメリカやイギリスと同じような高い水準にある。一方、中国では嫉妬を持たない人の割合が27%と、他のアジア3カ国に比べて著しく低い。嫉妬を持つ人の割合は、中国が25%、日本が14%、韓国が15%、ベトナムが19%である（図3）。

　社会的嫉妬係数は、各国の富裕層に対する嫉妬や態度のレベルを比較する上で重要なパラメータであるが、もちろんそれだけではない。調査対象国のすべてで、回答者に7つの肯定的

図3
中国、日本、韓国、ベトナムの4カ国における社会的嫉妬尺度による回答者の位置づけ

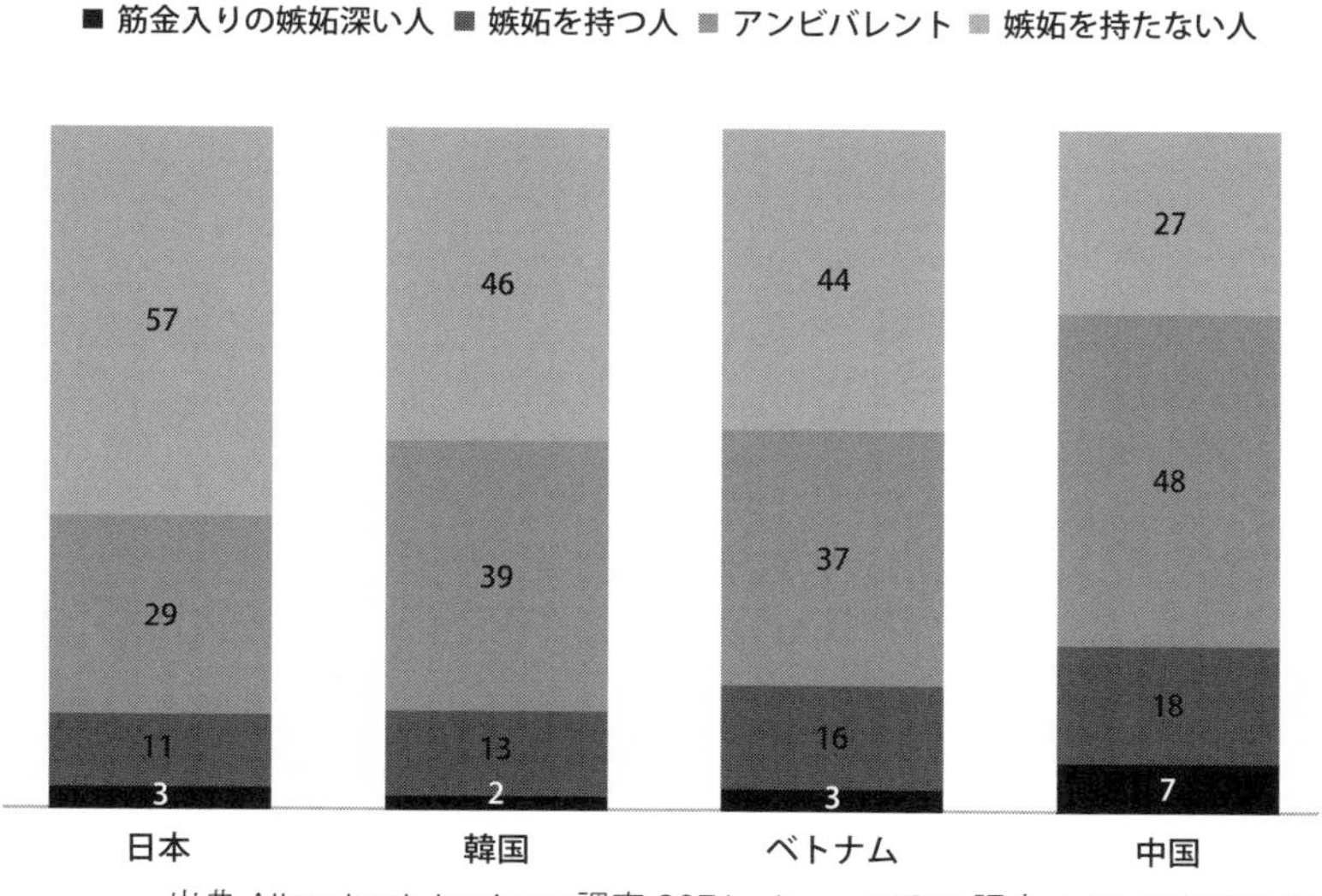

出典 Allensbach Institute 調査 8271、Ipsos MORI 調査 J-21-041026-01

な性格特性と7つの否定的な性格特性のリストを提示し、これらの特性のうちどれが富裕層に当てはまりそうかを尋ねた（図4-7）。

図4
富裕層に起因する性格特性：中国
質問：「次のうち、富裕層に最も当てはまる可能性が高いのはどれですか？」

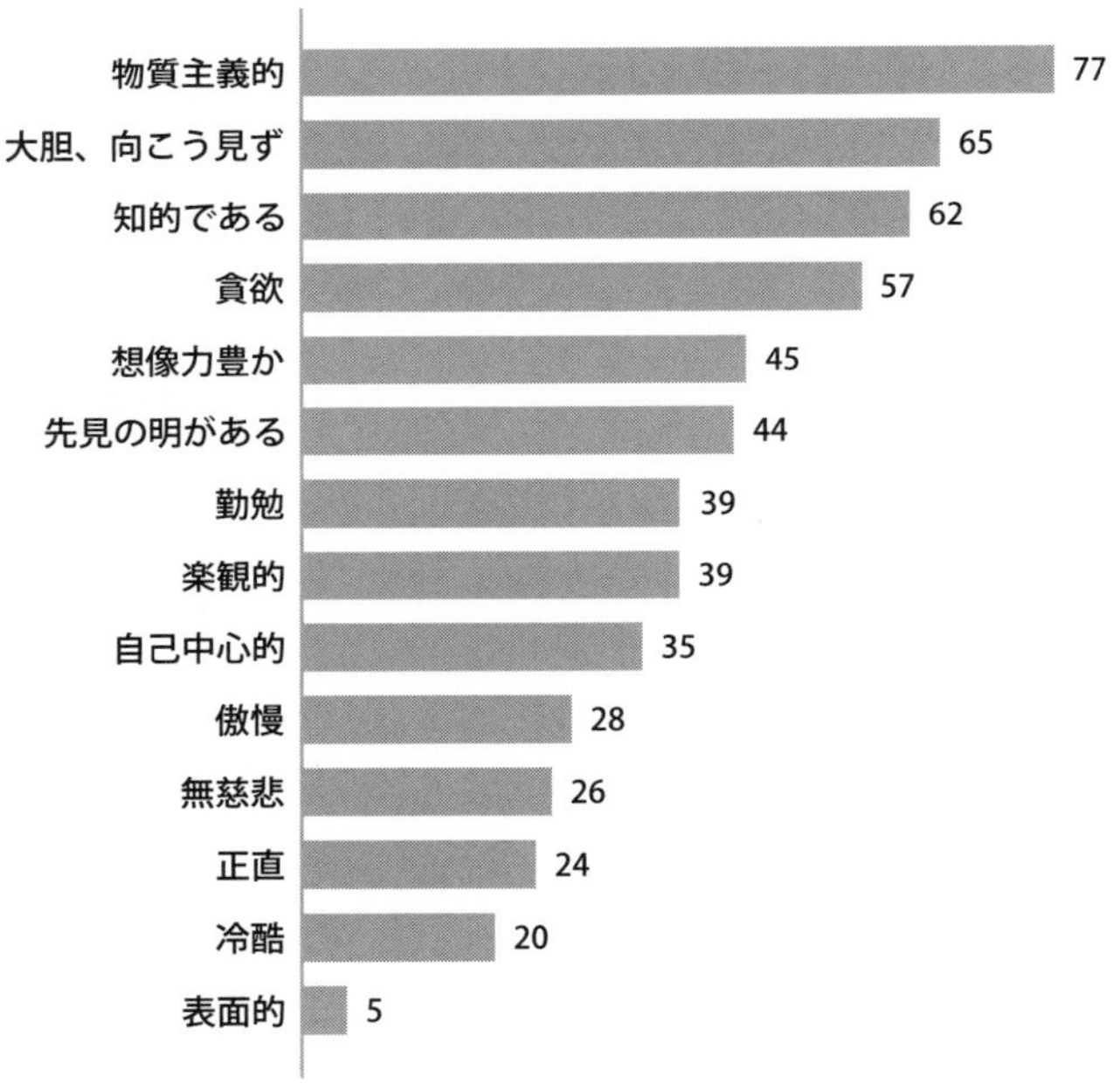

出典 Allensbach Institute 調査 8271

図 5
富裕層に起因する性格特性：日本
質問：「次のうち、富裕層に最も当てはまる可能性が高いのはどれですか？」

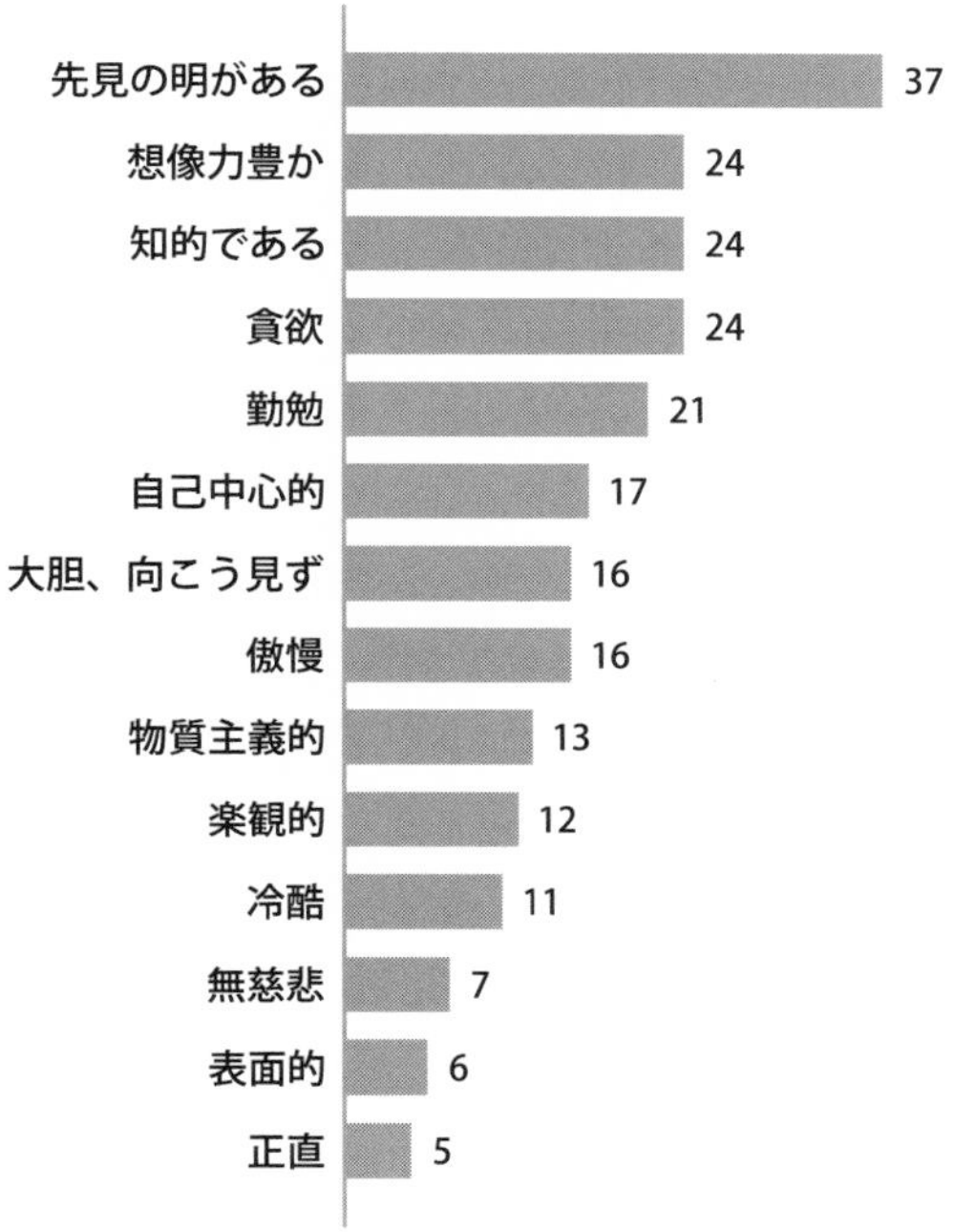

出典 Ipsos MORI 調査 J-21-041026-01

図６
富裕層に起因する性格特性：韓国

質問：「富裕層に最も当てはまる可能性が高いのはどれですか？」

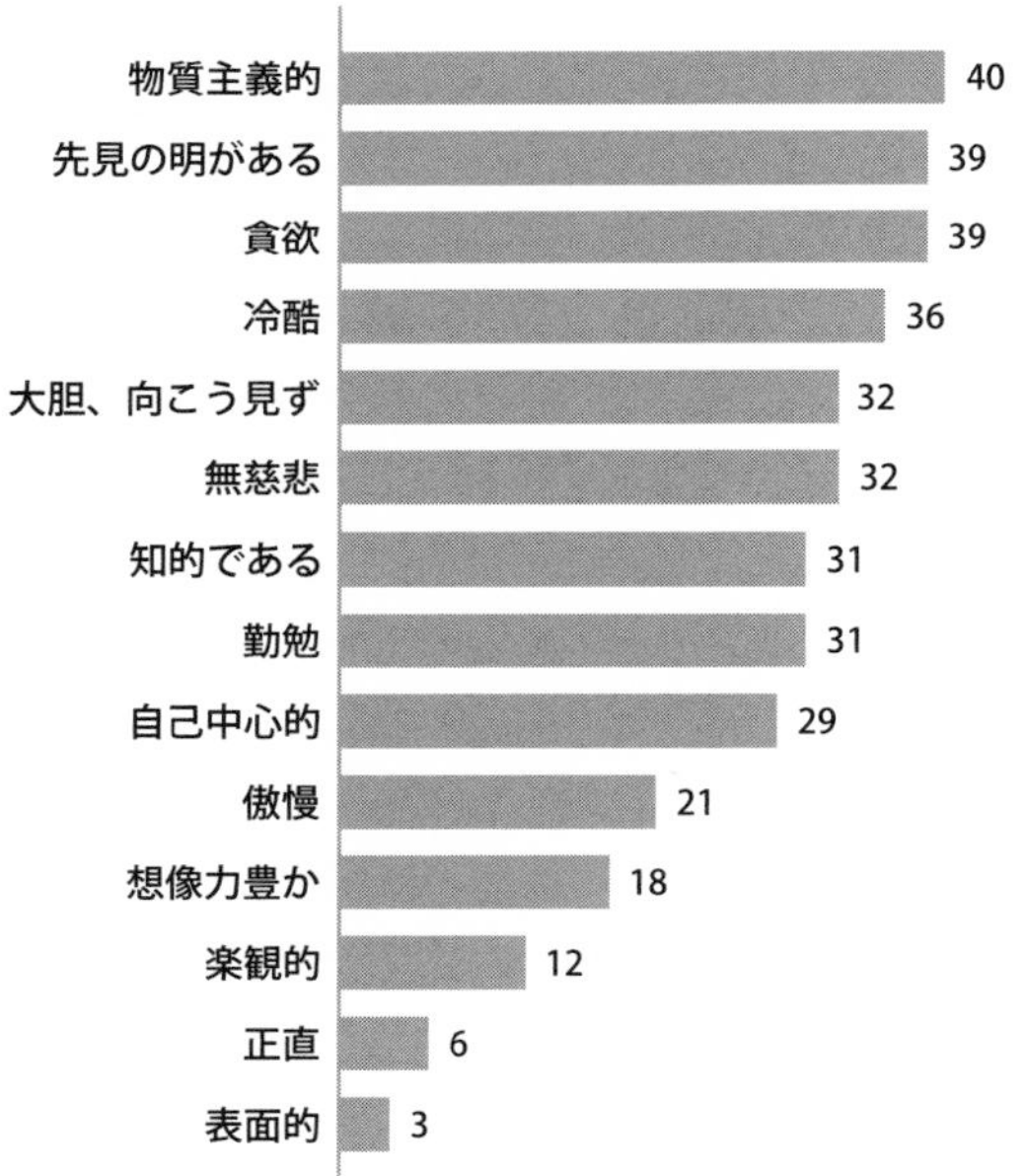

出典 Ipsos MORI 調査 J-21-041026-01

図7
富裕層に起因する性格特性：ベトナム
質問：「次のうち、富裕層に最も当てはまる可能性が高いのはどれですか？」

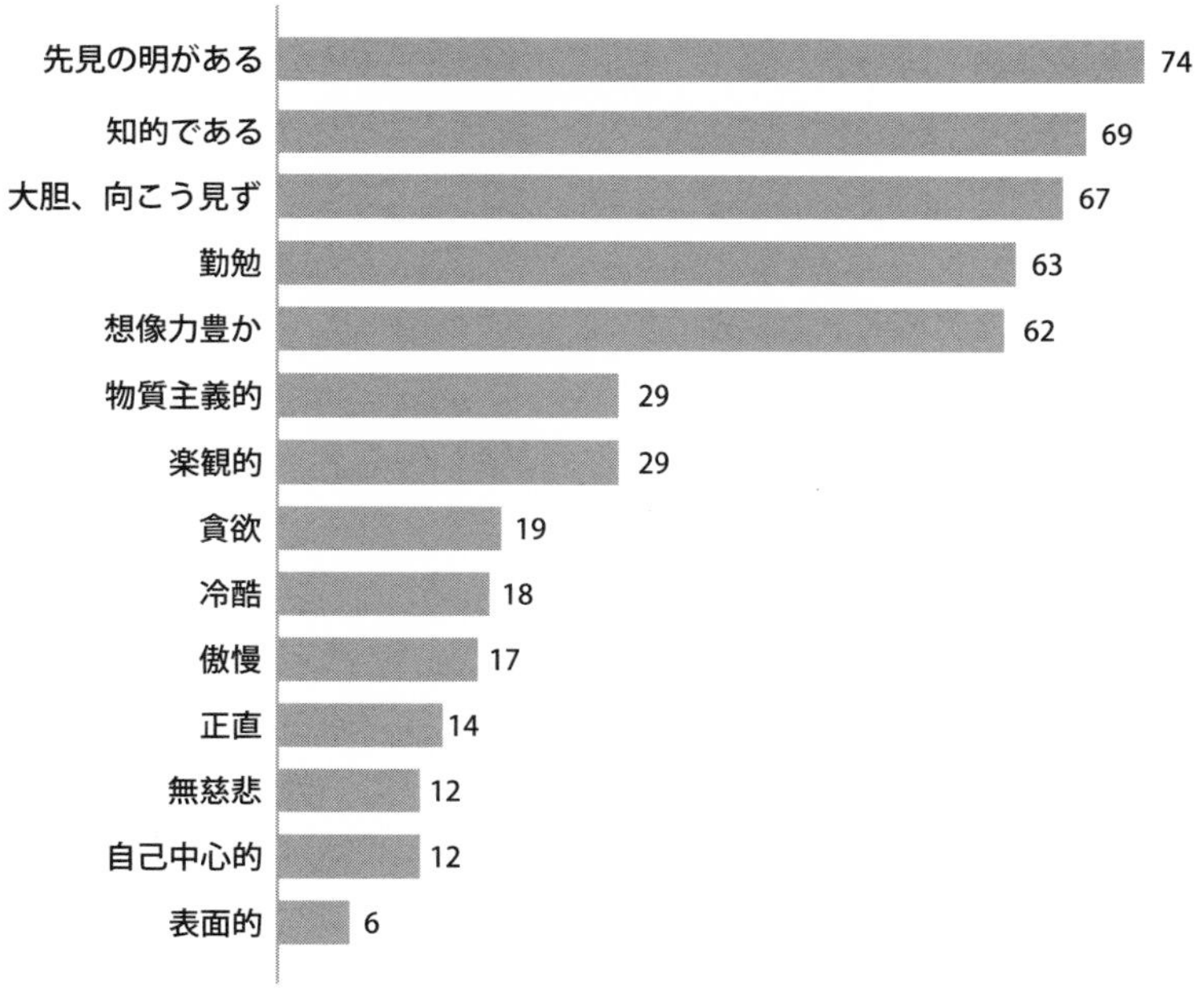

出典 Ipsos MORI 調査 J-21-041026-01

次に、各国の国民性をより直接的に比較するために、ポジティブな特徴（例：知的、勤勉など）とネガティブな特徴（例：自己中心的、貪欲など）の各国の平均割合を算出し、この2つの割合を割って人格特性係数（PTC）を算出することにした。特に、ベトナムの回答者が、富裕層の人格特性を評価するよう求められたとき、非常に肯定的であることが印象的である。ベトナムのPTCは0・3であり、11カ国の中で最も低い。日本（0・7）、中国（0・8）も比較的低い数値となっている。また、韓国のPTCは1・1であり、アメリカやスペインなどと同程度である（表1、図8）。

社会的嫉妬係数（SEC）と人格特性係数（PTC）を用いて、富裕層感情指標（RSI）を算出することができる。RSIの核心は、SECをPTCで補正したものである点にある。SECは最終的に社会的嫉妬尺度の3つの質問に基づいているため、性格特性項目のみに関連するPTCに対してSECは3重の重み付けがなされている。RSIは、日本とベトナムで0・4、

表1
人格特性係数（PTC）

質問：「次のうち、富裕層に最も当てはまる可能性が高いのはどれですか？」
PTC：7つの否定的な特性の平均値を7つの肯定的な特性の平均値で割った値

	日本	韓国	ベトナム	中国
否定的な特性の平均割合	13	27	16	35
肯定的な特性の平均割合	20	24	54	45
人格特性係数（PTC）	0.7	1.1	0.3	0.8

出典 Allensbach Institute 調査 8271、Ipsos MORI 調査 J-21-041026-01

図 8
人格特性係数（PTC）
質問：「富裕層に最も当てはまる可能性が高いのはどれですか？」
PTC：7 つの否定的な特性の平均値を 7 つの肯定的な特性の平均値で割った値

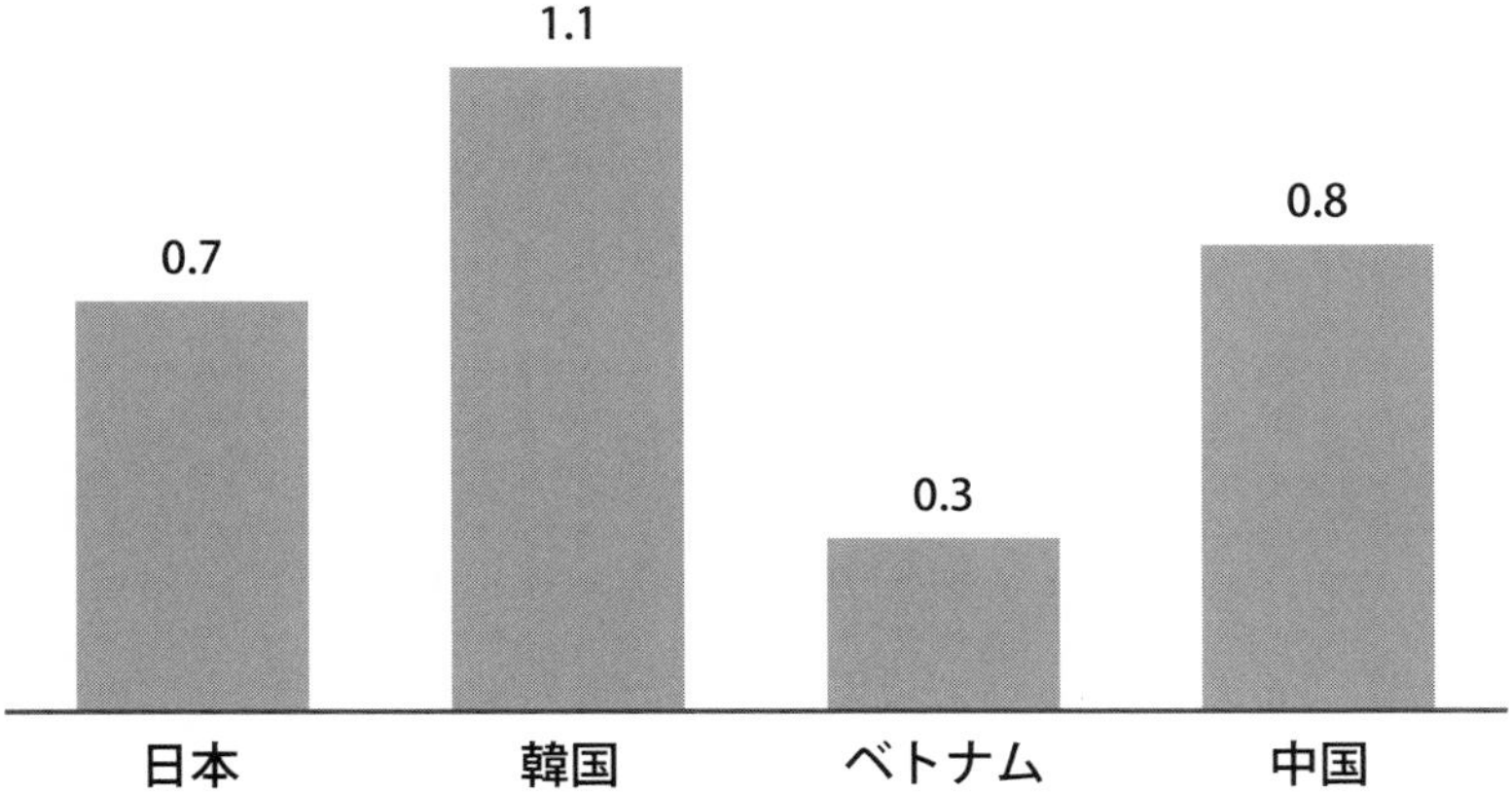

出典 Allensbach Institute 調査 8271、Ipsos MORI 調査 J-21-041026-01

表 2
富裕層感情指標（RSI）
社会的嫉妬係数（SEC）、人格特性係数（PTC）で調整。
RSI=(3SEC+1PTC) : 4
RSI が 1 より大きい：マイナス面がプラス面より多い。
RSI が 1 未満：プラス面がマイナス面より多い。

	日本	韓国	ベトナム	中国
SEC	0.25	0.33	0.43	0.93
PTC	0.7	1.1	0.3	0.8
RSI	0.4	0.5	0.4	0.9

出典 Allensbach Institute 調査 8271、Ipsos MORI 調査 J-21-041026-01

韓国で0・5と、イギリスを除く他の調査対象国よりも低く、同じく0・5であった。中国ではRSIが0・9と高く、ヨーロッパ6カ国とアメリカの平均と全く同じである（表2、図9）。

RSIは、どの国でも富裕層に対する一般的な態度の信頼できるスナップショットを提供する。例えば、日本、韓国、ベトナムの富裕層に対する意見は、アメリカやヨーロッパよりもはるかに肯定的であり、中国の富裕層は多くの西洋諸国とほぼ同じように見られていることがわかる。

図9

中国、日本、韓国、ベトナムの富裕層感情係数（RSI）

社会的嫉妬係数（SEC）、人格特性係数（PTC）で調整。

RSI=(3SEC+1PTC) : 4

RSIが1より大きい：マイナス面がプラス面より多い。RSIが1未満：プラス面がマイナス面より多い。

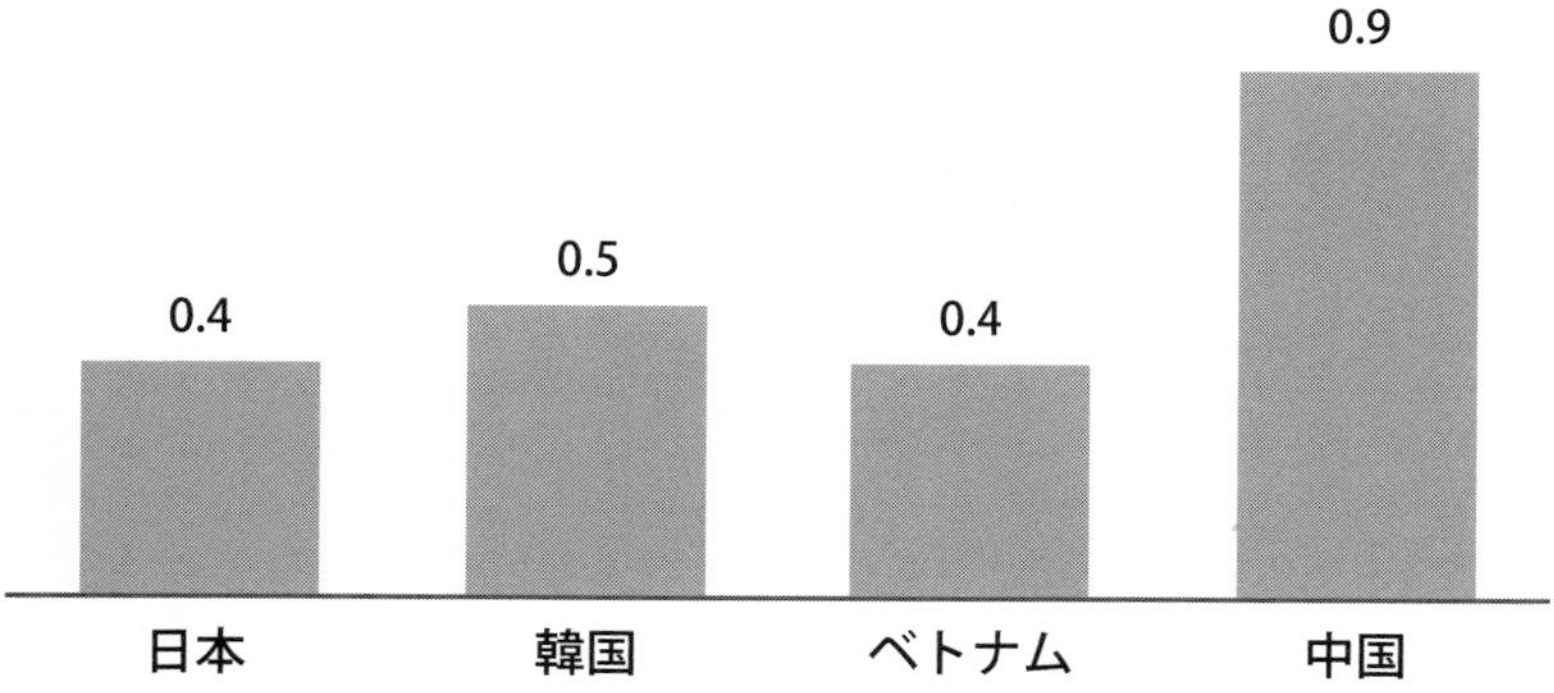

出典 Allensbach Institute 調査 8271、Ipsos MORI 調査 J-21-041026-01

所得、年齢、性別、学歴による違い

多くの国で、低所得者の方が超高所得者よりも社会的に妬ましいと思う傾向がある。これは中国でも同様で、10万元以下の世帯の個人は、30万元以上の世帯の個人（SECは0・27）よりもはるかに妬ましく思っている（SECは1・13）。

興味深いのは、日本ではこのような差が見られないことである。低所得者（300万円以下）でも0・25、高所得者（1000万円以上）でも0・26と、同じように高い。韓国では、低所得者、高所得者ともに社会的嫉妬は非常に低いが、実際には低所得者（0・31）の方が高所得者（0・41）よりも若干低くなっている。ベトナムでは、低所得者層（年収750万ドン以下）では0・27、2番目に低い所得者層（750万〜1100万ドン）では0・44、最高所得者層（2350万ドン以上）では0・35と、まちまちな状況であった。

欧米のいくつかの国、特にアメリカでは、若い人（30歳未満）と年配の人（60歳以上）の富裕層に対する感じ方に大きな違いがあることを見てきた。アメリカでは、若い人が年配者よりもはるかに富裕層に批判的であるが、イタリアではその逆である。

中国、日本、韓国、ベトナムでは、年齢層による差は特に大きくはない。中国の社会

図 10

中国、日本、韓国、ベトナムの若年層と高年層の回答者の社会的嫉妬係数

係数1以上：嫉妬を持つ人（社会的嫉妬尺度2～3点）が、嫉妬を持たない人（社会的羨望尺度0点）より多い場合。

係数1未満：嫉妬を持たない人が嫉妬を持つ人より多い

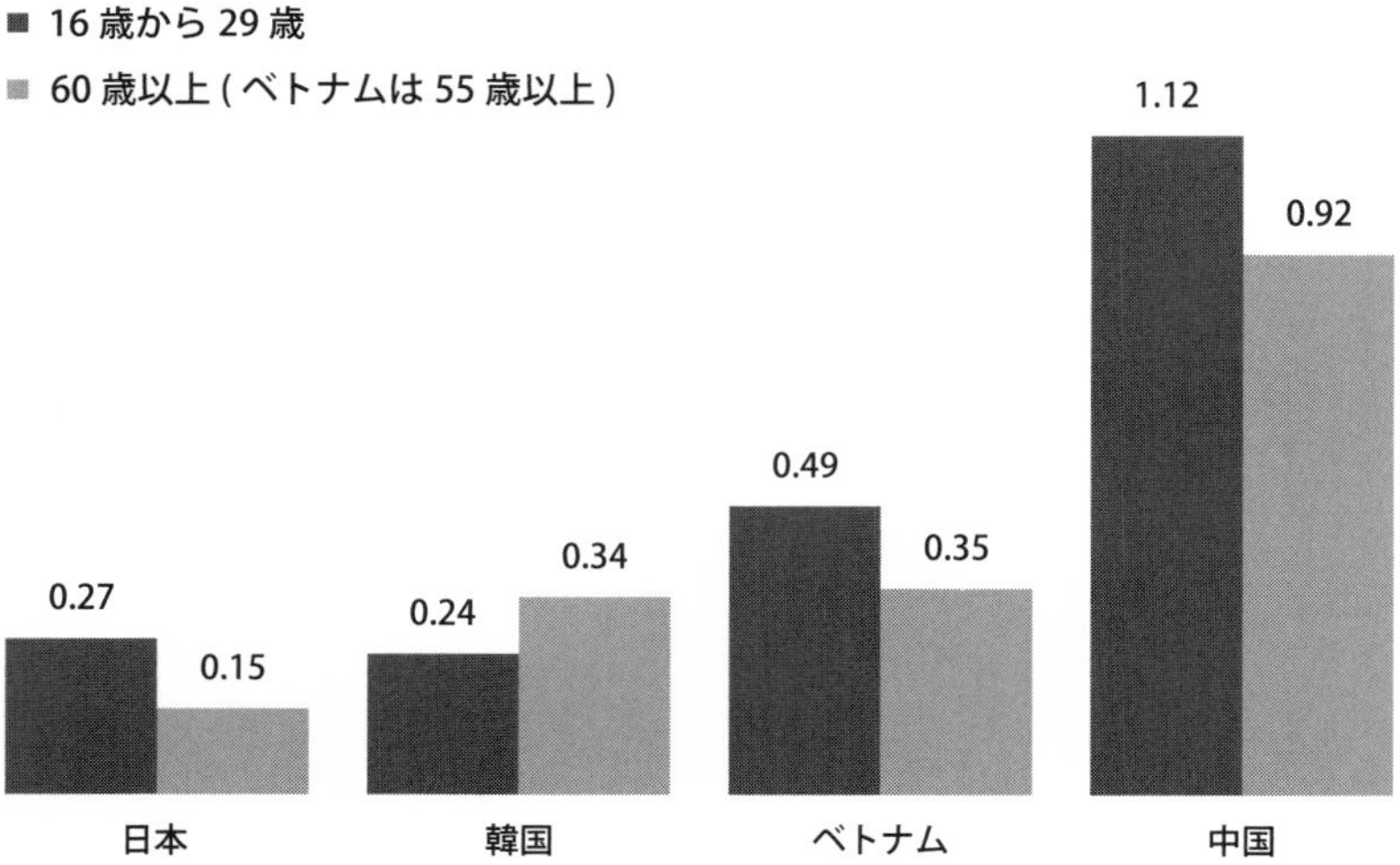

出典 Allensbach Institute 調査 8271、Ipsos MORI 調査 J-21-041026-01

的嫉妬係数は、30歳未満で1・12、60歳以上で0・92である。韓国では、30歳未満で0・24、60歳以上で0・34である。日本では、若い回答者のSECは0・27、高齢者のSECは0・15である。ベトナムは30歳未満のSECが0・49で、55歳以上のSECが0・35とやや高めである（図10）。

しかし、「富裕層になること」が個人的にどの程度重要であるかを、若年層と高齢者とで尋ねると、全く異なる問題が生じる。アメリカやヨーロッパ（スペインを除く）では、年配者よりも若い回答者の方が、富裕層になることが個人的に重要だと答える割合が高いことがわかった。日本でも、30歳以下では50％が「富裕層になりたい」と答えているが、60歳以上では37％にとどまっている。ベトナムでは、30歳以下の80％、55歳以上の65％が「富裕層になりたい」と回答しており、他の国と同じパターンで、より高い水準にある。一方、韓国では、その差はない。一方、韓国では、若年層の57％、高齢層の58％が「富裕層になることは重要である」と回答している。中国でも、30歳未満で51％、60歳以上で46％が「富裕層になることは重要である」と答えており、ほとんど差はない（図11）。

また、男女の違いについてはどうだろうか？これまで見てきたように、欧米では一般的に女性よりも男性の方が「富裕層になりたい」という願望が強い。中国や日本も同様であるが、韓国やベトナムはそうではない。韓国は、スペインを除けば、男女が同じ割合で富裕層になりたいと考えている唯一の国である。一方、ベトナムでは、男女比が逆転して

図 11
富裕層であることの主観的重要性（中国、日本、韓国、ベトナム）：
年齢別
質問：「富裕層であることは、あなたにとって個人的にどの程度重要ですか？」
回答：非常に重要である／かなり重要である

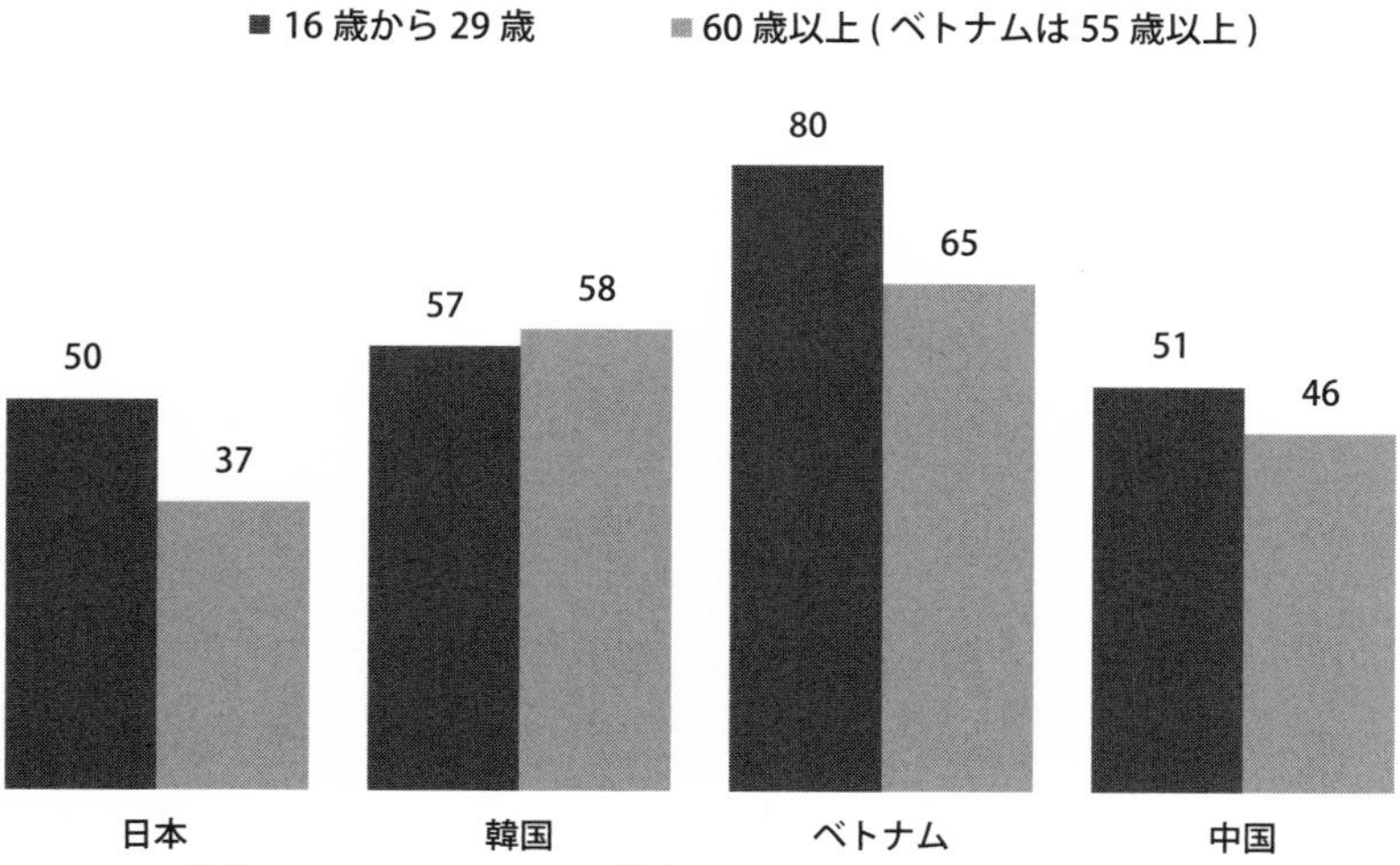

出典 Allensbach Institute 調査 8271、Ipsos MORI 調査 J-21-041026-01

いる。ベトナムでは、男性（72%）よりも女性（80%）の方が富裕層になりたいと考えている人が圧倒的に多い（図12）。

11カ国の社会的嫉妬の尺度について性別で分析すると、より異なった光景が浮かび上がってくる。今まで見てきたように、ドイツ、イタリア、フランスでは、女性の方が男性よりも嫉妬深いことがわかる。中国も同様に、女性は男性（SEC 0・88）よりやや嫉妬深い。（0・96）アメリカ、スペイン、イギリス、スウェーデンといった

図12
富裕層であることの主観的重要性 - 男女別11カ国分析
質問：「富裕層であることは、あなたにとって個人的にどの程度重要ですか？」
回答：非常に重要である／かなり重要である

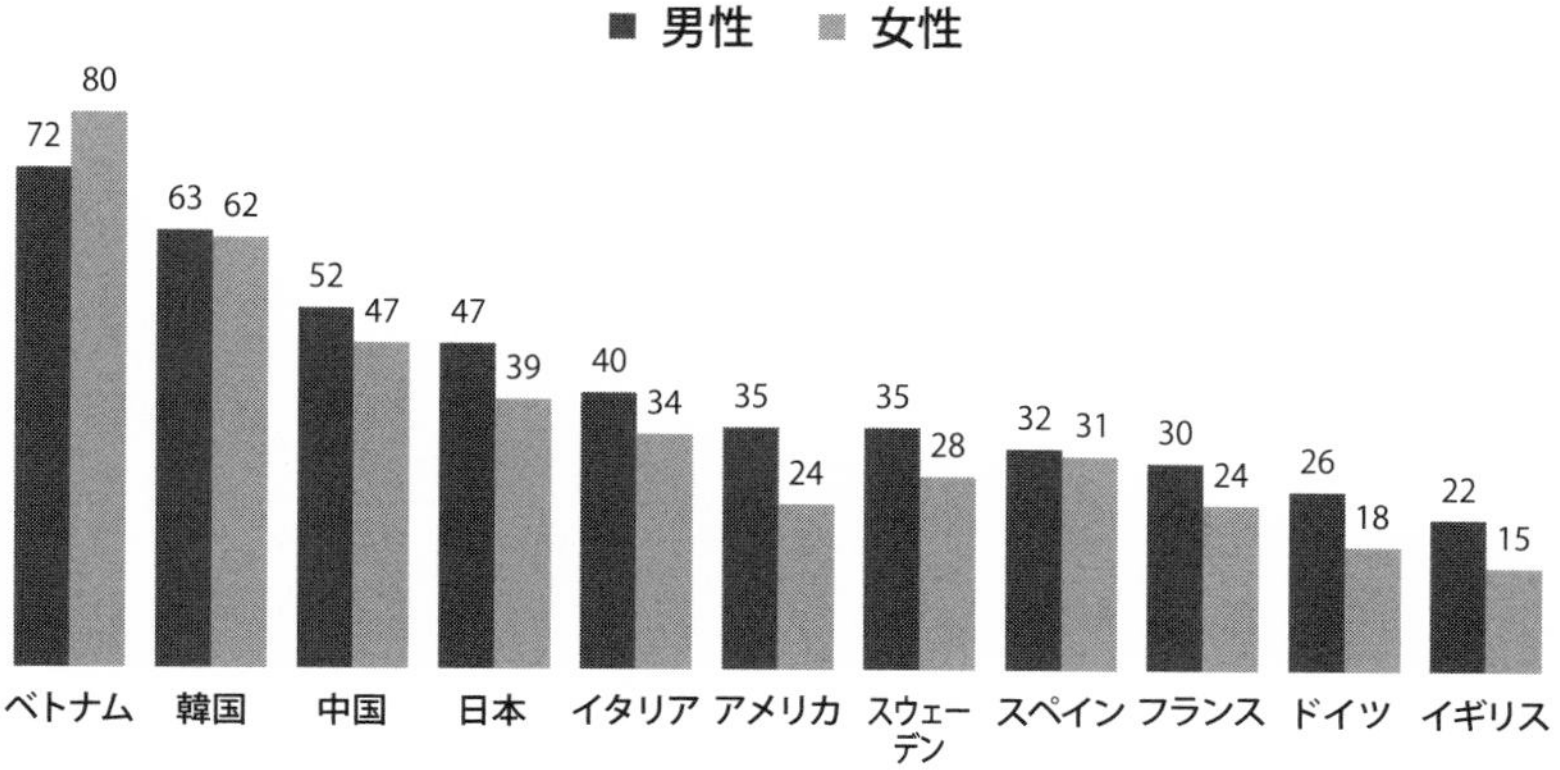

出典 Allensbach Institute 調査 11085、8271、Ipsos MORI 調査 J-18-031911-01-02、J-19-01009-29、J-19-01009-47、J-20-091774-05 and J-21-041026-01

SECが最も低い欧米4カ国では、男性の方が嫉妬深い。

韓国では、男女とも特に社会的嫉妬を抱いているというわけではないが、女性の嫉妬心は社会的嫉妬係数0・26と、男性（0・45）よりも低い。同様に、日本では、男女とも特に嫉妬深くないが、女性の嫉妬心は0・20と、男性（0・31）よりやや低い。また、ベトナムでは、男性（0・48）、女性（0・41）と同様に社会的な嫉妬が低い水準にある（図13）。

また、学歴と富裕層に対する意識に相関はあるのだろうか？すでに見たように、ドイツとフランスでは、社会的嫉妬は高学歴者よりも低学歴者の間で著しく顕著である。イタリア、スウェーデン、イギリスでは、その差はごくわずかである。アメリカでは、高学歴の回答者が低学歴の回答者よりも有意に社会的嫉妬を抱く傾向があることが印象的である。

日本では、低学歴者は高学歴者（0・30）よりも若干嫉妬深い程度（0・19）であるが、日本人はどの教育レベルであっても、日本社会における社会的嫉妬の役割は非常に小さい。ベトナムでも、低学歴者、高学歴者ともに社会的嫉妬は同様に低い水準にあるが、0・38と日本と同様に低学歴者の方が高学歴者（0・49）よりも若干低い。一方、中国では、学歴による差が大きいことがわかる。中国の低学歴者はSECが1・2であり、高学歴者のSECが0・64であり、低学歴者は高学歴者に比べて、有意に嫉妬深いと言える。

韓国については、サンプルに含まれる低学歴者の数が少なすぎたため、信頼できるデー

図 13
中国、日本、韓国、ベトナムにおける社会的嫉妬係数 - 男女別分析

係数 1 以上：嫉妬を持つ人（社会的嫉妬尺度 2 ～ 3 点）が、嫉妬を持たない人（社会的嫉妬尺度 0 点）より多い場合。
係数 1 未満：嫉妬を持たない人が嫉妬を持つ人より多い

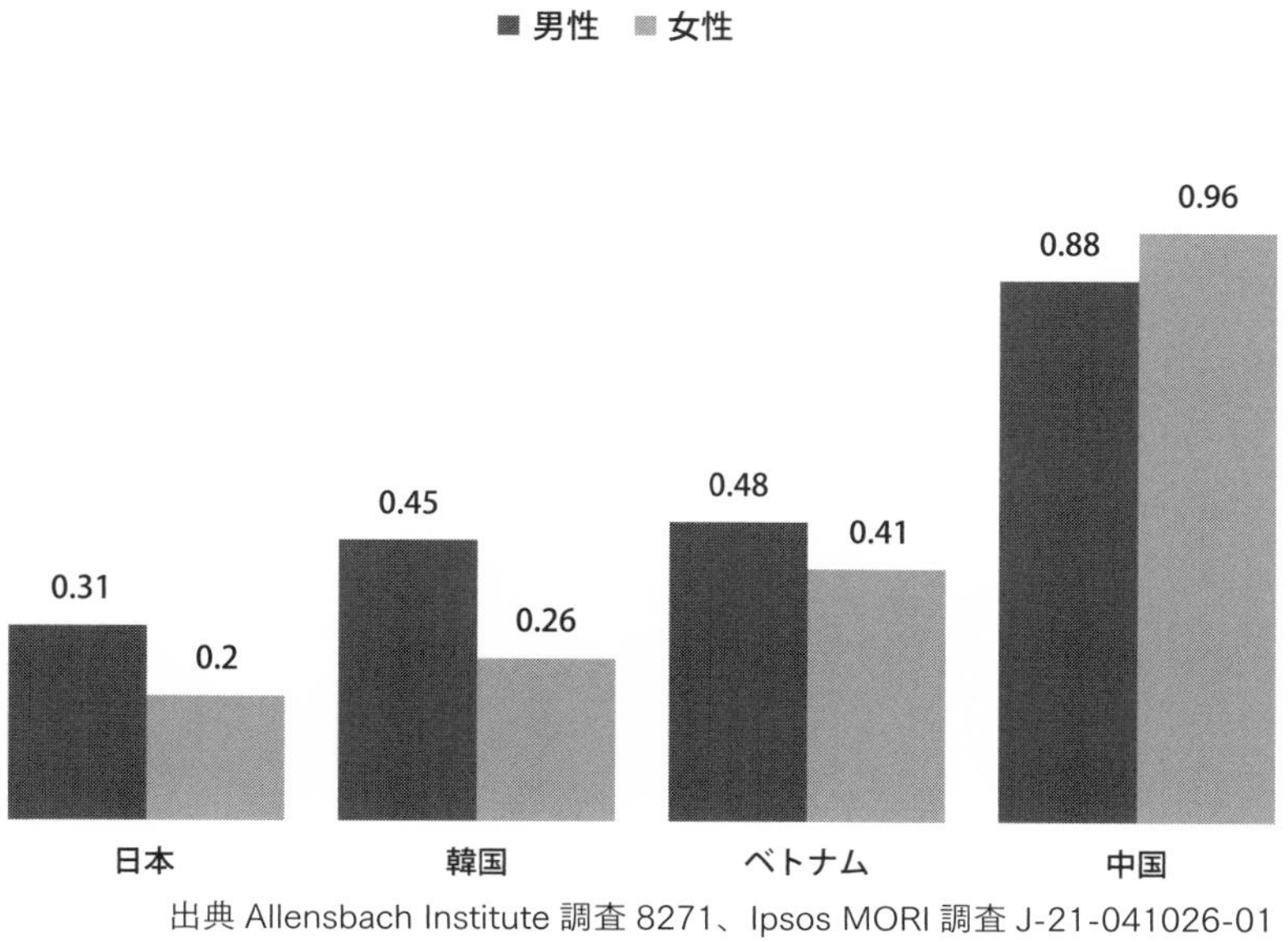

出典 Allensbach Institute 調査 8271、Ipsos MORI 調査 J-21-041026-01

タを得ることができなかった。韓国の大卒（修士・博士も含む）の場合、係数は0・36であり、人口全体の平均と同じである。

富裕層になる価値のある人―ない人

これまでの多くの調査では、富裕層に対する意識は一律に質問されてきた。しかし、例えば、起業家として富を築いたのか、それとも相続したのか。高給取りのエリートアスリートなのか、宝くじ当選者なのか、不動産投資家なのかといった富裕層になったきっかけによって、富裕層に対するイメージは大きく異なる。また、回答者の意識をより詳しく知るために、7カ国すべてで次のような質問をした。〝あなたが個人的に富裕層にふさわしいと思うのは、次のうち、どのグループの人たちですか？〟

アジアでの結果を見る前に、欧米での結果を振り返りたい。調査対象となったすべてのヨーロッパ諸国と米国では、起業家と自営業者が富裕層になることに最も値すると考えられており、俳優や音楽家などのクリエイティブな人々やアーティスト、トップアスリート、宝くじの当選者などがそれに続いている。

11カ国すべてで、銀行員が最も疎ましく思われているグループに入っている。ただし、中国だけは例外で、銀行員が最も多く、次いで起業家となっている。

韓国と日本では、起業家が上位を占め、銀行員が下位を占めるなど、多くの点で欧米と

図 14
富裕層になる資格があるのは誰か？ - 4か国分析
質問：「あなたが個人的に富裕層にふさわしいと思うのは、次のうち、どのグループの人たちですか？」

中国

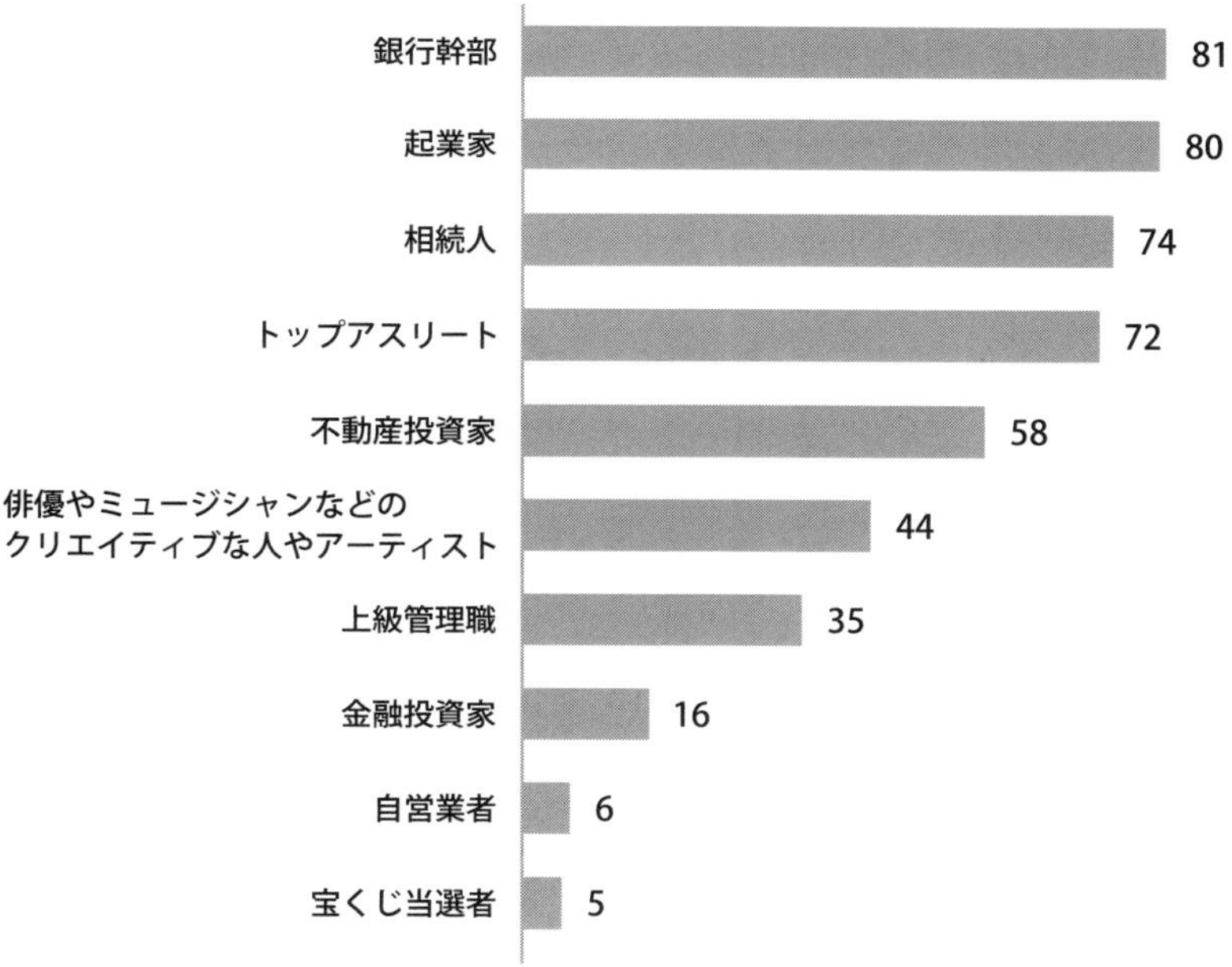

出典 Allensbach Institute 調査 8271

同じ順位になっている。日本の回答者は、他のどの国の回答者よりも、相続人が富裕層になるのが当然だと感じていないのが印象的だ。また、ベトナムでは、全く異なるパターンが見られる。ベトナムにおいては、起業家の順位が高い（2位）ものの、金融投資家、不動産投資家、上級管理職の順位が異常に高いのである。自営業者の順位が低いのは、ベトナムの回答者が「自営業」という言葉から連想するものが、アメリカやヨーロッパなどの回答者と大きく異な

韓国

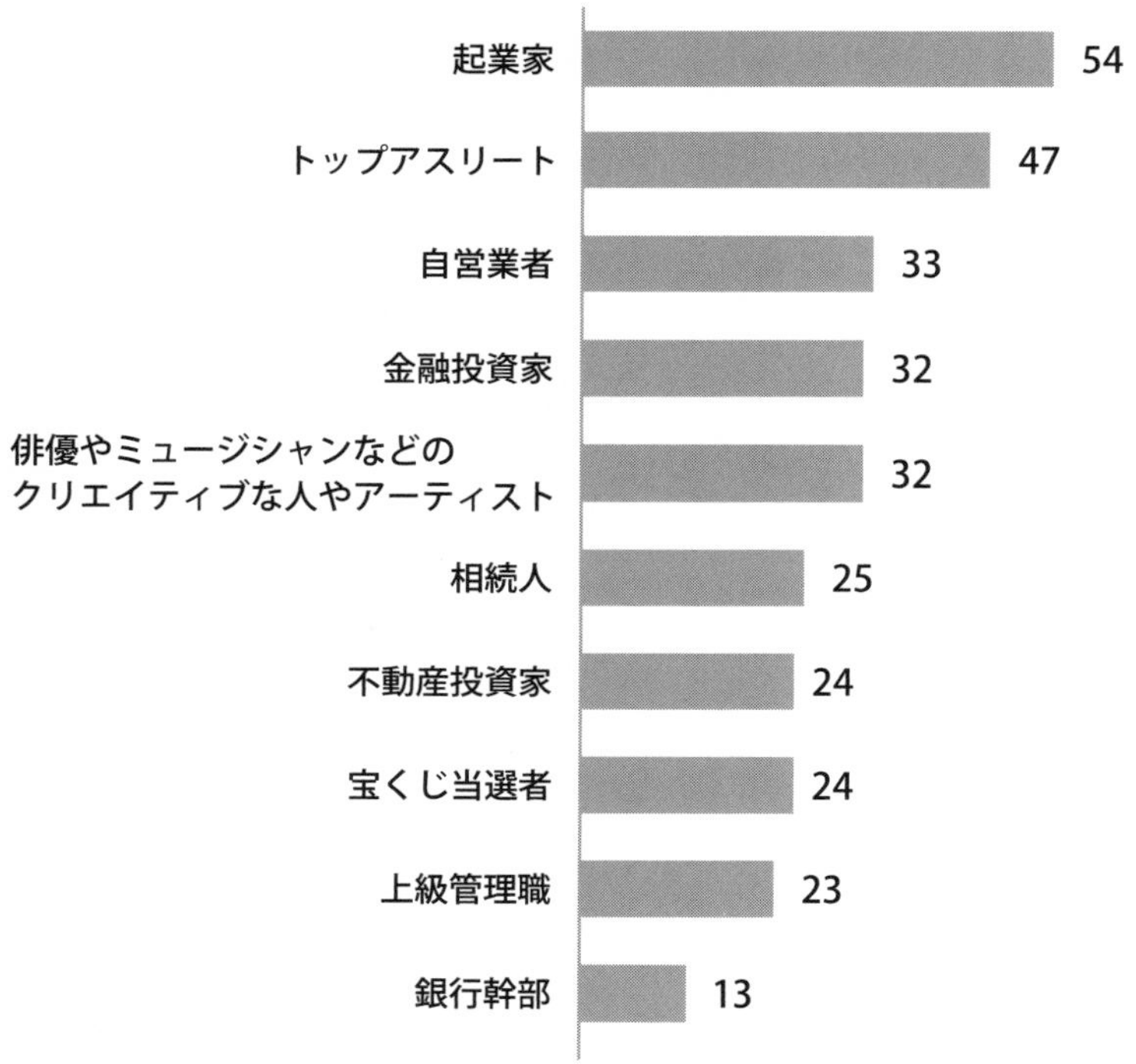

るためと思われる（図14）。

日本

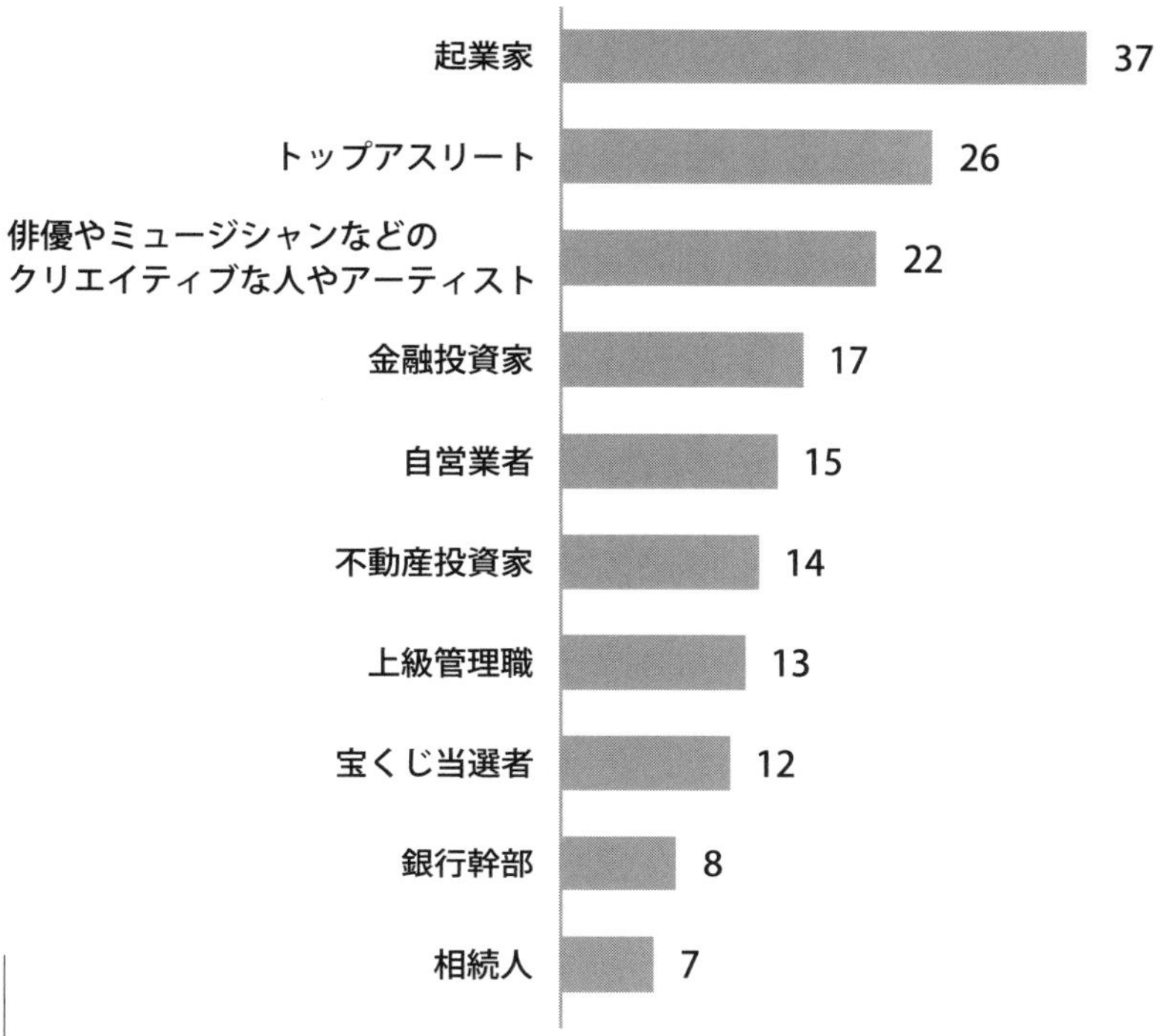

ベトナム

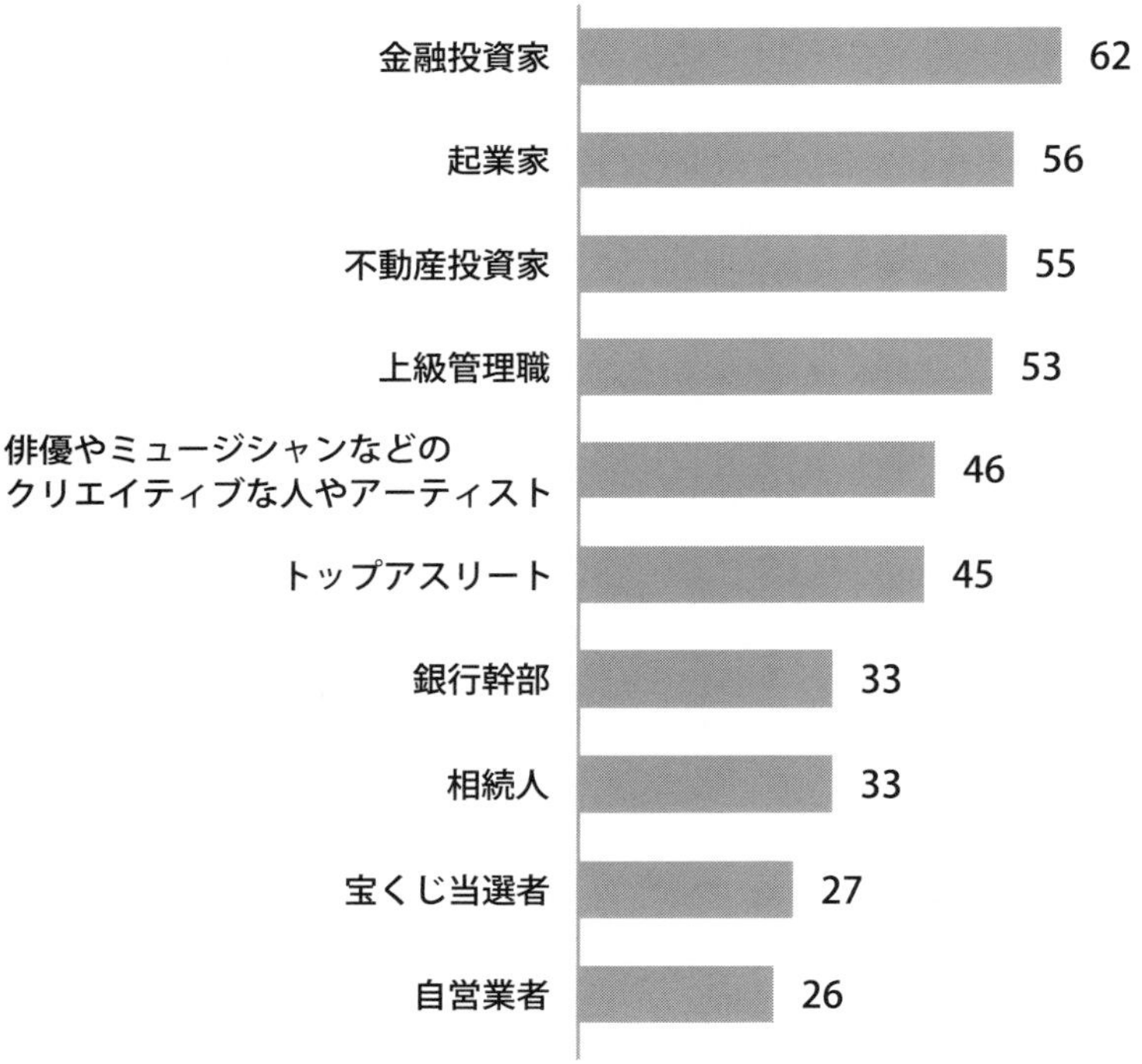

出典 Ipsos MORI 調査 J-21-041026-01

「正直」・・富裕層に対する一般的・個人的認識

それぞれの国の全人口を対象に「富裕層についてどう思うか」を聞いた後、個人的に少なくとも一人の富裕層を知っている回答者に追加の質問をした。韓国では純資産が10億ウォン以上、日本では純資産が2億円以上、中国では純資産が200万元、ベトナムでは純資産が100億ドン以上の人を「富裕層」と定義した。欧米では100万ユーロ／ドル、スウェーデンでは1000万クローナ以上を富裕層と定義している。

「個人的に富裕層を知っている」と答えた人は、日本ではわずか17%、中国では37%、韓国では43%である。一方、ベトナムでは69パーセントと異常に高い。[401]

この補足質問をしたヨーロッパの4カ国では、富裕層の性格特性についての判断は、個人的に知っている富裕層についての判断よりも、全体としてははるかに肯定的でなかったことを、読者の皆さんは覚えているはずだ。この傾向は、日本、ベトナム、韓国でも同様であったが、すべての人格特性について当てはまるわけではなかった。

一方、中国では、結果は複雑である。少なくとも一人の富裕層を知っている回答者は、自分がよく知っている富裕層は正直であると答える傾向が著しく強く、貪欲であると答える傾向は弱い。一方、これとは逆に、富裕層を知る中国人は、その富裕層が知的であると答える人が、国民全体よりもかなり少なくなっている。

▼401　ベトナムのこの高い比率は、最初はデータ収集の誤りだと考え、2回に分けて調査を繰り返した。結果的に最初の調査結果を確認することができた。

道徳的な観点からは、「正直」は特に重要な人格特性である。このような「道徳」価値は、いわゆる「能力」価値（勤勉さや知性など）よりも、人や社会集団の全体的な評価を形成する上で著しく重要であることが、心理学の研究からわかっている。

全14個の性格特性のうち、「正直」は調査対象国のほとんどで最も選択率が低い特性であった。その分布はイタリアとスペインの1%からアメリカの8%に及んでいる。日本では、「正直」の回答は5%であり、韓国では6%と2番目に少ない回答者であった（「表面的」だけが3%と少ない回答者だった）。ベトナムでは14%、中国では24%の回答者が富裕層を正直者だと回答し、他の国より多かったが、やはり14項目中、それぞれ11位と12位にとどまった。

しかし、個人的に1人以上の富裕層を知っている回答者のサブグループに補足質問をした国々では、「正直」という特性の帰属に大きなばらつきが見られることが印象的であった。実際に1人以上の富裕層を知っている回答者は、自分が最もよく知っている富裕層を正直だと表現する傾向が、全体よりもはるかに高い（図15）。

これは、偏見に関する研究分野の科学者が他の社会的マイノリティとの関連ですでに確認していることである。マイノリティグループを身近で個人的に経験している人は、メディアによってのみ認識を形成されている人よりも、そのグループに対してポジティブな態度をとる可能性が高いのだ。今回の調査が示すように、マイノリティである富裕層に対するイメージもまた同様である。

図 15
富裕層は正直か？ 8 か国の結果
質問：「次のうち、富裕層に最も当てはまる可能性が高いのはどれですか？」
個人的に少なくとも 1 人の富裕層を知っている回答者への補足質問です。
「あなたが最もよく知っている富裕層に当てはまるものはどれですか？」

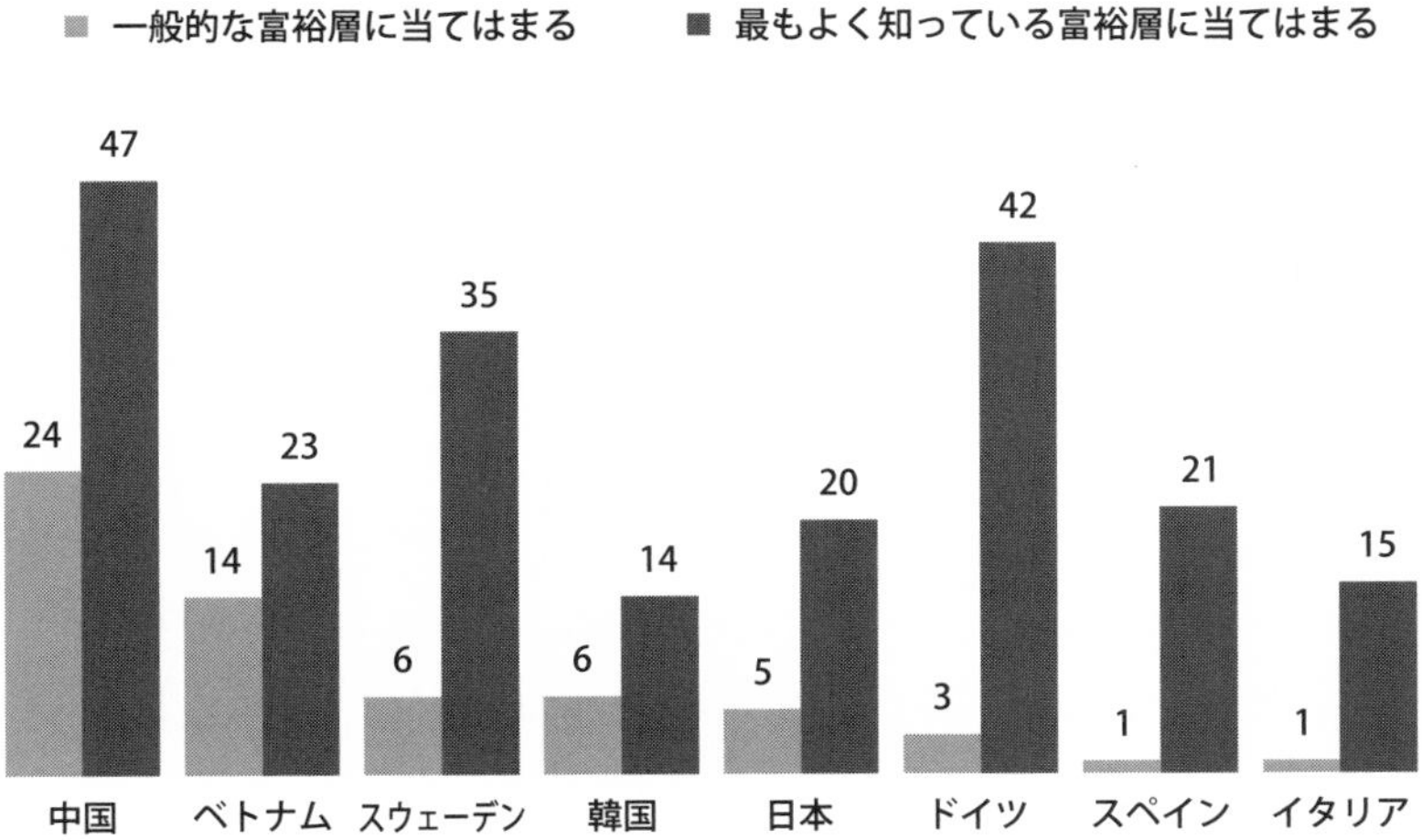

出典 Allensbacher 調査 11085、8271、Ipsos MORI 調査 J-18-031911-01-02、J-19-01009-29、J-19-01009-47、J-20-091774-05、J-21-041026-01

税金について

回答者の多くは、富裕層は貧困層や平均的な所得者よりも高い税率を支払うべきであるということに同意しており、調査対象国の税制はすべてそのように設計されている。しかし、どの程度の税率が必要かという点については、意見が分かれるところである。スウェーデンを除くヨーロッパ諸国とアメリカでは、「富裕層は高い税金を払うだけでなく、非常に高い税金を払うべきだ」と答えた人の数が、「富裕層に非常に高い税金を払うことに反対する」人の数を上回った。その差は非常に大きい場合もあった。たとえばフランスでは、53％の人が「富裕層は非常に高い税金を払うべきだ」と答え、「あまり高くすべきでない」と答えた人はわずか19％であった。

ベトナムは、富を尊ぶアジア諸国と、富を軽んじるヨーロッパ諸国との違いを顕著に示している。例えば、ベトナムでは、フランスとは正反対の結果が得られた。63％のベトナム人が「富裕層への課税は高くすべきだが、それほど高くすべきでない」と答え、「富裕層への課税を非常に高くすべき」と答えたのはわずか21％であった。

日本でも、「あまり高くない方がよい」が「非常に高い方がよい」を上回ったが、わずかな差であった。32％の日本人が富裕層に対する非常に高い税金に反対する中、30％の日本人が非常に高い税金に賛成しており、わずかに反対が上回った結果となった。したがって日本では引き分けというべきだろう。一方、韓国と中国では、この質問に対する傾向は多くの欧米諸国と同じである。韓国では45％、中国では58％が非常に高い税制に賛成しており、「富裕層に過剰な課税をすべきでない」と答えたのは、韓国で30％、中国で37％にすぎない（図16）。

図16
富裕層への超高税率？中国、日本、韓国、ベトナムの回答の分析
質問：「次の記述のうち、全体として最もあなたが同意するものはどれですか？」

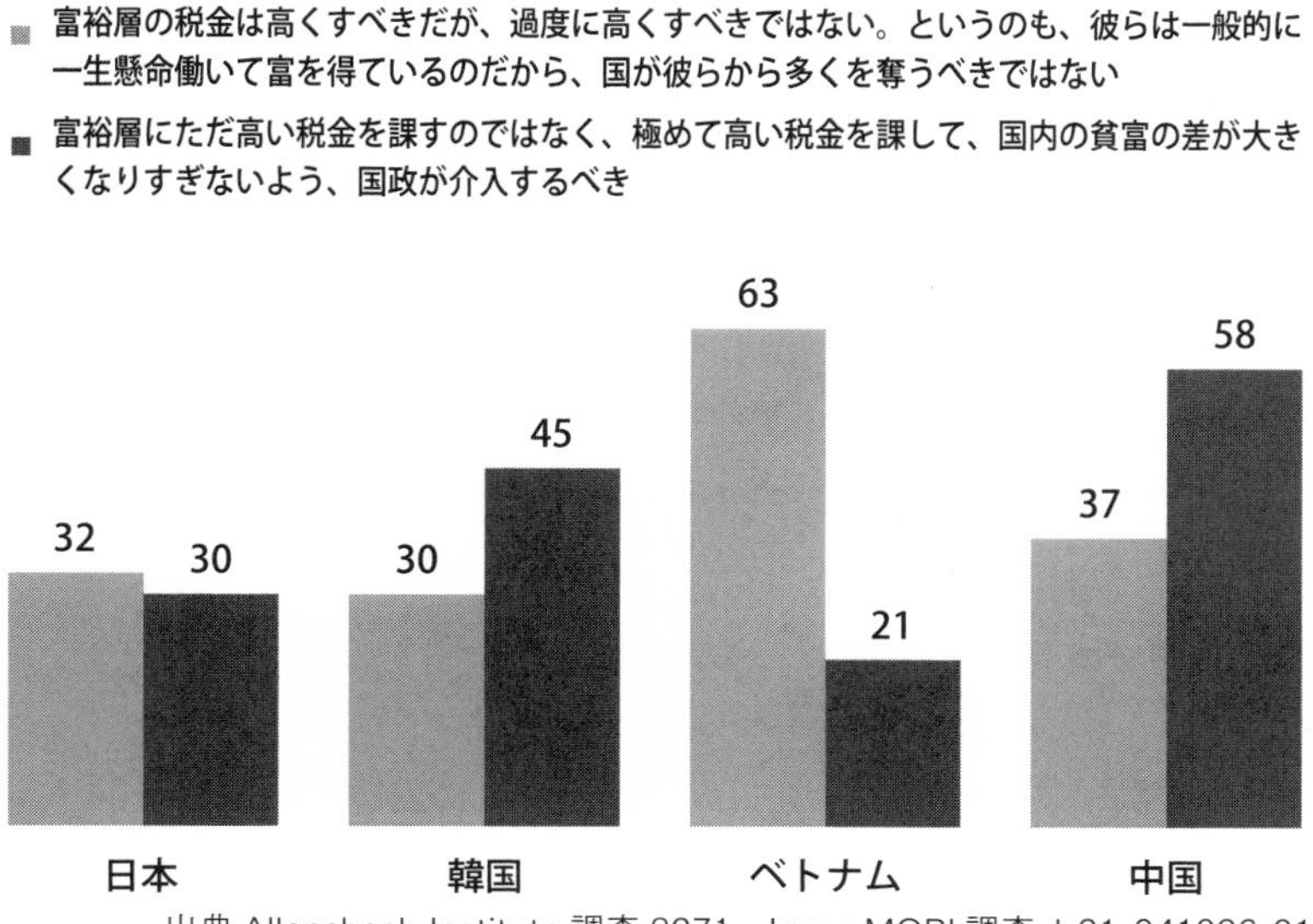

富裕層の税金は高くすべきだが、過度に高くすべきではない。というのも、彼らは一般的に一生懸命働いて富を得ているのだから、国が彼らから多くを奪うべきではない
富裕層にただ高い税金を課すのではなく、極めて高い税金を課して、国内の貧富の差が大きくなりすぎないよう、国政が介入するべき
32
30
30
45
63
21
37
58
日本
韓国
ベトナム
中国

出典 Allensbach Institute 調査 8271、Ipsos MORI 調査 J-21-041026-01

経営者の給与

回答者の富裕層に対する態度は、個人の収入を決定する重要な要素に関する思い込みに強く影響される。この効果は、回答者がマネジャーの給料について述べた意見にも表れている。経営者の給与水準は、多くの人が考えるように、その人の労働時間によって決まるのではなく、一流の経営者人材の市場における需要と供給によって決まるのである。しかし、欧米ではこの関連性を認識していない人がほとんどである。全11カ国において、従業員の100倍以上の収入を得る経営者について、以下の記述に同意するかどうかを尋ねた。

発言A：「経営層は、従業員と比べてそれほど長くハードに働くわけではないのだから、そんなに多くの収入を得ることは不適切だと思う」

発言B：「優秀な経営層を採用し、雇用を維持するためには企業はこのような給与を支払う必要がある。そうでなければ、より高い給与を提示する企業に人材が流出するか、自営への転向につながる」

発言Aは、給与は最終的にはその人がどれだけ一生懸命、長く働くかによって決まる、あるいは決まるべきであり、非常に高い給与、つまり努力に直接比例しない給与は「不公平」であることを暗に示している。一方、発言Bは、一流の経営層の市場における需要と供給が経営層の給与の主な決定要因であると仮定している（図17）。

すでに見たように、すべてのヨーロッパ諸国と米国では、個人の給与を決定する上でより長く、より熱心に働くことが決定的な役割を果たすべきであることを意味する発言Aに、大多数の回答者が同意している。

日本では状況が異なり、「経営者はそれほど長く一生懸命働かないので、従業員の100倍もの報酬を得ることは不適切だ」と答えた人は13％にとどまった。一方、「企業はこの程度の給与を支払ってこそ、優秀な経営者を雇用・確保できる」という意見には18％が賛成している（比較対象：ドイツ63％、フランス46％、米国39％）。

韓国では、日本と似たような状況になっている。経営者はそれほど長く、熱心に働くわけではないので、従業員の100倍もの給与を得ることは不適切だと答えた人は13％に過ぎなかった。一方、「この程度の給与でなければ、企業は優秀な経営者を雇用・維持できない」という意見には、29％もの人が同意している。

ベトナムでも、この質問で最も顕著に差が出た。経営者はそれほど長く、熱心に働くわけではないので、従業員の100倍もの収入を得るのは不適切だと答えたベトナム人はわずか14％であった。一方、ベトナム人の45％は、「企業はこのような給与を支払ってこ

図 17
中国、日本、韓国、ベトナムにおける経営者の高給に関する意識調査

質問：「ここでは、従業員の100倍の収入を得ている経営層に見られる収入差について、いくつかの記述を紹介します。以下のうち、あなたが同意する文はどれですか？」

選択された回答

■ **優秀な経営層を採用し、雇用を維持するためには企業はこのような給与を支払う必要がある。そうでなければ、より高い給与を提示する企業に人材が流出するか、自営への転向につながる**

■ **経営層は、従業員と比べてそれほど長くハードに働くわけではないのだから、そんなに多くの収入を得ることは不適切だと思う**

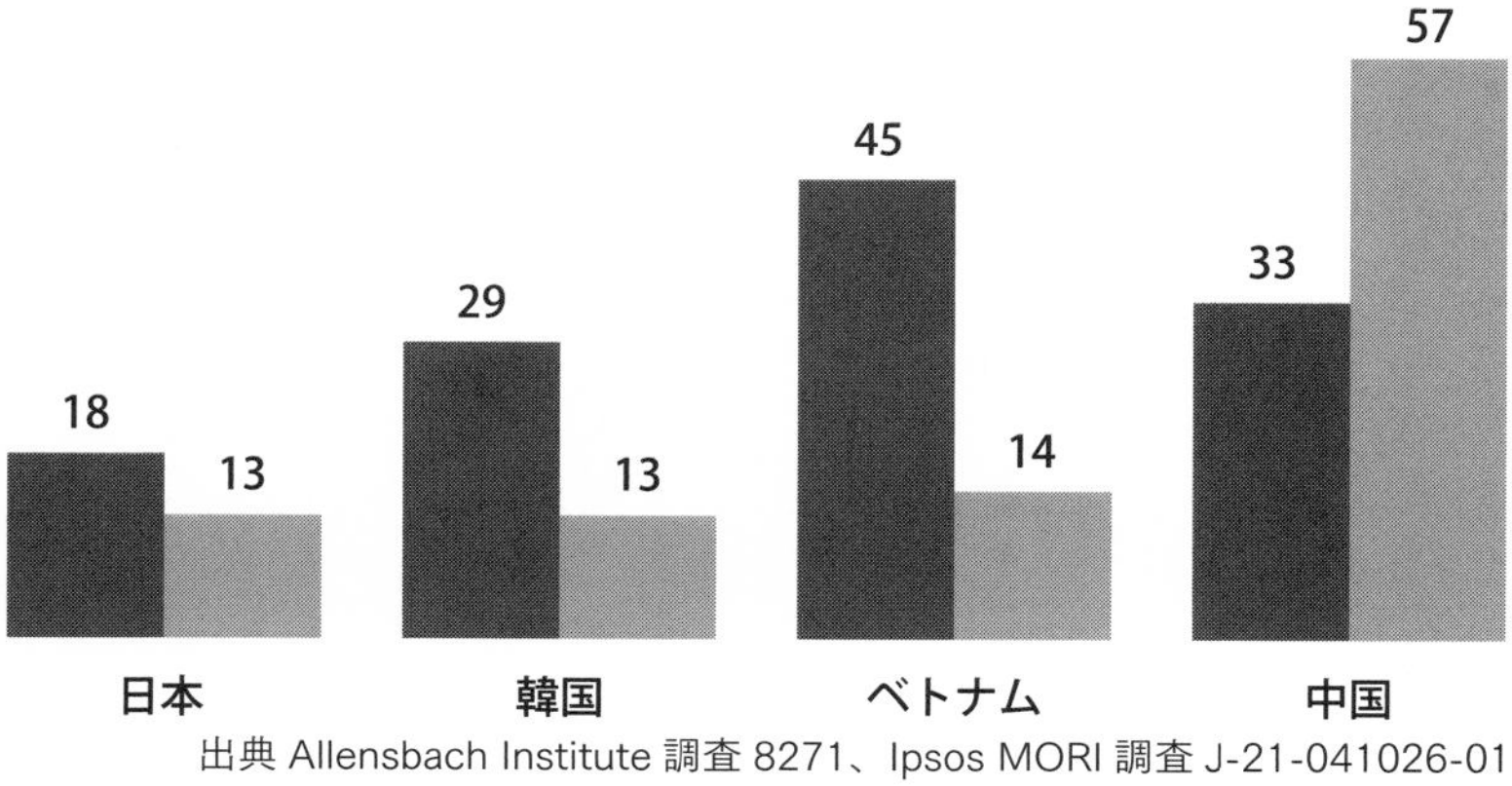

出典 Allensbach Institute 調査 8271、Ipsos MORI 調査 J-21-041026-01

そ、優秀な経営者を雇用し、維持できる」という意見に賛成している。

この調査でも、他の多くの質問と同様に、中国の回答者はヨーロッパやアメリカの回答者と同様の回答をしている。57%の中国人が、経営者はそれほど長く、熱心に働かないので、従業員の100倍もの収入を得るのは不適切だと答えた。一方、「この程度の給与でなければ、企業は優秀な経営者を採用・維持できない」という意見には、中国の回答者の33%しか賛成していない。

要約するとまた、「富裕層でありたい」「富裕層になりたい」という願望は、欧米よりもアジア諸国の方がはるかに顕著である。この点について、調査対象のアジア3カ国+中国では、平均58%の回答者が同意の意思表示をしたのに対し、欧米では28%であった。この点が、アジアと欧米の間で最も顕著な違いである。この点については、さまざまな要因が考えられる。多くのヨーロッパ諸国に比べて、アジア諸国では伝統的に富がより重要な役割を果たし、より肯定的な連想がなされている。また、中国やベトナムのような国では、当然ながら追いついていく必要があり、そこにいる人々は、満腹感の強いヨーロッパ人よりも「ハングリー」である。富裕層になりたいという願望は、これらの国々における経済的進歩の重要な原動力となっている。

日本、韓国、ベトナムでは、欧米に比べて社会的嫉妬の度合いが低いことが確認された。一方、中国では、他のアジア3カ国に比べ、社会的嫉妬が著しく、ドイツとほぼ同レベルである。

日本、韓国、ベトナムの富裕層に対する意識は、欧米に比べてはるかに好意的ということが、今回収集したすべてのデータから確信できた。富裕層に対する総合的な意識を示す富裕層感情指標ＲＳＩは、欧米では平均０・９であるのに対し、日本、韓国、ベトナムでは０・４にとどまっている。一方、中国では０・９と欧米諸国の平均に匹敵する。

第11章　ハリウッド映画の中の富裕層

11カ国での調査を補完するために、メディア、特に映画の中で富裕層がどのように描かれているかについても調査した。本章では、ハリウッド映画で富裕層がどのように描かれているかを分析した結果を紹介する。こうしたグローバルメディアの影響を調べるために、チーム[402]は、人気映画における富裕層のキャラクターの描写を分析するための基準を作成した。まず、彼らは過去28年の各年において、世界で売上高上位の長編映画20本を特定した[403]。1990年から2017年まで、これは560作品に相当する。どの大ヒット作が実際に多くの観客に見られたかを判断するための信頼できる数値がないため、興行収入に基づいて分析した。ほとんどの場合、高い興行収入は高い観客数に対応すると思われる。このランキングは、その年に公開された作品のみを対象としており、インフレや人口増加などの要素は含まないこととする。

43作品の分析

合計560本の映画は、いくつかの系統的なステップを経て除外した。アニメーション、ドキュメンタリー、ファンタジー、ホラー、SF、スーパーヒーローなどの映画である。また、現実世界とファンタジーのみの世界とのバランスをとることも課題であった。ファンタジー映画においても裕福な人物を扱うが、分析においては実際に測定可能な富が示されている映画に焦点を当てた。

▼402　本章の執筆にあたり、貴重な助言をいただいたAnja Georgia Graw, Ansgar Graw, Malte Paulmann, Alexander Knuppertz博士、Oliver Wenzlaff博士に感謝いたします。

▼403　興行収入の数値は以下の出典より引用：https://www.the-numbers.com/box-office-records/worldwide/all-movies/cumulative/（2018年4月30日アクセス分）

残りの作品から、次の分析段階として、富裕層を扱った映画を選んだ。富がもっぱら犯罪やその他の違法行為によって獲得される映画は、この段階で除外された。なぜならプロの犯罪者の描写は本質的に否定的なものであり、したがって本調査の目的にとって限られた意義しかないので含めない。

したがって、『バグジー』（1991）、『ヒート』（1995）や『スペクター』（2015）などの多くのジェームズ・ボンド映画などの映画は除外された。▼404

このような体系的なプロセスの結果、33本の映画がサンプルとして選ばれた。加えてそれ以前の年代の映画や、以前は除外されていたジャンルの映画が完全に無視されないようにするため、アニメーション、ファンタジー、ホラー、SF、スーパーヒーローというジャンルからそれぞれ1本ずつ、1950年代、1960年代、1970年代、1980年代の映画、つまり調査期間以前に作られた映画を含むように各年代からそれぞれ1本よく知られた映画を無作為に選び、サンプルを拡大した。

この結果、43本の映画▼405が最終的なサンプルとなり、そのすべてが詳細に分析された。これらの映画のうち、41本は、米国のハリウッドスタジオ（ワーナーブラザーズ、パラマウント映画、20世紀フォックスなど）またはその子会社によって完全に（または少なくともかなりの程度）制作、共同制作、または配給されたものである。米国外で製作されたのは、『最強のふたり』（フランス）と『英国王のスピーチ』（イギリス）のみであった。

各映画のプロットを要約し、コードブックを用いて、各映画における富裕層の登場人物の描写を分析した。例えば、富裕層の登場人物の性別や職業は、映画ごとに記録された。

▼404　金持ちを描く映画との関連性を考え、映画「オール・ザ・マネー・イン・ザ・ワールド」をサンプルに加えた。半年後、この映画は制作費を上回る700万ドルを稼いだ。ただし、その興行的成功は、2017年12月25日に遅れて公開されたため、2018年末までは完全に評価することができない。

▼405　全リストはP291-293をご覧ください。

コードブックはより深い分析のための基礎となり、これらの登場人物が描かれる資質や特徴として、好感が持てる、不愉快、有能、無能、温厚、冷淡、自己中心、強欲、横柄、想像力、無謀、表面的、大胆、空想家、道徳的、不道徳、操作的、などを記録するために使用された。

このコードブックは、富裕層のキャラクターが最初に登場したときと、映画の最後に登場したときの特徴や資質を記録するために使用された。さらに、この分析では、富裕層の登場人物に直接のカウンターパート、つまり箔をつける役割を果たす対照的な登場人物がいるかどうかを判断した。このようなカウンターパートは、必ずしも富裕層のキャラクターの直接の敵や仇である必要はなく、場合によっては、幅広い映画の観客がより共感しやすい人物であることもある。このようなカウンターパートは、富裕層の主人公と間接的または直接的な関係を持っている必要がある。また、コードブックは、こうしたカウンターパート・キャラクターの特徴を記録するために使用された。

以下、説明のため、本分析の結果に移る前に、分析した映画のうち8作品のプロットをより詳細に紹介する。

50年間のうちの8作

『ワンス・アポン・ア・タイム・イン・ザ・ウェスト』（1968年）

ハーモニカを吹く謎のガンマンが、鉄道王から雇われた殺し屋と争う。ハーモニカ（チャールズ・ブロンソン）は、かつてハーモニカの兄を惨殺した過去を持つ冷酷な殺し屋のリーダー、フランク（ヘンリー・フォンダ）と決着をつける必要があった。

フランクは、重病の鉄道王モートンに仕えることになった。モートンは死期が迫っているため、死ぬ前に太平洋への鉄道を完成させようと考えているのだ。しかし、モートンは、モートンがさらに富を築くことを望んで購入した鉄道路線沿いの、重要な土地を相続していた未亡人のマクベイン夫人に苛立ちを感じていた。スウィートウォーターは、鉄道の蒸気機関車に不可欠な水を供給する場所であった。

映画の冒頭で、フランクとその一味は、マクベイン（夫）と3人の子供たちを射殺した。モートンは、道徳的な理由からではなく、この原始的なやり方は不必要な事態を招くだけだと考え、殺人に憤慨している。彼はフランクに札束を見せ、「いいかフランク、武器にはいろいろな種類があるが、それを止めることができるのはこれだけだ」と言った。

この映画の富裕層の登場人物であるモートンは、残酷でもなければ、意地悪というわけでもない。彼は、自分のビジョンを実現し、ビジネスを構築することに必死で、そのためには手段を選ばず、子供を含む罪のない人々の殺人をも容認するような非道徳的な人物として描かれているのである。彼は、自分の起業家としての夢を追求するためには、殺人さえも辞さない強迫観念を持っている。

『タワーリング・インフェルノ』（1974）

サンフランシスコの超高層ビルのオープニング・セレモニー中に火災が発生し、ビルは大惨事に陥る。全ては無教養な建築請負人ダンカン（ウィリアム・ホールデン）とその婿のシモンズ（リチャード・チェンバレン）が建築法を無視してタワーの安全対策に数百万ドルの資材と労働コストを節約したためである。彼らの企みにショックを受けた人気建築家ロバーツ（ポール・ニューマン）と消防署長オハラン（スティーブ・マックイーン）は、子供2名を含む人々を一人でも多くの人を救おうとする。自分の過ちを悔やむダンカン。シモンズは反省しないままだ。

このオールスター災害映画（フェイ・ダナウェイ、フレッド・アステア、O・J・シンプソンなど、炎が迫ってくる中で命をかけて戦う人たちの中に含まれる）は「より大きく、より高く、より大きく」という巨大化が自己満足になり、危険性が無視される有様について描かれている。

冷酷なデベロッパー、ダンカンとその義理の息子シモンズにとって重要なことは、より多くのお金を早く稼ぐことだ。ダンカンはコスト削減で自分の建設会社を救おうとし、シモンズは単に富裕層になろうとする。ダンカンは火事でカタルシスを得て、自分の強欲さを悔いるが、時すでに遅しであった。彼もまた、頑固な悪役、シモンズのように炎の中で死んでしまうのだ──。

「善人」は、ダンカンの友人であるロバーツである。人気建築家であることから、富裕層であることも推測できるが、彼の財産については一度も触れられていない。ロバーツは理想主義者で、物質的なものに興味はなく、強欲でなく、グラスタワーのプロジェクトが終わったら半年間休みを取りたいとさえ思っている。彼は、消防署長のオハランとともに、この映画の2大ヒーローの一人であり、超高層ビルに閉じ込められた多くの人々を、燃え盛る炎の中から救い出す。そして、ロバーツは生き残っただけでなく、次の建設プロジェクトではオハランの助言を仰ぐことを約束する。これは、彼にとって、規模や建築的表現、あるいは利益ではなく、安全が第一であることを明確に示している。

概要：この映画は、強欲とその結果を扱っている。その欲のために、ダンカンとシモンズは多くの人を死に追いやった。富裕層は、自分たちの経済的利益を追求するためには、死者を出すことも含めて手段を選ばないということが、ここでも描かれている。

『ウォール街』（1987年）

若く野心的なニューヨークの株式ブローカー、バド・フォックス（チャーリー・シーン）は、ウォール街で最も成功したトレーダーの一人になることを望んでいる。彼の父カール・フォックス（マーティン・シーン、チャーリー・シーンの実父）は、クイーンズで財政難の航空会社ブルースターの整備士兼組合役員として働いている。

ある富裕層の顧客と電話で話した後、バドは同僚のマーヴィンに向いてこう話す。「僕の夢は何だと思う？あの電話の向こう側にいることだよ」。マーヴィンは答える。「ああ、わかったよベイビー、本物のチーズケーキがあるところだ」。

バドは、忍耐と魅力と策略によって、ニューヨーク株式市場のスター、悪徳投機家で大投資家のゴードン・ゲッコー（マイケル・ダグラス）と知り合うことになる。

マーヴィンはゴードン・ゲッコーについて、「彼は生まれながらにして倫理的な抜けがある」と述べる。

ゲッコーはバドのハングリー精神と才能に感心し、彼を手なずける。「貧乏で、頭が良くて、腹ペコで、感情的でない奴をよこせ」。「お前を金持ちにしてやるぞ、バド・フォックス」と言い、彼はインサイダー取引などあらゆる手口を教えた。

あっという間に富裕層になったバドは、当初の迷いを捨てていた。しかし、ゲッコーがバドの父親の勤めるブルースター航空を買収したことで、事態は一変する。バドに航空会社を買収して再建すると約束したゲッコーは、その約束を破って航空会社を分割して売り、何百もの勤労者世帯を破滅に追いやることになった。バドと口論になったゲッコーは、「カネがすべてだ。あとは戯言だ」と言う。

ゲッコーの宿敵の協力も得て、バドは反撃に出る。バドとその仲間は証券取引所でブルースターの株を操作し、ゲッコーを財政破綻に追い込む。バドは詐欺とインサイダー取引で逮捕され、起訴される。バドは当局との取引の一環として、盗聴器を身につけ、違法な株式市場取引のいくつかをゲッコーに話させ、ゲッコーの逮捕に必要な証拠を確保する。

ゴードン・ゲッコーの最も有名な台詞は以下のようである。「重要なことは、皆さん、強欲は、言葉は悪いが、良いものだということだ。強欲は正しい。強欲は機能する」。ゲッコーは、強欲で金持ちの株式ブローカーというステレオタイプを体現している。彼はその道の専門家であり、他人を破滅に追いやることに何のためらいもなく、違法な手段でより大きな富を築こうとする。彼の人格形成を前提とするなら、富裕層は決して足るを知ることはない。

『プリティ・ウーマン』(1990)

エドワード・ルイス(リチャード・ギア)は、総会屋で富裕層になったビジネスマンだが、対人関係にはあまり関心がない。恋人から「都合が良い」扱いされたと文句を言われ、別れたばかりだ。パーティーの後、弁護士の高級車を借りてハリウッドのホテルに戻ろうとするが、道に迷い、路上で客を探していた美しく快活な娼婦ビビアン・ワード(ジュリア・ロバーツ)に道を聞くために立ち止まる。二人はやり取りを始め、エドワードはビビアンを一週間まるまる雇えないかと頼むことになる。

ビビアンは、とにかくよくわからないエドワードの行動や商行為を非難することはない。もちろん、エドワードの裕福なビジネスマンとしての豪華なライフスタイルには感心している。ビビアンは、その卑しい生い立ちにもかかわらず、エドワードに彼女の信頼できる人柄と率直な性格を印象づける。エドワードは、多くの点で世間知らずで、弁護士から借りたロータス・エスプリの乗り方さえよく知らない。1週間という限られたビジネスとしての関係の中で、ビビアンは、彼女が歓楽街で知り合った悪党たちの振る舞いと比較して、エドワードの仕事ぶりを描写する。

エドワード：「まあ、私は会社全体を売るわけじゃないんだ。バラバラにして売るんだ。全体よりも価値があればね」。

ビビアン：「車を盗んで部品で売るようなものだわ」。

彼女は、エドワードを批判することも非難することもなく、完全にナイーブで無邪気な方法でこのようなことを言う。ビビアンは彼に別の生き方を見せ、そして、エドワードは映画の中で、ビジネス・パートナーやビビアンとの付き合い方を変え、それによって自分を取り戻し、再創造していく。「君と僕は似たような生き物なんだ、ビビアン。二人とも金のために人を騙すのさ」と、映画の序盤でビビアンに語りかける。

エドワードは、同族会社を買収してバラバラに売却するという計画を断念。その代わりに、オーナーと一緒に会社を再建することを決意する。エドワードはビビアンと一緒にいたいのだが、安定した関係でも結婚でもなく、自分の条件に従ってほしいと思っている。彼の最初の提案はビビアンを傷つけ、彼女は約束通り彼のもとを去る。エドワードは彼女を追いかけ、見つけ、そして二人は一緒に幸せを見つける。ロマンチックなおとぎ話は、ハッピーエンドを迎える。

概要：企業強奪者エドワード・ルイスは当初、その強欲さにおいて無節操だった。エドワードの興味は利益だけであり、その欲を満たすために政治家を買収することさえ厭わない。売り物なのに買えないと思われている女性との関係を通じてのみ、彼は救いを見出し、本来なら買収して解体したかった会社の再建に手を貸すことを決意する。この物語の教訓は一見、道徳の概念から外れているように見える人物によって、無節操な富豪が高潔な道に引き戻されることがあるということだ。

『幸福の条件』（1993年）

建築家のデヴィッド・マーフィーと不動産屋の妻ダイアナ（デミ・ムーア）は、不況のあおりを受けて所有するものすべてを失いかねない状況に立たされている。彼らはラスベガスに行き、夢の家を完成させ、経営を立て直すために必要なお金を勝ち取ろうと、無駄な努力をする。ラスベガスで二人は億万長者のジョン・ゲイジ（ロバート・レッドフォード）に出会う。ダイアナが彼女には手に届かないような高価なドレスを試着していると、彼はダイアナに近づいてくる。彼は、それを買ってやると提案するが、ダイアナはその提案をこう言って拒否する。「そのドレスは売り物だけど、私は違う」。

その直後、二人はカジノで再会し、ゲイジはダイアナにギャンブルを依頼する。ダイアナは100万ドルを勝ち取る。ゲイジはお礼にスイートを借り、二人をカクテルパーティに招待する。

デヴィッドとゲイジはダイアナが見ている前でビリヤードをし、ゲイジの不作法なプロポーズに先立つ重要なシーンとなる。

ダイアナ：「まあ、売り物じゃないものもあるけどね」

ゲイジ：「例えば？」

ダイアナ：「人は買えない」

ゲイジ：「それは甘いな、ダイアナ。私は毎日人を買っているのだよ」

ダイアナ：「ああ、ビジネスではそうかもしれないわ。でも本当の感情が絡むとそうはいかないわよね」

ゲイジ：「愛は買えないだと？それはお決まりの文句だね」

ダイアナ：「まったくその通りね」

そしてゲイジは、ダイアナと一夜を過ごせば100万ドルを支払うと言い出す。デヴィッドとダイアナは迷うことなくその申し出を断る。ゲイジはこの提案を一晩考えてほしいと二人に頼んだ。翌朝、二人はその申し出を受け入れる。ゲイジとダイアナはヘリコプターで彼の豪華ヨットに向かい、そこで次のような会話を交わす。

ゲイジ：「君は私が女を買わなきゃいけないと思ってるのか？」

ダイアナ：「どうして私なの？」

ゲイジ：「買えないと言ったから買ったんだ。」

ダイアナ：「私は買収されないわ。私が理解しているように、私たちはただ肌を重ねるだけよ」

ゲイジ：「楽しめるかもよ」

ダイアナ：「それはないわ」

デヴィッドとダイアナはお金を手に入れたが、銀行の約束に間に合わず、ゲイジに家と土地を買い取られてしまう。デヴィッドとダイアナの結婚は、不信感の高まりと度重なる喧嘩、そして何よりデヴィッドの嫉妬によって、やがて破綻をきたす。ダイアナに恋したゲイジは、彼女を振り向かせようとし続け、ついに彼女は彼の魅力に屈して同棲を始める。ゲイジの言う通り、愛は買うことができるかのように見えた。しかし結局、ゲイジはダイアナがまだデヴィッドに執着していることに気づき、「彼女は私を、彼を見るような目で見ることはなかっただろう」と彼の運転手に言う。ダイアナのために正しいことをしたいと思ったゲイジは、二人のロマンスに終止符を打つ。ダイアナは彼に別れのキスをして感謝する。彼女はデヴィッドがプロポーズした桟橋に行き、そこでデヴィッドに会い、彼と和解する。

この映画のメッセージとは富裕層は、お金で何でも買えると考えているが、それは間違いということだ。真実の愛は売り物ではない。億万長者のゲイジは、最初はお金で、後には魅力でダイアナを包み込むことに成功したが、彼はその億万長者でも彼女の気持ちを操ることはできないことを認めざるを得なかった。この映画は、富裕層でないすべての人に、「お金だけでは幸せになれない」という慰めを与えてくれる。

『タイタニック』（1997年）

1996年、101歳のローズは伝説のダイヤモンド「The Heart of the Ocean」を探すトレジャーハンター、ブロック・ロベットと接触する。

ブロックはタイタニック号の残骸を捜索中、若い女性のヌード画が入った金庫を回収した。その女性とは、タイタニック号の破滅的な航海で生き残った一人、ローズ・ドーソン・カルバート（ケイト・ウィンスレット）、その人である。彼女は探検家にタイタニック号での体験を語る。

サウサンプトンからニューヨークへ向かう船上で、普段は賢くて芸術を愛し、快活な女性であるローズが、落ち込んで無表情に見える。彼女は、金持ちで表面的で愛がなく、さらには怒りにまかせて彼女に暴力を振るう婚約者キャルの側で残りの人生を過ごすことに恐怖を感じていた。ヨーロッパでは、彼女はモネやピカソなど、当時まだ知られていなかった画家の絵を買い求めた。キャルはそんな彼女を「何の役にも立たない」芸術家に魅了されていると馬鹿にする。

富裕層の生活は、作為的で、一種の牢獄のように描かれており、ローズは、母親から正しいテーブルマナーを手ほどきされる少女を見ながら、自分の生活環境と決別するということに繋がる。その光景は、ローズは、自分が望んでいないにもかかわらず、未亡人となった母親が経済的な理由から結婚を迫っていることを再考させたからだ（「私がお針子として働くのを見たいの？それがあなたの望みなの？私たちの大切なものがオークションで売られ、思い出が吹き飛んでいく姿を見たいの？」）。ローズは自殺も考えていた。彼女が本当にタイタニック号から飛び降りるつもりなのか、それとも手すりから滑り落ちただけかという問いは、彼女の救世主である若い画家で勝気なジャック・ドーソン（レオナルド・ディカプリオ）がほのめかすように重要ではない。ローズは自分の社会的地位の束縛から解放されたいと願い、キャルとのサンデッキでの生活からジャックとの3等席での生活に移ったのだ。なぜなら、そこは皆があまり教育は受けていないが、誠実で明るく、意欲的でのびのびとしていたからだ。キャルと母親からの強いプレッシャーにもかかわらず、彼女はジャックのように、計画もなく、堅苦しい慣習や規則もなく、一緒に世界を旅してみたいと思うようになる。船の高貴なサロンでリキュールを飲みながら堅苦しい会話をする代わりに、ローズはビールを選び、下甲板の木の板の上でタップダンスを踊る。彼女はジャックと関係を持ち、ブロックが数十年後に難破船で発見したヌードを描いてもらい、「不沈艦」が氷山に衝突した夜、ジャックと寝ていた。

しかし、その混乱の中で、キャルは以前彼がローズに贈った51カラットのダイヤモンドを盗んだのはジャックであると濡れ衣を着せる。実はキャルはダイヤモンドをコートのポケットに隠していた。ジャックは逮捕され、小屋に幽閉されるが、小屋はあっという間に水浸しになってしまう。ローズは一瞬、ジャックの罪を疑う。しかしついに彼女は確信し、大パニックの中、溺れそうになっていた恋人を解放する。

救命ボートに乗れたにもかかわらず、キャルは沈みゆくタイタニック号に残り、自分を裏切って去っていったと確信したローズを捜すことを選ぶ。そして、彼女を説得し、一緒に行くように促す。成功したビジネスマンである彼が、若い女性に本当の気持ちを抱いているのか、それとも単にローズをめぐる戦いで勝利を収めたいだけなのかは、観客の解釈に任せられている。しかし、キャルは、自分を追い返した彼女とジャックを撃とうとしたとき、ローズに対する彼の気持ちが少なくとも完全に純粋なものではないことを示す。

ローズとジャックはキャルから逃げ出すが、タイタニック号はますます速く沈んでいく。キャルは泣いている子どもの世話をするふりをして、女性と子供専用の救命ボートに乗る。ジャックとローズは沈没するタイタニック号に残る。ローズは木の板によじ登り、なんとか助かるが、ジャックの乗るスペースはない。ジャックは水中で凍死する。なぜならボロを着た紳士である彼が、ローズを救うために自分を犠牲にしたからだ。

その後、救助船で、ローズは生存者の列の中から自分を探すキャルに再会する。彼女は彼から身を隠し、自分の名前がローズ・ドーソンであることを救助隊に告げる。映画の最後の方で、ローズはキャルが間違えて渡したコートのポケットから巨大なダイヤモンドを見つける。彼女はその宝物を海に投げ捨てる。ローズが最後まで語り続けると、キャルはタイタニック号が沈没した数年後、世界恐慌で財産を失い、拳銃自殺をしたことが分かる。

この映画では、裕福なキャルは、冷酷で自己中心的という、非常にステレオタイプな方法で描かれている。彼の恋人は、敵役である売れないが愛すべき芸術家のもとに去っていき、その彼は最後には自分の命を犠牲にしてまで彼女を救おうとする。ここでも、観客は「お金だけでは幸せにはなれない」という心地よいメッセージを受け取ることになる。

『ウルフ・オブ・ウォールストリート』（２０１３年）

米国の株式ブローカー、ジョーダン・ベルフォート（レオナルド・ディカプリオ）の伝記映画は、多くの点で、ほとんど『ウォール街』の続編のようなものである。ベルフォートは、富裕層で、極めて強欲で非倫理的な投資銀行家というステレオタイプを体現している。それは、１９８０年代を舞台にしたこの映画の最初のシーンから明らかである。ストラットン・オークモントという会社の広告で、誠実さ、真面目さ、安定性といった価値観が装われているのである。その直後、観客は舞台裏を垣間見ることになる。小人症の人物をダーツに見立てる「ミゼットトス」という卑劣なゲームに、従業員とともに興じるベルフォートの姿が映し出されるのである。

第四の壁を破って、ベルフォートは自分の富を自慢し、毎日どれだけの麻薬を摂取しているかを列挙する。コカインをやりながら、「でも、神が作りたもうた青空の下にあるすべてのドラッグの中で、私がお気に入りのものがあるんだ。これの（目の前にある大量のコカインを指差して）話をしているんじゃないんだ。これのことだ（彼はカメラの前で金を振りかざす）」。彼はお金が自分をより良い人間にすると主張し、いつも富裕層になりたかったという。

ベルフォートは、伝統ある銀行、L.F.ロスチャイルドでウォール街の株式ブローカーとしてのキャリアをスタートさせた。彼の上司であるマーク・ハンナは、彼の唯一の目標は、顧客のために最高のリターンを確保することではなく、手数料の支払いで早く富裕層になることだとすぐに教えこんだ。

株式市場の暴落の中、ベルフォートは職を失う。そして、就職の面接で、ほとんど規制のないペニーストック市場の存在を知る。ペニーストック市場では、通常の株のわずか1%の手数料よりも、最大50%の手数料がはるかに高く設定されている。ベルフォートはそのセールスの才能を発揮し、あっという間に小金を稼ぐ。

ドニー・アゾフと出会い、仲間とともに、リスクの高い低位株を富裕層に販売する「店頭取引」の証券会社、ストラットン・オークモントを設立する。売上を上げるため、ベルフォートは違法な取引に手を染めるようになる。ストラットン・オークモントは、低価値の株の大半を購入し、事実と異なる噂を流して株の価値を吊り上げようとする。ベルフォートはすぐにFBIの注目を浴びる。ベルフォートはFBI捜査官パトリック・デンハムを買収しようとする。デンハムが賄賂を受け取らなかったとき、ベルフォートは傲慢で人を見下すような一面を見せる。デンハムとその同僚が帰ろうとすると、ベルフォートは二人に声をかける。「地下鉄に乗って惨めな妻の元へ帰れるよう頑張れ。その間に女に俺のタマについたキャビアをしゃぶらせておくよ」。

しかし、ベルフォートは、その威勢の良さとは裏腹に、警戒を強めていた。ストラットン・オークモントの他の創業者たちとともに、蓄積した資産をスイスに避難させる。しかし、FBIは次々と決定的な証拠をつかんでいく。ベルフォートは、当局と取引し、ストラットン・オークモントの社長を辞めようとする。しかし、彼のエゴがそれを許さず、アメリカから逃げ出し、地中海に浮かぶヨット「ナオミ」から会社を経営する。

ある日、金を預けた相手の一人、ナオミのイギリス人の叔母エマが心臓発作で倒れ、ベルフォートは葬儀のためにロンドンに向かうのではなく、急遽ジュネーブに向かうことになる。彼は金を確保するため、暴風雨警報が出ているにもかかわらず、ヨットの船長をイタリア沿岸に向かわせ、そこからスイスに向かうという、乗組員全員の命を危険にさらすことさえした。ヨットは沈没したが、少なくとも乗組員全員は救出された。

米国に戻ったベルフォートは逮捕される。より長い刑期を逃れるため、彼は当局に協力し、仲間を裏切る。ストラットン・オークモントは閉鎖され、詐欺的な商法に関わった者も全員逮捕される。刑務所に収監された後、ベルフォートはセールスやモチベーションのトレーナーとして働く。

この映画のメッセージは印象的だ。富裕層はお金のことしか考えていない。富裕層は行う全てのことはお金に対する欲望を満足させるためである。彼らは他人を騙して詐取することさえ厭わない。ベルフォートは、傲慢で強欲な投資銀行家というステレオタイプを体現している。やがて違法なビジネスに手を染め、周囲の人間の命さえも危険にさらして金を追い求めるようになる。

『ゲティ家の身代金』（2017年[406]）

息子のために、母は猛獣のように誘拐犯だけでなく、祖父にも対抗する。ジャン・ポール・ゲティ（クリストファー・プラマーが演じた。当初はケヴィン・スペイシーを主演に迎えて完成させたが、複数の男性からセクハラ疑惑をかけられたため、スペイシーの出演シーンはすべてカットされ、撮り直された。）は石油王で世界一の富豪であり、孫を愛していると言いながら、最初は1700万ドル、後に400万ドルを要求してくる誘拐犯に身代金を払う用意はない。1973年に実際に起こった出来事を描いたこのスリラーで、プラマーは典型的な富裕層の歪んだ姿を表現する。彼は16歳のジョン・ポール・ゲティ3世の母親（元義理の娘にあたる）、を払いのけシャンパンを注ぎながら主張する。「私の財政状況は変わってしまった…私にはお金がないのだ」。彼の言い分はこうだ。彼の言い分は、せいぜい100万ドルを税金から差し引ける程度しかない。しかし、その一方で、このビジネス界初の億万長者は、盗まれた聖母と幼いイエスを描いた貴重な絵画のために120万ドルを支払う用意があるのである。誘拐犯が10代の子供の片耳を残酷にも切り落とし、新聞社の編集部に送った後でも、無神経なゲティ氏は態度を軟化させようとはしない。しかし、映画の観客は、この老人が全財産を失うことに不安を感じていることも理解するようになる。彼は「物、オブジェ、芸術品、絵画」が好きだと、警備担当で

▼406　本作は、石油王ジャン・ポール・ゲティの孫の誘拐という実在の事件を題材にしているため、実在の富豪の真の姿を描くという期待が高まる -- ただし、一族の秘密があるため、特にゲティがどれだけ正確に描かれたかは不明である。参　考：https://www.bustle.com/p/how-accurate-is-all-the-money-in-the-world-ridley-scotts-new-drama-sticks-to-the-facts-7667919。

最高顧問のフレッチャー・チェイスに語っている。「それらはまさに見たままのものだ。彼らは決して変わらない。彼らは決して変わらないし、決して失望しない。美しいものには、他の人間にはない純粋さがあるんだ」。ゲティもまた、極めて疑い深い。ゲイルがヘロイン中毒の息子と離婚し、慰謝料の支払いを拒否すると告げたとき（「あなたのお金はいらない」）、ゲティ氏は彼女の決断に困惑する。「何のつもりだ？みんな私のお金が欲しいんだろ！」

このケチな億万長者は、嘘つきで自慢屋であることも露呈している。初めて会った時、彼は当時まだ少年だったポールに、紀元前460年の貴重なミノタウロス像だと言って渡した。彼はそれを11ドル23セントで買ったのであった。「ヘラクリオンの闇市で手に入れたんだ。足の不自由な老人が19ドルで売ろうとしてたんだ。1時間かけて、彼の言い値まで下げたよ。今日、オークションで120万ドルで落札されるかもしれない」。彼はさらに少年にこう言った。「わかるか？すべてのものには値段がついているんだ。人生の大きな苦しみは、その値段を理解することなんだ」と。しかし、ポールの身代金を集めるために必死でこのフィギュアを売ろうとしたゲイルは、ミノタウロスがミュージアムショップで大量生産された15ドルの土産品でしかないことを知るのである。

メディア、捜索、そしておそらく残された良心からの圧力で、土壇場で400万ドルを支払ってポールの自由を確保した億万長者は、美術品の宝物に囲まれながら、ひとり心不全で息を引き取る。その心変わりは、カタルシスや贖罪には遅すぎた。実際、誘拐犯の一人でさえ、祖父よりもポールのことを気にかけており、解放のシーンではポールの命を救うところまで行っている。

ゲティの石油産業は慈善家族財団として成り立っているため、これまで傲慢だったゲティの弁護士たちは、家長の死後、ポールが成年に達するまでゲイルに会社の経営を依頼しなければならなくなる。ゲイルと弁護士の間で、次のような会話が交わされる。「貴方もお分かりの通り遺産は慈善家族信託として構成されている。」、「彼は慈善事業にお金を寄付したことがある?」、「いいえ、信託のおかげでゲティ氏は税金を払わずに財産を築くことができた」。ゲイルが舵を取り、その日からゲティ財団は、より崇高な道を歩むことになる。

分析対象となった43作品▼407

プリティ・ウーマン、第3位、1990年3月
愛がこわれるとき、第10位、1991年
花嫁のパパ、第14位　1991年
裸の銃を持つ男PART2 1/2、第15位、1991年
ボディガード、第2位、1992年
氷の微笑、第4位、1992年
シンドラーのリスト、第4位、1993年
幸福の条件、第6位、1993年
硝子の塔、第19位、1993年

▼407　特に断りのない限り、以下の作品のデータは、https://www.the-numbers.com/（2018年4月30日アクセス）より出典。

フォレスト・ガンプ、第2位、1994年
ブレイブハート、第13位、1995年
身代金、第6位、1996年
ファースト・ワイブ・クラブ、第14位、1996年
エビータ、第20位、1996年
タイタニック、第1位、1997年
ジェームズ・ボンド007：トゥモロー・ネバー・ダイ、第4位、1997年
ユー・ガット・メール、第12位、1998年
マスク・オブ・ゾロ、第15位、1998年
ノッティングヒルの恋人、第7位、1999年
ジェームズ・ボンド007：ワールド・イズ・ノット・イナフ、第8位、1999年
エリン・ブロコビッチ、第13位、2000年
恋愛適齢期、第11位、2003年11月号
ジェームズ・ボンド007：カジノ・ロワイヤル、第4位、2006年
プラダを着た悪魔、第12位、2006年
オーシャンズ13、第16位、2007年ランキング
ジェームズ・ボンド007：慰めの報酬、第7位、2008年
セックス・アンド・ザ・シティ、第11位、2008年
英国王のスピーチ、第12位、2010年

最強のふたり、第15位、2012年
ウルフ・オブ・ウォールストリート、第17位、2013年
華麗なるギャツビー、第20位、2013年
フィフティ・シェイズ・オブ・グレイ、第11位、2015年
キングスマン、第18位、2015年
アップ!、ランク6、2011年、アニメーション
ドクター・ストレンジ、第11位、2016年、スーパーヒーロー
ハンニバル、第10位、2001年、ホラー
アイアンマン、第8位、2008年、SF
ダークナイト、第1位、2008年、スーパーヒーロー
お熱いのがお好き、1959年、1950年代▼408
ワンス・アポン・ア・タイム・イン・ザ・ウエスト、1968年、1960年代▼409
タワーリング・インフェルノ、1974年、1970年代▼410
ウォール街、1987年、1980年代▼411
ゲディ家の身代金、2017年

▼ 408　http://www.worldwideboxoffice.com/index.cgi?top=25&start=1959&finish=1959&order=worldwide&keyword=&links=&popups（アクセス日：2018年4月30日）

▼ 409　https://www.the-numbers.com/movie/Once-Upon-a-Time-in-the-West#tab=summary（アクセス日：2018年4月30日）

▼ 410　http://www.worldwideboxoffice.com/index.cgi?top=25&start=1974&finish=1974&order=worldwide&keyword=&links=&popups=（アクセス日：2018年4月30日）

▼ 411　https://www.the-numbers.com/movie/Wall-Street#tab=summary（アクセス日：2018年4月30日）

43本の映画に登場する富裕層の枠組み

映画で富裕層が描かれるとき、頻繁に繰り返される枠組みがある。枠組みが登場する場合、それが映画の本筋であったり、中心テーマであったりする必要はない。同時に、これは映画の中の取るに足らないエピソードではなく、金持ちのキャラクター設定に関連したオープンなあるいは根底にある解釈の枠でもある。

富裕層は経済的な目標のために手段を選ばないという枠組み

―『ワンス・アポン・ア・タイム・イン・ザ・ウエスト』では鉄道王が雇った盗賊が、自分の経済的目標の邪魔になると、罪のない人々や子供まで殺してしまう。

―『タワーリング・インフェルノ』では、建築業者が利益追求のために防火対策を怠ったため、大火災が発生し多くの死者が出る。

―『マスク・オブ・ゾロ』では、富豪は宝を手に入れるため、何百人もの鉱夫を犠牲にすることを計画する。

―『カジノ・ロワイヤル』では、ある銀行家が暗殺者を雇い、試作機を爆破させる。彼は証券取引所での投機で一儲けしようとしている。関係者全員の死さえも受け入れる。

—『ワールド・イズ・ノット・イナフ』では、富裕層の実業家がイスタンブールで核爆弾を爆発させ、石油パイプラインをこの地域で唯一のものにし、この独占権によって大金を得ようと計画する。

—『キングスマン』では、インターネットの億万長者が、テクノロジーを使って世界中の人々を操り、互いに殺し合うように仕向ける。そうして世界の人口過剰を防ぎ、自らがその支配者となることを望んでいる。

—『慰めの報酬』では企業家グリーンは、埋蔵水へのアクセスを得るため、軍人をボリビアの国家元首に据えることを望んでいる。彼は目的を達成するために手段を選ばない。

富裕層の頭の中には利益しかなく、欲を満たすことが目的として、他人を騙すこともあるという枠組み

—『ウォール街』では富裕層の株式ブローカーが、ブルースター航空を買収して解体し、その一部を売却しようとしている。これによって、何百人もの労働者の家族が破滅に追い込まれることになる。

—『ウルフ・オブ・ウォールストリート』では投資銀行家とその会社が低位株を購入し、偽のニュースや噂を流して株価を上げ、一儲けする。

—『オーシャンズ・サーティーン』では富裕層のカジノ経営者は、富裕層でない取引先を

騙してカジノを買収し、取引先の人物の心臓発作を気にせず、カジノを経営する。

お金だけでは幸せにはなれない―お金ですべてを買うことはできないという枠組み

―『幸福の条件』において、億万長者は真実の愛は買えないことを認めざるを得ない。

―『ノッティング・ヒルの恋人』では裕福な女優でありながら、真実の愛である書店員に出会うまで、幸せとは無縁だった。

―『華麗なるギャッツビー』における何としても富裕層になりたいという男の原動力は、結局は勝ち目のない美しい女性への恋心である。

―『タイタニック』では傲慢な富豪は、その富にもかかわらず、婚約者が心優しい持たざる者を選んだという事実に直面することになる。

―『愛がこわれるとき』では美女は富を捨て、結婚という黄金の檻を出る（夫のサイコパスの性格を考えれば当然であるが）。

―『フィフティ・シェイズ・オブ・グレイ』では億万長者は緊縛セックスというフェチを満たすために女性を雇うことができるが、彼は自分の世界に引き込んだ若い学生にどうしても恋をしてしまう。

富裕層は、自分のやり方の間違いに気づき、人間らしさを取り戻すことができ、それによって、富裕層にまつわる典型的な負の特性を脱することができるという枠組み

―『プリティ・ウーマン』では不当な手段で家業を乗っ取り、粉々にしようとした男が、娼婦とその彼女の人間性によって、より良い人間に変貌していく。

―『ボディガード』ではポップスターのレイチェルは、傲慢で高慢な性格だが、彼女のボディガードである地に足のついた男であるフランクとの出会いによって、救われる。

―『シンドラーのリスト』では富裕層の男が、国家社会主義体制と戦争で利益を得る冷静で計算高いビジネスマン、搾取者から、多くの命を救う慈悲深い男へと変貌する。

―『アイアンマン』では兵器会社のオーナーが自らの技術の犠牲となり、かろうじて逃げ延びる。彼の変身後、彼の会社はもう武器を製造しなくなった。

―『氷の微笑』では裕福な相続人で成功した作家としての顔を持つ連続殺人犯の容疑者が、自分の犯罪を暴いた刑事と恋に落ち、彼を殺すことができなくなる。

富裕層は、その富を利用して権力や影響力を行使したり操作したりするという枠組み

—『ハンニバル』牧畜王の裕福な相続人は、権力と人脈を利用して、敵のハンニバルをFBIの最重要指名手配犯に仕立て上げる。

—『ダイ・アナザー・デイ』富裕層の男は、北朝鮮が韓国を侵略できるように、軌道上の衛星兵器を使って北朝鮮と韓国を隔てる地雷原に道を切り開こうとする。

道徳的、能力的特性

第7章では、ほとんどの場面で、人に対する肯定的または否定的な認知は、主にいわゆるM特性（道徳特性）によって決定されることを見てきた。知覚の第二の次元は能力であり、個人や集団が（良いまたは悪い）意図をどの程度実行できるかに関するものである。能力的特性はC特性とも呼ばれる。

そこで、まず、43本の映画に登場する人物のうち、否定的なM特性を持つ人物と肯定的なM特性を持つ人物の比率を求めた。その結果、冷淡、利己的、貪欲、冷酷な人物や、非道徳的、非倫理的な行動をとる人物は、否定的なM特性を有していた。一方、温厚で誠

実な人物や、道徳的・倫理的に肯定的な行動をとる人物には、肯定的のM特性が見られた。映画に出てくる金持ちのキャラクターは、M特性が肯定的か否定的かを判断した後、金持ちのキャラクターに対するカウンターパートになることが多い、金持ちではない単純なキャラクターについても、同じ分類を行った。最後に、登場人物が有能（C＋）か無能（C－）かを分析した。これは、そのキャラクターが野心的で有能で知的で目的意識が高いのか、それとも無能で能力が低く、かつ、または知的でないのかを確定するためのものである。C＋とC－のどちらにも分類できない場合は、C＋の3つの特性（想像力、先見性、大胆さ）のうち、少なくとも1つを備えているかどうかを判断した。その結果によって、そのキャラクターは有能か無能かに分類さ

映画開始時点での裕福な登場人物の描写

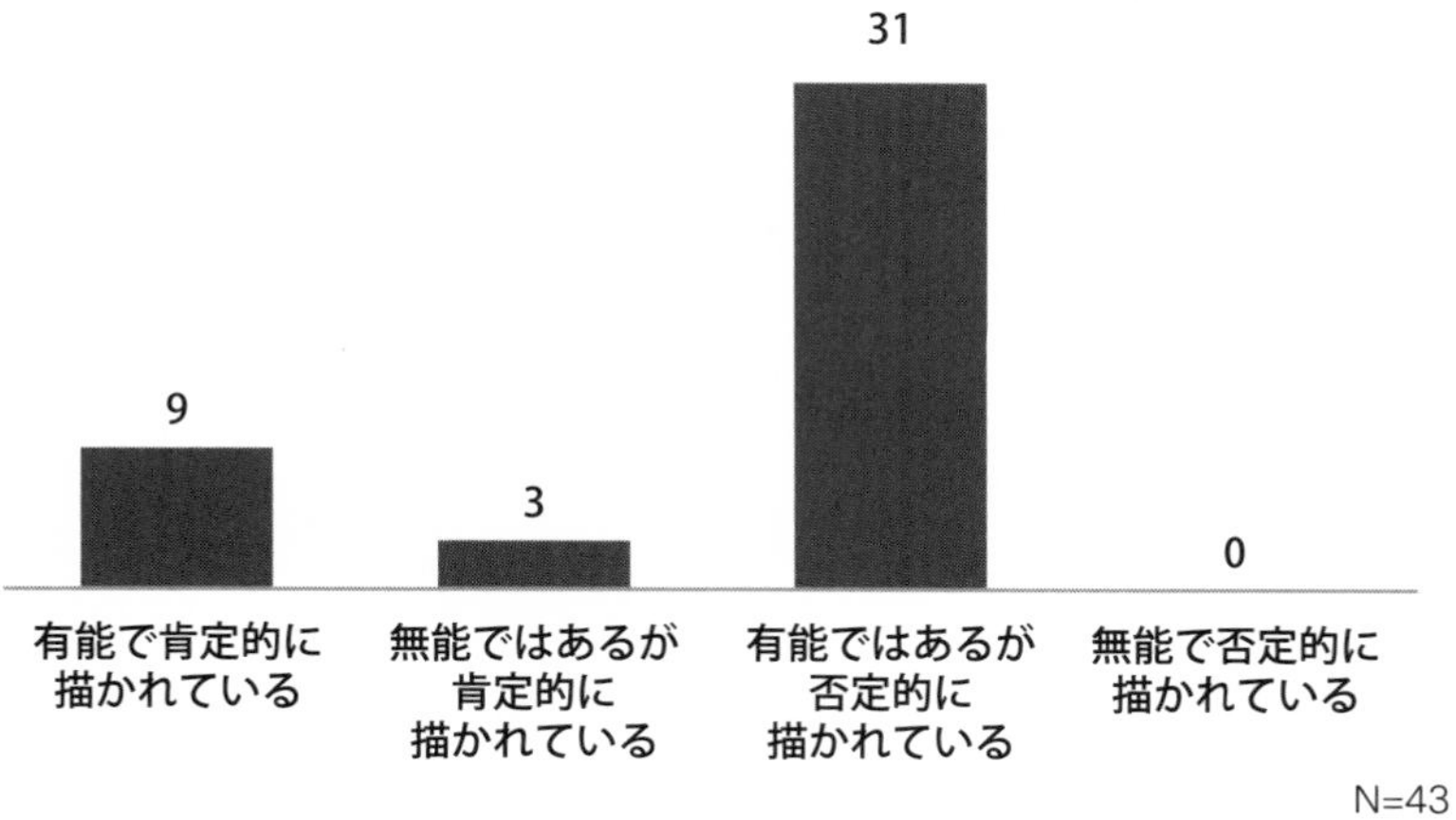

れた。

各作品の冒頭で、最も重要な富裕層のキャラクターが次のように描かれている。

9人のキャラクターはM＋、C＋
3人のキャラクターはM＋、C－
31のキャラクターはM－、C＋
0のキャラクターはM－、C－

各作品の最後には、最も重要な富裕層のキャラクターが次のように描かれている。

17人のキャラクターはM＋、C＋
3人のキャラクターはM＋、C－
23人のキャラクターはM－、C＋
0人のキャラクターはM－、C－

富裕層の登場人物に多い否定的なM特性は

- 傲慢な（29）
- 不愉快な（23）

映画終了時点での裕福な登場人物の描写

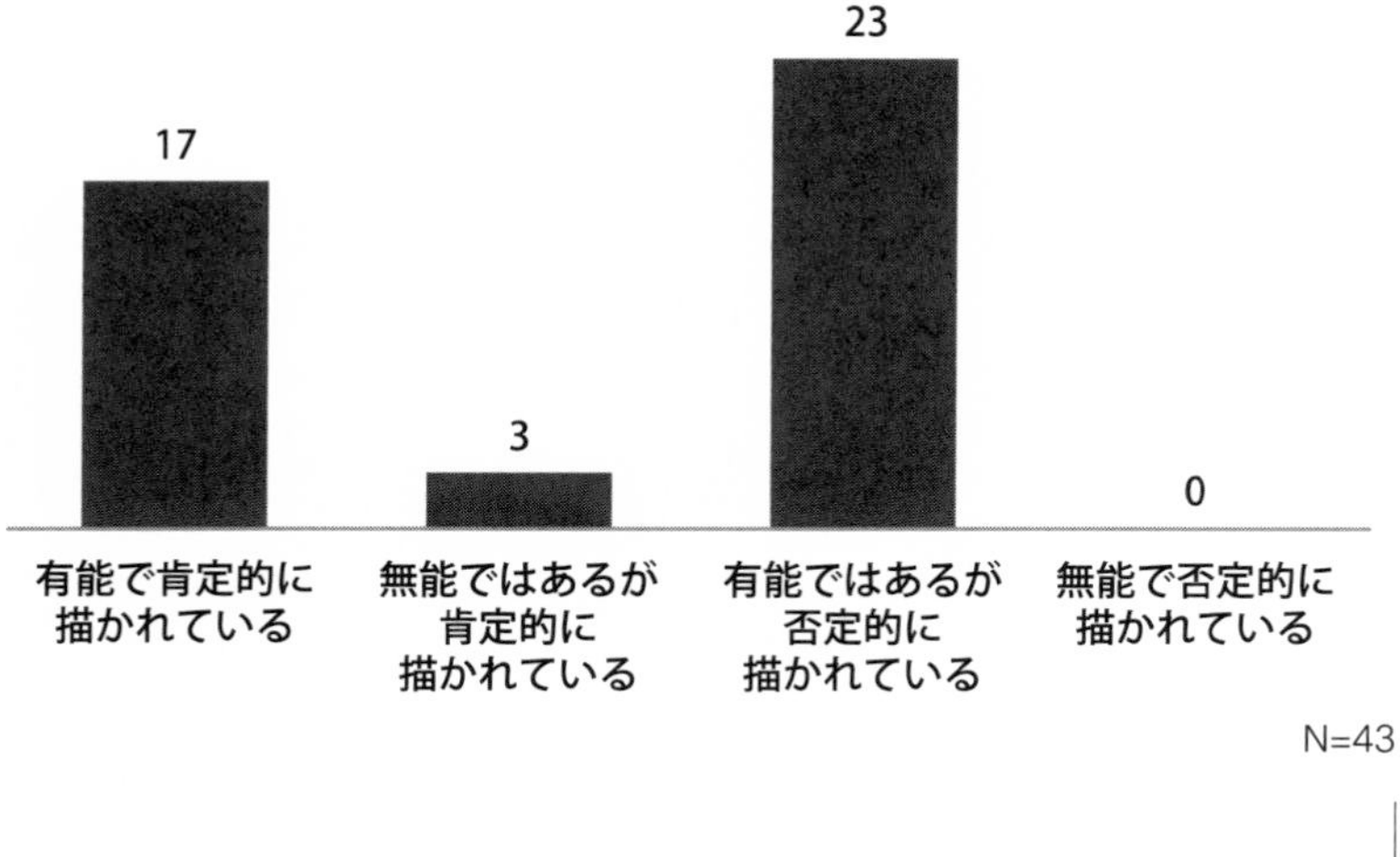

・無愛想（22）
・非道徳的（22）
・自己中心的（21）

47のケースで、主要な富裕層のキャラクターが、映画の最初と最後の両方で有能であることが示されている。

肯定的なCの特性数は以下の通り。

・想像力豊かな、クリエイティブな（29）
・大胆不敵（26）
・想像力がある（24）

この点では、富裕層以外の相手役と明確な対比がある。

各作品の冒頭で、富裕層以外の相手役が次のように描かれている。▼412

24人のキャラクターはM＋、C＋
10人のキャラクターはM＋、C－
2人のキャラクターはM－、C＋

映画開始地点での裕福な登場人物の相手となる登場人物の描写

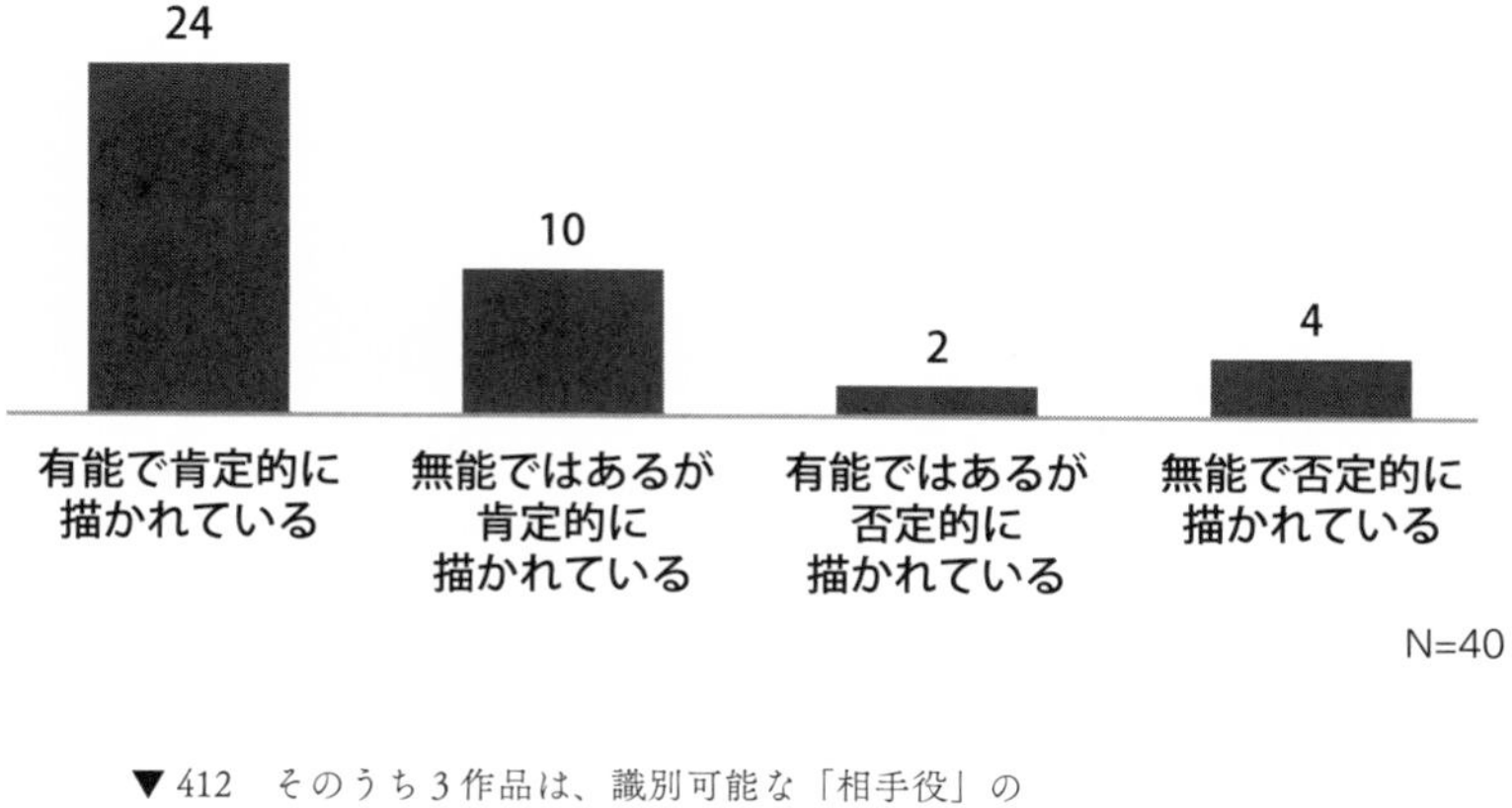

▼412　そのうち3作品は、識別可能な「相手役」のキャラクターが登場しない。

4人のキャラクターはM－、C－

各作品の最後には、富裕層以外の相手役が次のように描かれている。

30人のキャラクターはM＋、C＋
9人のキャラクターはM＋、C－
1人のキャラクターはM－、C＋
0人のキャラクターはM－、C－

非富裕層の相手キャラに多いポジティブなM特性は

- 好ましい
- 情に厚い（34）
- 素直（31）
- 道徳的（31）

一般的に言って、富裕層の敵役と主人公は、各映画の最初の幕では有能で知的な人物として描かれているが、31作品では道徳

映画終了地点での裕福な登場人物の相手となる登場人物の描写

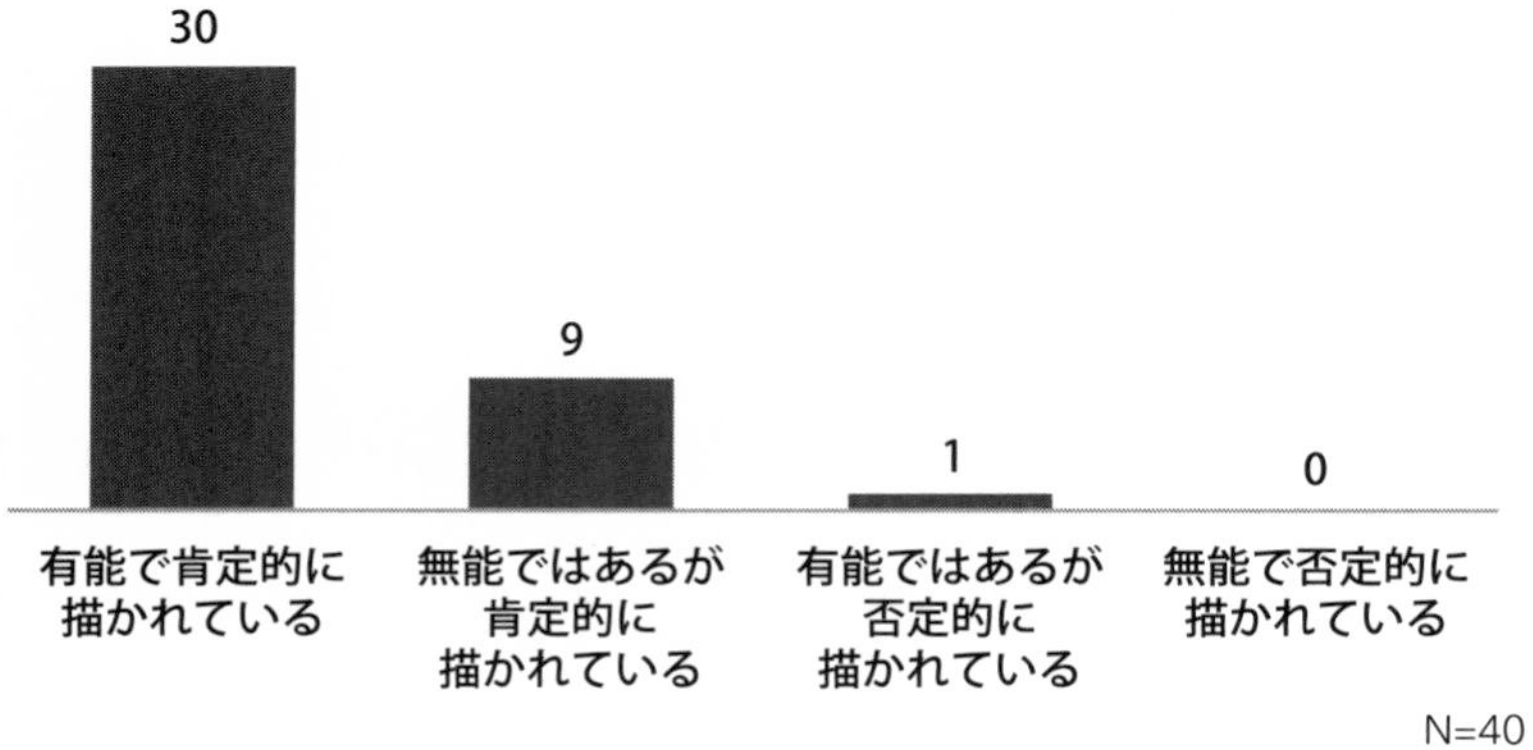

的に問題のある傾向を示すものとして描かれている。21の映画では、この不道徳さは最後のクレジットまで維持されている。11の映画では、富裕層のキャラクターは何らかの形で進化を遂げている。9の映画では、富裕層のキャラクターは最初、道徳的に非難されるべきものとして描かれ、その後、カタルシスや救済を受けることになる。2作品では、その逆で、主人公の富裕層が実際に悪い方向に変化している。登場人物が「光を見る」理由で最も多いのは恋愛（『プリティ・ウーマン』、『幸福の条件』など）である。また、『アイアンマン』『ドクター・ストレンジ』など、運命的な出来事によって変化する作品もある。また、『タワーリング・インフェルノ』では、富裕層の主人公が自分の行いの悪さに気づき、光を見出すという、良心の呵責も重要な役割を担っている。

性別の分布と職業

例えば、『フォーブス』が発表している世界の富豪リストを見ると、超富豪の大半は男性であり、数少ない女性は、富豪の未亡人や娘として財産を相続しているケースがほとんどである。分析された映画でも、富裕層の登場人物は圧倒的に男性である。この点では、現実を反映している。映画に出てくる富裕層の女性は、歌手、俳優、作家が多く、男性は、企業家、ビジネスマン、株式トレーダーである。

男性キャラクターの職業は、起業家（13人）、ビジネスマン（4人）、株式トレーダー（2人）、映画プロデューサー（2人）など。
女性キャラクターの職業は、編集長（1）、歌手（1）、俳優（1）、作家（1）。

全体として、この分析は、新聞や雑誌における富裕層の表象の検討からすでに見えていることを確認するものである。富裕層は決して否定的にしか描かれていないわけではない。とはいえ、彼らは知的で有能であると同時に、否定的な特徴を持っていることが多い。自己中心的で、冷酷で、貪欲で、金のためなら他人を傷つけることも厭わない。このような描かれ方は、肯定的に描かれることが多い非富裕層の登場人物とは著しく異なる。

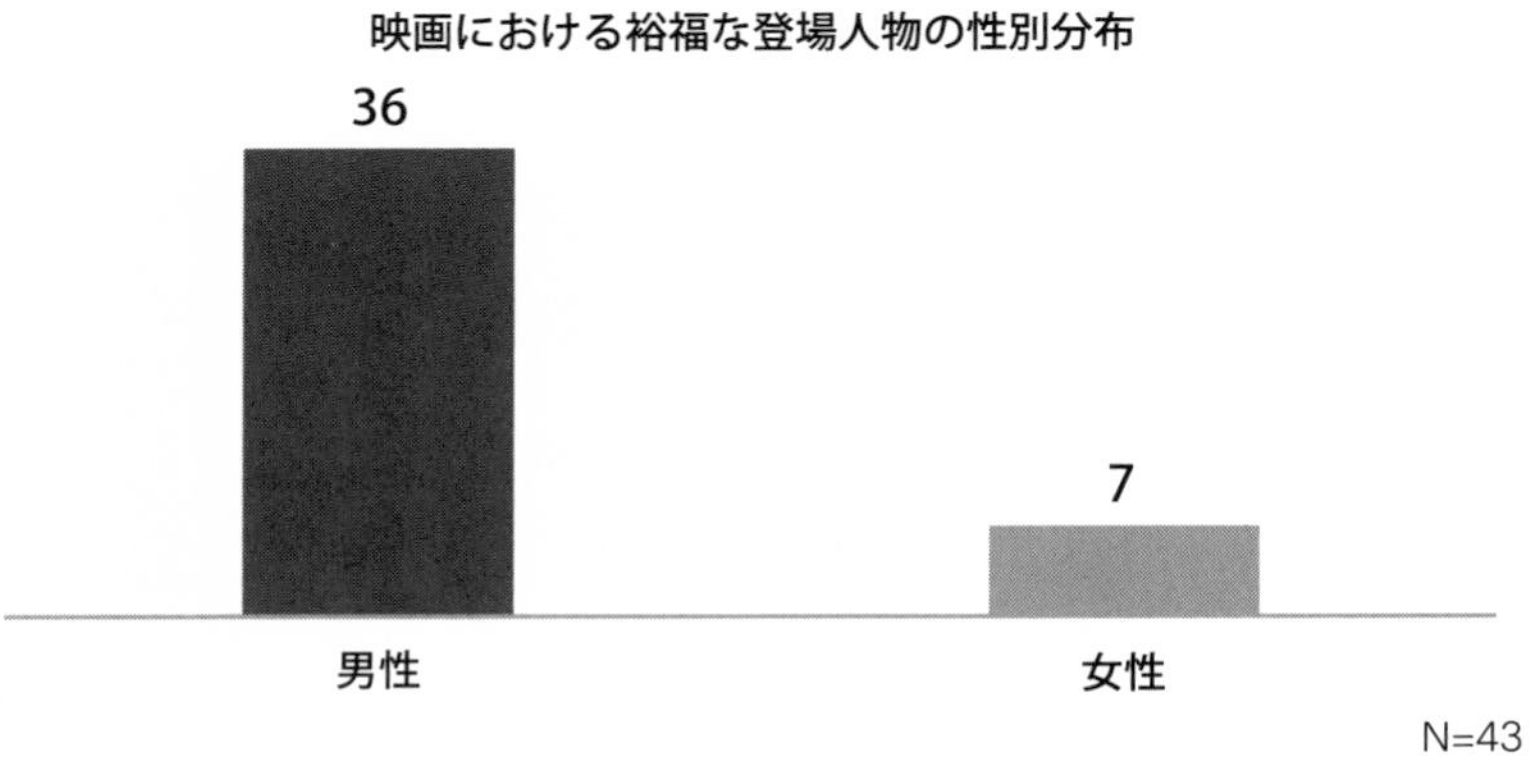

結論

100年前にウォルター・リップマンが『Public Opinion』という著作を発表して以来、学者たちは偏見やステレオタイプについて幅広い研究を行ってきた。その際、研究者はある種のステレオタイプに、他のものよりはるかに多くの関心を寄せてきた。特に、人種的偏見やジェンダー的偏見が注目されているが、社会階層や所属階層に基づく偏見については あまり研究が進んでいない。このような偏見に対して、性差別や人種差別と並ぶ新たな研究分野として「階級主義」という言葉が生まれた。

いくつかの研究により、社会階級に基づく偏見やステレオタイプは、民族やジェンダーに基づくものよりも顕著であることが示されている。階級主義の研究者によれば、階級に基づくステレオタイプに関する研究は、ジェンダー、民族性、その他の特徴に基づくステレオタイプに関する研究よりも少ないだけでなく、実施された研究は圧倒的に下層階級に対する態度に焦点を当てたものであった。

多くの研究者は、「下降型」、つまり労働者階級や貧困層に対する偏見に焦点を当て、「上昇型」、つまり富裕層に対する偏見はほとんど無視した、狭い視野に立った研究を行っている。また、多くの研究者の研究は、イデオロギー的に貧しい人々や労働者階級を擁護する一方で、富裕層や資本主義体制に大きな憤りを抱いていることが特徴である。これらの研究者は、明示的にも暗黙的にも、貧困層は自分たちの貧困に決して責任を負っておらず、富裕層は自分たちの富を獲得していないと仮定しているのである。これらの研究者にとって、貧しい人々の個人的な失敗に関するメディア報道、あるいは富裕層の当然の成功に関する報道は、階級主義の表現であり、したがって批判に値する。資本主義社会の人々は、自らの運命に責任を持つことはなく、むしろ無実の犠牲者（貧乏人や労働者階級）か、不当な利益を得る者（富裕層）のどちらかである、というのが彼らの見方である。

階級主義の研究者は自分では気づかないうちに、中産階級の一員として、自分たちの価値観に基づいて結論を出すという他者を批判する際に使うことを行ってしまっている。

ステレオタイプ・コンテンツ・モデルは他の社会集団（外集団）に対する感情的印象が、温かさと能力の2つの側面に沿って形成されると仮定するもので、これまで見てきたように、先行研究の中でも最も実りあるアプローチの1つである。私たちは、対人関係や集団間の出会いにおいて、まず見知らぬ人や外集団が自分に危害を加えようとしているのか、あるいは助けようとしているのかを評価する性質がある。これらの集団や個人はどのような目的を追求しているのだろうか？見知らぬ人や外集団は、私たちの内集団に対して友好的か非友好的か？これが「温かさ」の側面の判断である。2つ目の評価は、能力に関するものだ。見知らぬ人や集団は、認識した（良いまたは悪い）意図に基づいて行動する能力がどの程度あるのか？。

ステレオタイプ・コンテンツ・モデルを用いた研究によると、富裕層やビジネスマンは人間性を奪われ、冷たいオートマタやロボットに例えられ、妬まれることが分かっている。安定した社会状況下では、嫉妬される集団が直面する脅威や社会全体が被るダメージは、不安定な状況下で直面するリスクと比較して限定的である。しかし、社会が不安定になると、そのような嫉妬される集団は持続的で危険な、時には致命的な攻撃を受けることが、歴史的に繰り返し証明されている。そして、嫉妬される集団が苦しめば苦しむほど、嫉妬深い人はほくそ笑むという悪循環が生まれる。富裕層のような集団を無感情で冷酷な機械とみなす「機械論的非人間化」は、特に危機や戦争のような例外的状況において、そうした集団のメンバーを迫害したり殺したりするための必要条件である。なぜなら機械化されたオートマタは理性的で有能かもしれないが、人間的な価値観や感情を持たないので、同情に値しないからだ。

富裕層などの外集団が、知性や勤勉さなどの高い能力特性を持ちながら、道徳的特性を持たないと評価された場合、それは広範囲に及ぶ結果をもたらす。私たちは知覚に関する研究から、人々が他者や他の社会集団の評価を主に道徳的特性に基づいて行うのに対し、能力特性は明らかに二次的な役割を果たすことがわかっている。もし人々が富裕層を有能だが道徳的に疑わしいと判断する傾向があるとすれば、道徳的判断の方がはるかに高い重みを持ち、有能さの帰属はよりバランスのとれた総合評価ではなく、総合的に否定的な評価につながるのである。

多くの人は、富裕層の道徳性を否定する傾向がある。私はこの現象を、「補償理論」と呼ぶ心理学的なメカニズムで説明する。自尊心を保つためには、ある個人が自分にも何かあると指摘したり、自分が特によくやっていると思う面を強調したりするだけでは不十分なのだ。この戦略は、他の社会集団－この場合は上流階級－が、その個人が関連すると宣言した側面において、相応の失敗や欠落があると非難される場合にのみ、有効である。「非富裕層」は、経済的成功が個人の満足度や充足感を決定する重要な要素であるかどうかを疑問視し、対人関係、道徳、家族生活など他の価値を優先させながら、さまざまな補償戦略を追求している。

しかし、それだけではない。富裕層に対して優越感を得ようとするとき、人々は一般に、自分が関連すると考える分野のすべてにおいて、自分も同じように（あるいはそれ以上に）優れていると信じる必要があるのだ。富裕層は冷淡で、家庭生活も満足に送れず、対人関係も概して悪く、利己的でモラルが低いというステレオタイプは、自分の優越感を高め、劣等感を補うために役立っているのだ。

「社会的に不利な」立場にある人たちが、富裕層より優れていると主張する領域の共通点は、主観的な解釈に基づく部分が大きいことである。客観的な尺度を用いれば、誰がより多くのお金を持っているか、より良い教育を受けているかを示すことは容易である。しかし、対人関係が充実しているか、家庭生活が充実しているかは別である。そのような判断は、例えば、結婚生活の質など、部外者が判断するのはほとんど不可能な主観的解釈にはるかに依存している。

ゼロサム信仰は、富裕層に対する偏見の主な原因である。心理学者は実験を通して客観的にはそうでない場合でも、人はしばしばゼロサムゲームをしていると信じていることを示した。このゼロサム信仰は、富裕層に対する妬みや恨みの基礎の一つである。富裕層の富が増えれば、自動的に非富裕層の状況も悪化すると考える人は、必然的に貧困との戦いを富裕層との戦い、あるいは富の再分配のための戦いと同義に考えてしまうのである。

富裕層が貧困の原因として悪者にされるとき、特に社会的危機のときに、彼らはスケープゴートとしての機能を果たす。「スケープゴート」とは、内集団が直面する問題の責任を外集団のメンバーに押し付ける戦略を表す言葉である。歴史的に見ても、人は否定的な出来事を説明できないとき、特定の外集団のせいにする傾向がある。

中国、アメリカ、日本、韓国、ベトナム、ドイツ、フランス、イタリア、スペイン、スウェーデン、イギリスの11カ国の国民が、富や富裕層についてどう思っているのか、国際比較調査を初めて実施した。

これらの11カ国それぞれにおいて、回答者個人にとって富裕層であること、または富裕層になることがどの程度重要であるかを尋ねた。ヨーロッパ6カ国とアメリカでは、富裕層であること・富裕層になることが「とても重要」「重要」と答えた人の割合は平均28%で、イギリスのわずか19%からイタリアの36%までと幅が広い。アジア諸国では、すべての国でその割合が高くなっている。日本では43%、中国では50%、韓国では63%、ベトナムでは76%と高い。アジア4カ国の平均は58%で、欧米より30ポイントも高い。アジア人は成功に対してよりハングリーであり、これが特に中国やベトナムのような国の高い経済活力を説明する一因となっている。

本調査の目的の一つは、各国における社会的嫉妬の度合いを測定することである。社会的嫉妬は直接質問（「あなたはどの程度嫉妬していますか」）では測れないため、調査参加者には社会的嫉妬の指標となるような文章が提示された。11カ国すべてで同じ質問をしているので、比較のための確かな根拠となる。

この比較は、本研究のために開発された「社会的嫉妬係数」に基づいている。1の値は、社会的嫉妬を持つ人と嫉妬を持たない人の数が同じであることを意味する。1より小さい値は、嫉妬を持たない人が社会的嫉妬を持つ人より多いことを意味し、逆に1より大きい値は、嫉妬を持つ人が嫉妬を持たない人より多いことを意味する。社会的嫉妬係数が示すように、社会的嫉妬はフランス（1・26）が最も高く、次いでドイツ（0・97）、中国（0・93）、イタリア（0・62）である。ベトナム（0・43）、スウェーデン（0・44）スペイン（0・43）、アメリカ（0・42）、イギリス（0・37）、韓国（0・33）、日本（0・25）では著しく低くなっている。日本は、他のどの国よりも社会的嫉妬が弱いのだ。

どの国でも同じ質問をし（ただし、それぞれの国の特徴を反映させるために若干の修正を加えた）、どの国でも、「嫉妬を持つ人」と「嫉妬を持たない人」の2つのグループに分けることができた（さらに、「嫉妬を持つ人」と「嫉妬を持たない人」のどちらにも明確に分類できない第3のグループ「アンビバレント」もある）。日本ほど嫉妬を持たない人の割合が高い国はなく、57%を占めている。一方、フランスと中国では27%、ドイツでは34%にとどまっている。

回帰分析の結果、ゼロサム思考は、調査対象国の多くで、社会的嫉妬の水準に決定的な影響を及ぼしていることが明らかになった。一般市民の間では、ゼロサム思考は経済生活に関する一般的な見方である。ゼロサム信奉者によれば、例えばテニスの試合のように、ある人の利益は自動的に他の人の損失となる。

第1回目の調査対象国のデータの比較分析は、社会的嫉妬係数（SEC）のみに基づいて行われた。しかし、分析を進めるうちに、SECだけでは国民の富裕層に対する意識を真に描き出すのに必要なレベルの詳細な情報を提供できないことが明らかになった。特にスペインについては、SECの値が高いだけでは、他の重要な国ごとの差異を捉えることができないことが明らかになった。スペインのSECは0・43と、アメリカやスウェーデンのSECと同程度であり、このことは、この3カ国の国民が富裕層に対してかなり似たような考えを持っていることを示していると考えられる。しかし、他の調査項目からは、各国の富裕層に対する見方に大きな違いがあることがわかる。この違いは、特に、回答者が富裕層に求める性格的特徴との関係で顕著に現れている。

全11カ国において、回答者に14の性格特性のリストを提示し、〝次のうち、富裕層に最も当てはまるとしたらどれですか？〟と質問した。14の性格特性のうち、肯定的なものは、先見の明がある、勤勉、大胆／果敢、想像力豊か、知的である、楽観的、正直の7つであった。残りの7つは、物質主義的、貪欲、自己中心的、傲慢、表面的、冷酷、無慈悲という否定的な特徴であった。

日本では、37％が「富裕層は先見の明がある」、24％が「想像力豊か」、24％が「知的である」と回答している。しかし、24％の日本人は、富裕層は貪欲だとも答えている。そして、国ごとに肯定的な特徴と否定的な特徴の平均的な割合を算出し、この2つの割合を割って、人格特性係数（ＰＴＣ）を算出した。調査対象者の中で、富裕層に対して否定的な性格特性を持つ人が最も多いのはスペイン人であり、このことは同国のＰＴＣが３・０であることからも裏付けられている。以下、イタリア（１・９）、ドイツ（１・４）、スウェーデン（１・１）、韓国（１・１）、アメリカ（１・０）、フランス（０・９）、イギリス（０・９）と続いている。中国のＰＴＣは０・８であり、中国の回答者は富裕層の性格を否定的なものよりも肯定的なものと考える傾向があることを意味する。日本のＰＴＣは０・７、ベトナムは０・３と最も低い。

各国の富裕層に対する意識を正確に把握するために、社会的嫉妬係数と人格特性係数を組み合わせて、富裕層感情指標（ＲＳＩ）を作成した。ＲＳＩの算出にあたってはＳＥＣをＰＴＣに対して３倍の重み付けをする。つまり、RSI=(3*SEC+1*PTC)/4 となる。

ＲＳＩは、フランス１・２、スペイン１・１、ドイツ１・１、イタリア０・９、中国０・８、スウェーデン０・６、米国０・６、英国・韓国０・５、ベトナム・日本０・４となっている。

ＲＳＩは、ある国の人々が富裕層に対して一般的にどのように感じているかをかなり正確に描き出している。例えば、フランス、スペイン、ドイツでは、スウェーデン、アメリカ、イギリス、韓国、ベトナム、日本よりも富裕層に対して批判的な意見が多いことが確認されている。イタリアと中国は、この２つのグループの中間に位置している。

この調査のもう一つの重要な発見は、若いアメリカ人は年配のアメリカ人に比べて富裕層に対してずっと懐疑的であるのに対し、ヨーロッパ諸国ではその逆であるということである。ほとんどすべての問題で、若いアメリカ人は年配のアメリカ人よりも富裕層に対してはるかに批判的であることがわかる。「富裕層は金儲けには長けているが、まともな人間ではないことが多い」という露骨な非難でさえ、若いアメリカ人の40％が同意した（同意しないのは23％だけ）。しかし、年配のアメリカ人はまったく違う見方をしている。この意見に同意したのはわずか15％で、50％は真っ向から否定した。

若いアメリカ人が年配のアメリカ人よりもはるかに富裕層を批判的に見ていることは、例えば、彼らが富裕層に与える性格的特徴を見れば明らかである。若いアメリカ人が富裕層に対して最もよく挙げる5つの性格特性のうち4つは否定的なものであるが（物質主義、傲慢、貪欲、自己中心的）、年配のアメリカ人が挙げる5つの性格特性のうち4つは肯定的なものである（勤勉、知的である、想像力豊か、大胆、果敢）。

イタリアは、若者と年配の回答者の意識に関する限り、アメリカとは正反対の極にある。若い世代は、年配の世代に比べ、富裕層に対して非常に肯定的である。社会的嫉妬係数は、若年層と高齢層でかなり異なっている。イタリア人全体の平均ＳＥＣスコアは0・62である。若いイタリア人の場合は0・31、年配のイタリア人の場合は1・32である。

他のヨーロッパ諸国（スウェーデンを除き、年齢層による差はほとんどない）でも、イタリアほどではないが、若い回答者の方が年配の同胞よりも富裕層に対して肯定的な態度をとっていることがわかる。アジア諸国（中国、ベトナム、日本、韓国）でも、社会的嫉妬に関する年齢層の差はそれほど顕著ではない。

しかし、「富裕層であること」「富裕層になること」が個人的にどの程度重要であるかを回答者一人ひとりに尋ねたところ、違いが出てきた。すべての調査対象国（差のない韓国とスペインを除く）において、若い回答者の方が、個人的に富裕層になることが重要であると考える割合が有意に高い。11カ国を平均すると、若い人（30歳未満）の45・2％、年配の人（55歳または60歳以上）の33・8％が「富裕層になりたい」と答えている。その理由は明白で、若いうちは、これから長い人生が待っているため、いつか富裕層になるという夢をまだ抱いている可能性が高いからである。この調査の回答は、年齢とともにその希望が薄れていくことを明確に示している。結局、60歳になるまでに富裕層になれなかった人は、今の自分にはそれが叶いそうもないことを悟っているのだろう。

同様に、すべての調査対象国で、3つの例外を除き、女性よりも男性の方が、富裕層になること、または富裕層になることが重要であると答えている。スペインと韓国はほとんど差がなく、ベトナムは男性よりも女性の方が富裕層になりたいと考えている。

これまでの富裕層に関する意識調査では、富裕層は同質な集団として扱われることがほとんどであった。しかし、実際には、その人々がどのように富を獲得したかによって、富裕層に対する国民の意識は異なる。7カ国では、「あなたが個人的に裕福になるべきだと思うのは、次のうち、どのグループの人たちですか？」という質問をした。ヨーロッパ諸国と米国では、起業家と自営業者が最も高い順位にあり、次いでクリエイティブな人々（ミュージシャンやアーティストなど）、トップアスリート、宝くじの当選者などが挙げられている。社会的嫉妬の度合いが最も低い欧米諸国、すなわち米国、英国、スウェーデンでも金融投資家が挙げられている。一方、ドイツでは、金融投資家は2位から最下位、フランスやイタリアでも大きく順位を下げている。欧州各国と米国では、銀行幹部は最も富裕層になる価値のないグループとみなされている。

アジアでは、かなり様相が異なっている。日本、韓国（1位）、中国、ベトナム（2位）でも起業家が上位にランクインしている。しかし、中国では銀行家の評価が他国よりも高く（1位）、ベトナムでは金融投資家（2位）、不動産投資家（3位）がヨーロッパよりもはるかに高い評価を受けている。

では、富裕層への課税について、各国の人々はどのように考えているのだろうか。回答者の多くは、富裕層は貧困層や平均的な所得者よりも高い税率を支払うべきだという意見に同意しており、調査対象国の税制はすべてそのように設計されている。しかし、「どの程度」の税率が必要かという点については、意見が分かれるところである。例えば、フランスとドイツでは、富裕層は高い税金を払うだけでなく、非常に高い税金を払うべきだという意見が多数を占めている。他のヨーロッパ諸国、中国、アメリカ、韓国では、富裕層に高い税金を払うだけでなく、「非常に高い税金」を払うことに賛成する人が相対的にマジョリティである。この点で、スウェーデンとベトナムが唯一の例外であることは興味深い。スウェーデンはヨーロッパで唯一、「富裕層への課税は高くすべきだが、富裕層は一般に努力してその富を得たのだから、過度に高くすべきではない」とする回答が49％と、相対的に過半数を超えている。スウェーデンの回答者のうち、富裕層に極端に高い税金をかけることに賛成しているのは32％だけで、その理由は、そうすれば貧富の差が大きくなりすぎないように国が保証してくれると考えているからである。これは、１９７０年代のスウェーデンで、富裕層が非常に高い税金を課され、その懲罰的な税制が社会全体にダメージを与えていることに、当時のスウェーデン人が気づいていたことと関係があるのかもしれない。実際、スウェーデンの富裕層（IKEAの創業者イングヴァル・カンプラッドなど）は、その高すぎる税金から逃れるためにスウェーデンを脱出した。一方、ベトナムはというと、対照的である。他のほとんどの調査国と異なり、富裕層への過剰な課税に反対する回答者（63％）が、富裕層への超高額課税を支持する回答者（21％）を明確に上回った。

この調査の重要な発見のひとつは、実際に富裕層を1人以上知っている回答者は、その富裕層の知人に対して、一般の人々よりもはるかに肯定的な評価をしていることであった。11カ国すべてでこの質問をしなかったのは、残念ながら2回目の調査まで思いつかなかったからである。しかし、ドイツ、イタリア、スペイン、スウェーデン、中国、日本、韓国、ベトナムで収集したデータから、国民全体の意識と、少なくとも1人の富裕層（日本では純資産2億円以上を所有する人と定義）を知っている回答者から得られた回答の間に大きな食い違いがあることが明確に確認された。

このことは、たとえば、「正直」が富裕層の特徴であるとされる頻度にも表れている。調査対象国のほとんどで、「正直」は最も選択頻度の低い性格特性であった。一方、実際に富裕層を1人以上知っている回答者は、自分がよく知っている富裕層を正直者と表現する傾向が、一般的な回答者よりもはるかに高い。例えば、日本では、富裕層は正直だと答えた人はわずか5％であった。しかし、日本人の回答者のうち、個人的に富裕層を知っている人に聞いたところ、20%の人がその人は正直だと答えた。他の国でも似たような結果となった。この質問をした8カ国すべてで、富裕層全般を正直だと答えた人は、平均でわずか7・5%であった。しかし、実際に1人以上の富裕層を知っている回答者の部分集合に同じ質問をしたところ、平均27%が、自分が最もよく知っている富裕層は「正直」だと答えた。これは、私たちがすでによく知っている偏見に関する調査の結果と一致する。少数人の外集団のメンバーを個人的に知っている人は、メディアを通じてのみ外集団を経験した人よりも、その外集団に対して肯定的な態度をとる可能性がはるかに高いのである。

メディアによる富裕層のイメージは、富裕層に対する認識を形成する上で重要な役割を担っている。本研究では、成功した長編映画において富裕層がどのように描かれているかを分析するための基準を作成した。その結果、ハリウッド映画における富裕層は、圧倒的に道徳的に欠落した人物として描かれており、非富裕層の登場人物が圧倒的に道徳的に肯定的に描かれているのとは対照的であることがわかった。

富裕層の描写が肯定的であるよりも否定的である傾向があることは、繰り返される枠組み、つまり分析された映画で富裕層を描写するのに使われた解釈の枠組みを分析することで確認された。富裕層は、経済的な目標のためには死体も乗り越える覚悟がある、利益しか頭にない、と描かれていた。彼らの行動はすべて、欲を満たしたいという欲求に駆られており、しかし、彼らは他人をだまし、権力や影響力を行使し操作するために富を利用するのである。また映画を通じてお金だけでは人は幸せになれない、お金ですべては買えないということを、視聴者は再認識させられた。しかし、中には、富裕層が自分を取り戻し、人間らしさを取り戻し、富の代名詞とされる負の特性を捨て去ることができることを示した映画もあった。

また、ドイツを例にとり、新聞やその他のメディアがどのように富裕層を描いているかを詳細に分析した。この分析は、ドイツ語版では１００ページ近くに及んだため、この日本語版では掲載しないことにした。とはいえ、我々の発見の多くはおそらく他の国にも転用可能であろうから、最も重要な結果のいくつかをここで紹介する価値は十分にある。

mct Medienagentur の研究者は、ドイツのメディアにおける富裕層の描写を分析した。mct Medienagentur は、特別に開発したコードブックを用いて、メディアが富裕層を描く際の価値観と傾きを分析した。価値観とは、出来事、物体、状況などの本質的な魅力や嫌悪感のことである。これは、例えば、ある状況に対する明白な個人的評価を含む、あるいは特定の情報源を優先するなど、ジャーナリストが報道に与えるバイアスを意味する「傾き」とは区別されるものである。価値と傾きはしばしば一致するが、これまで見てきたように、必ずしも一致するとは限らない。

mct Medienagentur によれば、富裕層を肯定的に扱った記事の大半は、それでもなお否定的に傾いており、これらの記事に見られる圧倒的な否定的バイアスは、報道される出来事や状況から主に生じるものではないことがわかる。むしろ、否定的なバイアスは、ジャーナリストや取材対象者の価値判断から生じていることが多い。

また、情報記事、意見記事ともに、80％以上で否定的な傾向が顕著であった。最も顕著なのは、政治家とジャーナリスト自身が、それぞれ90%と83%の寄稿で、富裕層に対して否定的な意見を表明していることである。

調査対象メディアは、役員報酬と退職金について大きく報道した。その主流となる内容は、役員報酬と退職金があまりにも高額であり、深刻な問題であるというものであった。役員報酬や退職金が高すぎるという批判は、多くの読者にとって説得力があるように見えるかもしれないが、よくよく考えてみると、そうとも言い切れない。

銀行員のボーナスもまた、メディアで頻繁に取り上げられる話題である。分析した記事の85%で、ボーナスは概して否定的に描かれている。新聞記事では「強欲」について語られ、銀行員は「太った猫」と表現され、銀行員の多額のボーナスは「過剰」であり、銀行員が「私腹を満たす」「自己奉仕」の現れと表現された。実際にはもっと違った声もあるが、「貪欲な銀行家」が世界金融危機を引き起こしたという単純な（しかし客観的には非常に疑わしい）説明が、依然として圧倒的に支配的である。

富裕層や超富裕層が肯定的な報道の対象となる現実の場面は、それほど多くはない。しかし、そのような文脈のひとつに、「寄付の誓い」キャンペーンがある。このキャンペーンに関するメディア報道では、肯定的かつ利他的な動機が13、否定的かつ利己的な動機が16、そして中立的な動機が6と、37の寄付の動機が言及された。このように、全体的に「寄付の誓い」キャンペーンはポジティブに描かれている。しかし、マスコミ報道では、この募金活動が「資本主義の汚れたイメージに磨きをかけたい」という動機で行われたことが何度も強調されている。「寄付の誓い」キャンペーンに関する報道は、他のトピックの記事に比べれば当然ながら富裕層に対する同情的な描写が多かったが、その一方で富裕層に対する強い誤解を強めてもいたのである。

また、パナマ文書やパラダイス文書のように、題材だけで富裕層に対するあからさまな批判を示唆する報道においても、同様のことが言える。シェル・カンパニーは、世界中のマネーロンダリング、麻薬の売人、汚職政治家が頻繁に利用している。しかし、これらの記事は、富裕層や超富裕層を一般的な疑惑の下に置き、彼らを公の裁判にかけるものであったことが印象的であった。このように、多くの悪事の個別事例を大きく取り上げることで、富裕層のほとんどが税金の抜け穴を利用しており、しかもそれが不正な目的のために行われているという印象を植え付けた。

パナマ文書の記者が富裕層や超富裕層について報道する際、ごく稀に大雑把な一般論を控えることがあった。それ自体は、税金の構造化には何の問題もない。実際、最高裁判所は一貫して、法律の範囲内で可能な限り効率的に税務を整理することは、すべての納税者の正当な権利であると判決を下している。

パナマ文書とパラダイス文書が公表されたとき、それを取り上げた記事のうち、リークに関連するデータ保護の問題を取り上げたものはわずか6%だった。運動家たちは、目的（彼らの大義名分、つまり富裕層や超富裕層の策略を暴くこと）が手段を正当化すると考えたようだ。この原則は、容疑者を有罪とするために使用できる方法に明確な制限がある刑事手続きには当てはまらない。さらに、これらの文書の文脈では、富裕層が何も違法なことをしていないと指摘されると、それ自体が資本主義システムが道徳的に破綻しており、富裕層が自分たちの利益のために法律を書く世界に住んでいるという証拠とされた。

メディアにおける富裕層の描写の分析には、少なくともネット上のコンテンツの分析が含まれていなければ、不完全なものとなってしまう。本書では、テレビのトーク番組「The Rich Club - How Much Inequality Can Germany Take?」のエピソードに関するネット上のコメントを分析した。調査した597件のコメントのうち、84%が富裕層に批判的であった。

これまで見てきたように、定量的な分析では、これらのネット上のコメントで表明された態度は、調査データで見られた態度と類似していることが示されている。このような分析は、問題の表面を掻い潜ることに過ぎない。しかし、ドイツで行われた人口調査や報道で見られた富裕層批判の傾向が、ネット上の富裕層に対する否定的な発言と一致していることは確かである。実際、ネット上での富裕層批判は、代表的な調査よりも鋭いものが多く、また、オフラインのメディアに登場する批判よりもはるかに先鋭化しているものが多い。

このメディア分析によって、富裕層が肯定的によりも否定的に紹介されていることがわかったとはいえ、富裕層への偏見の原因をメディア報道だけに求めるのは間違いである。本書の第一部で示したように、社会的嫉妬はさらに深い心理的な根を持つものである。メディアは嫉妬を増幅し、特定のターゲットに向ける力を持つが、その際、メディアは実質的に、すでに存在する感情や偏見を反映しているのである。

平等が約束された社会では、人々は自分が他の人々ほど経済的に成功していないという事実に対処するために、心理的な戦略を立てる。さらに、世界の歴史を通じて、マイノリティはしばしば、他に説明がつかないような悲痛な出来事のスケープゴートとしての役割を担ってきた。メディアは、単純で直線的な説明（例えば、強欲な銀行家が金融危機を引き起こした）を求める人々の本質的な欲求を満たすが、それはメディアを超越した欲求である。例えば、映画で富裕層を圧倒的に否定的に描くのは、必ずしも脚本家が観客を操作したいからではなく、むしろ脚本家が広く浸透したステレオタイプを利用し、より深い心理的欲求を満たしているからである。

第1章で示したように、偏見や固定観念は人間の知覚に固有のものであるため、研究だけでは排除できない。本書で紹介した偏見は、富裕層だけでなく、社会全体にも被害を与える。もし人々が危機や否定的な出来事の本当の原因を理解せず、代わりに単純な説明を信じ、富裕層をスケープゴートとして非難することを選ぶなら、この間違いは非常に現実的な問題に対する真の解決策を見つける妨げになる。

経済政策が社会的嫉妬によって推進される場合、繁栄と社会的信頼の著しい低下を招き、切実に必要とされる政治・経済改革を阻む可能性がある。深刻な経済危機や戦争などの例外的な状況では、極端な偏見によって迫害される集団が迫害されたり、物理的に消滅したりすることもある。それによって、経済的自由に基づく社会システムが根絶され、実際に貧困を拡大する抑圧的なシステムが生まれるのである。

しかし、個人的なレベルでも、社会的嫉妬や富裕層に対する否定的な固定観念を抱いている人は、こうした信念によって害される。誠実な仕事を通じて富裕層になることは不可能だと固く信じ、他人を欺いたり傷つけたりすることでしか富を得られないと確信している人は、道徳的な呵責を持たず高いリスクを負う覚悟があるならば、犯罪行為を通じて富裕層になろうとする一歩手前まで来ているに過ぎないのである。

また、同じように否定的な信念が無意識のうちに障壁となり、裕福になることを阻まれている人もいる。富裕層を利己的で冷淡な人間だと考え、貧乏人を犠牲にしてしか富を得られないと考えている人は、富裕層になることを内心で肯定し、富を高い道徳観や倫理観と両立する前向きなものだと考えている人よりも、おそらくはるかに富裕層になる確率が低いのだ。もし研究者たちが、嫉妬深い人たちが自分自身の社会的嫉妬の感情や富裕層に対する否定的なステレオタイプによってどのような害を受けているかを調査したら、確かに興味深いことになる。

これまで、富裕層は自分たちに向けられた偏見に積極的に立ち向かうことをあまり重要視してこなかった。また、富裕層に対する偏見に関する科学的な研究についても、資金的な余裕があるにもかかわらず、これまで支援してこなかった。したがって、富裕層に対する否定的な偏見が定着した場合、富裕層はその責任の一端を担うことになる。

ロシア系アメリカ人の作家で哲学者のアイン・ランドは、この事実を半世紀以上前に認識していた。「どんな人間も、どんな集団も、道徳的な不公正の圧力の下では、いつまでも生きてはいけない。反抗するか、屈服するかだ。ほとんどの実業家達が降参した。反抗するための知的武器を提供するには哲学者が必要だが、彼らは哲学に興味を失っていた。反抗彼らは、得体の知れない罪悪感を背負わされ、『低俗な唯物論者』という烙印を押されることを受け入れた。歴史上最も勇敢な人間として出発した実業家たちは、その存在の社会的、政治的、道徳的、知的なすべての側面において、慢性的な恐怖に突き動かされている人間という立場にゆっくりと陥ってしまった。彼らの公共政策は、最悪の敵と宥和し、最も卑劣な攻撃者をなだめ、自分たちを破壊する者と折り合いをつけようとすることから成っている」[413]。

日本は、富裕層に向けられた嫉妬が非常に破壊的な役割を果たしている欧米社会の負の発展から学ぶべきだろう。嫉妬は社会の分裂の大きな要因である。

社会的嫉妬は、日本を含め、どの社会にも存在する。しかし、本書で紹介したように、日本人の大半は富裕層を肯定的にとらえている。最も良い場合には、日本自身がこの点で他の国のロールモデルになる可能性もある。起業家精神を評価し、富に対する肯定的なイメージを持つことは、経済成長の重要な前提条件であり、社会全体の繁栄を高めるということを日本は証明している。

▼413　アイン・ランド『新知識人のために - アイン・ランドの哲学』(London: Random House, 1961)、40 頁。

6.
7.
8.
9.
10. 富は増大するものだから、みんなに行き渡る

5.
6.
7.
8.
9.
10. 競争は有害だ。それは人々の最悪の面を表面化させる

2問目

1. 長い目で見れば、懸命な努力はより良い生活をもたらす
2.
3.
4.
5.
6.
7.
8.
9.
10. 懸命な努力は一般的に成功をもたらすものではない。成功には、運とコネのほうがものを言う

3問目

1. 他人の犠牲なくして、人は裕福にはなれない
2.
3.
4.
5.

9. 楽観的
10. 無慈悲
11. 表面的
12. 大胆、向こう見ず
13. 冷酷
14. 先見の明がある
15. いずれも該当しない [SINGLE CODE, FIX]

Q15. 日常の場面でとるべき行動を理解している人と、理解していない人がいます。一般的に、あなたに当てはまるものはどちらですか？（単数回答）

3. 日常的な場面でどう行動するべきかわからないことが多い
4. 日常的な場面でどう行動するべきか自分の中で明確なことが多い
5. わからない

Q16. それでは、3つの問題についてのあなたの意見をお聞かせください。あなたの意見はこのスケールでどこに位置付けられると思いますか？「1」は、左側の記述に完全に同意することを、「10」は右側の記述に完全に同意することを意味します。また、意見が中間の場合は、その間の任意の数を選択できます。（1-10までの数字入力）

1問目

1. 競争はよいことだ。それによって人々は刺激され、懸命に努力し新しいアイデアを生み出す
2.
3.
4.

る人が対象です。（単数回答）

1. 富裕層に属する知人が１人いる
2. 富裕層に属する知人が１人以上いる
3. 知人にそのような富裕層に属する人はいない
4. わからない

（Q13で１または２と回答した人）
Q14. あなたが最もよく知っている富裕層の人についてお聞きします。その人は、どの程度性格が良い、または悪いと思いますか？（単数回答）

1. その人は性格が良い
2. その人の性格は良くも悪くもない
3. その人は性格が悪い
4. わからない

（Q13で１または２と回答した人）
Q14b. 引き続き、あなたが最もよく知っている富裕層の人についてお聞きします。次のうち、その人に当てはまるものはどれですか？（複数回答）

1. 知的である
2. 自己中心的
3. 勤勉
4. 貪欲
5. 正直
6. 物質主義的
7. 傲慢
8. 想像力豊か

＜全員回答＞

Q11. 次の記述についてどの程度同意しますか？

2億円以上の資産がある富裕層がリスクの高いビジネス上の決断をして、そのために大損をしたという話を聞くと、「当然の報いだ」と私は思う。（単数回答）

1. 強く同意する
2. やや同意する
3. どちらとも言えない
4. あまり同意しない
5. まったく同意しない
6. わからない

（全員回答）

Q12. 富裕層の中には、多額の寄付をして慈善活動を行う人もいます。

そうした活動を行う1番の理由は何だと、あなたは思いますか？彼らが寄付をするのは、主に他人のためになることをしたいからでしょうか、または、主に自分自身のため（例えば、税金対策、自分の評判を上げるためなど）でしょうか？（単数回答）

1. 他人のため
2. 自分自身のため
3. 自分自身と他人の両方に等しくメリットをもたらすため
4. わからない

（全員回答）

Q13. 2億円以上の資産がある富裕層に属する人が知人にいますか？これは、家族、友人、友人を介して知り合った人など、少なくとも時折交流のあ

4.　あまり同意しない
5.　まったく同意しない
6.　わからない

＜全員回答＞

Q10. ここでは、従業員の100倍の収入を得ている経営層に見られる収入差について、いくつかの記述を紹介します。以下のうち、あなたが同意する文はどれですか？該当するものをすべて選択してください（複数回答）

1.　経営層は、従業員と比べてそれほど長くハードに働くわけではないのだから、そんなに多くの収入を得ることは不適切だと思う
2.　経営層はより多くの責任を負うため、多くの収入を得るべきである
3.　そんなにたくさんのお金が必要な人などいないのだから、経営層の給与が非常に高いのは不適切だと思う
4.　経営層の給与をいくらにするかは、あくまでも企業の判断に委ねられている
5.　経営層が従業員よりもはるかに多い収入を得れば、従業員の給与のために残る金額は少なくなる
6.　そのような高い給与は常識的に馬鹿げていると思う
7.　優秀な経営層を採用し、雇用を維持するためには企業はこのような給与を支払う必要がある。そうでなければ、より高い給与を提示する企業に人材が流出するか、自営への転向につながる
8.　そのような経営層の給与を大幅に削減し、そのお金を従業員間でより均等に配分する。たとえ月の給与にして数円程度の上乗せであっても、その方が良いと思う
9.　いずれも該当しない
10.　わからない

3. どちらとも言えない
4. あまり同意しない
5. まったく同意しない
6. わからない

＜全員回答＞

Q8. 次の記述のうち、全体として最もあなたが同意するものはどれですか？

A: 富裕層の税金は高くすべきだが、過度に高くすべきではない。というのも、彼らは一般的に一生懸命働いて富を得ているのだから、国が彼らから多くを奪うべきではない。

B: 富裕層に高い税金を課すだけではなく、極めて高い税金を課して、国内の貧富の差が大きくなりすぎないよう、国政が介入するべき。

1. 記述Bよりも、記述Aのほうに同意する
2. 記述Aよりも、記述Bのほうに同意する
3. 両方の記述に同じくらい同意する／同意しない
4. わからない

＜全員回答＞

Q9. 次の記述についてどの程度同意しますか？
たとえ自分個人の利益にならないとしても、2億円以上の資産がある富裕層に対して大幅に増税するのは公平だと思う。（単数回答）

1. 強く同意する
2. やや同意する
3. どちらとも言えない

4. あまり同意しない
5. まったく同意しない
6. わからない

＜全員回答＞

Q6. あなたが個人的に富裕層にふさわしいと思うのは、次のうち、どのグループの人たちですか？該当するものをすべて選択してください。（複数回答）

1. 宝くじ当選者
2. 起業家
3. 自営業者
4. トップアスリート
5. 金融投資家
6. 俳優やミュージシャンなどのクリエイティブな人やアーティスト
7. 上級管理職
8. 相続人
9. 銀行幹部
10. 不動産投資家
11. いずれも該当しない
12. わからない

＜全員回答＞

Q7. 次の記述についてどの程度同意しますか？
富裕層が多くを手にすればするほど、貧困層の取り分は減る。（単数回答）

1. 強く同意する
2. やや同意する

＜全員回答＞

Q4. 次のうち、富裕層に最も当てはまる可能性が高いのはどれですか？（複数回答）

1. 知的である
2. 自己中心的
3. 勤勉
4. 貪欲
5. 正直
6. 物質主義的
7. 傲慢
8. 想像力豊か
9. 楽観的
10. 無慈悲
11. 表面的
12. 大胆、向こう見ず
13. 冷酷
14. 先見の明がある
15. いずれも該当しない
16. わからない

Q5. 次の記述にどの程度同意するかお答えください。
富裕層はお金を稼ぐことには長けているが、たいていはまともな人々ではない。（単数回答）

1. 強く同意する
2. やや同意する
3. どちらとも言えない

9. 富裕層が高い税金を払ってくれるから、国は社会システムをまかなうことができる
10. ほとんどの富裕層は、単に相続を通して金持ちになっている
11. 富裕層は一般に、生涯にわたって非常に勤勉である
12. 多くの富裕層は他人を犠牲にして自分の富を得ただけだ
13. 富裕層の多くは新しい製品を生み出した起業家なのだから、社会は総じてそうした人たちから恩恵を受けている
14. 裕福になるためには、いかに重要なコネと人脈を築くことができるかが決め手になる
15. 自らの努力により成功した富裕層は、私をやる気にさせてくれるロールモデルだ
16. 多大な富を持ち、さらにもっと権力を持ちたいと望む人々は、世界の財政や人道問題における主要課題のために責任を負うべきである
17. 多くの富裕層は税金をごまかしている
18. いずれも該当しない
19. わからない

＜全員回答＞

Q3. なかには、裕福であることは重要だと考える人もいます。富裕層であることは、あなたにとって個人的にどの程度重要ですか？（単数回答）

1. 非常に重要である
2. かなり重要である
3. どちらともいえない
4. あまり重要ではない
5. まったく重要ではない
6. わからない

11. 混血人種の人々
12. 該当なし［SINGLE CODE, FIX］
13. 回答は控えたい［SINGLE CODE, FIX］

＜全員回答＞

○表示

次に、富裕層についてお尋ねします。次の質問群に回答いただく際には、少なくとも２億円の資産（居住する家を含めず）を持つ人々についてお考えください。

＜全員回答＞

Q2. ここでは、人々が富裕層について述べた意見のリストを紹介します。リストに記載されている記述のうち、あなたが同意するものはどれですか？少なくとも２億円の資産（居住する家を含めず）を持つ人々についてお考えください。（複数回答）

1. 裕福になるには、どんな能力やアイデアを持っているかが重要だ
2. 富裕層は、基本的には運に恵まれている
3. 富裕層の多くは雇用を生み出しているので、社会は総じてそうした人たちから恩恵を受けている
4. 富裕層は高い税金を払っているので、社会は総じてそうした人たちから恩恵を受けている
5. 日本の富裕層が裕福になれたのは、ひとえに私たちの社会が公平・公正ではないからだ
6. 多くの富裕層は、他の人より多くのリスクを取るので裕福になる
7. 裕福になれるかどうかは、主に親や家族のコネや人脈に依存する
8. 多くの富裕層は、自分の利益を容赦なく追求したからこそ、金持ちになれた

Q15. There are some people who are often unsure about how they should behave in everyday situations, while others are often certain. In general, which of these applies to you more?

1. I am often unsure how to behave in everyday situations
2. I am often certain how to behave in everyday situations

日本用に修正した質問票

＜全員回答＞

Q1. ある特定のグループについて、公共の場で批判しないよう注意するべきだと言われることがあります。こうしたグループがあるとすれば、それはどのグループだと思いますか？該当するものをすべて選択してください。（複数回答）

1. 失業者
2. 移民
3. 同性愛者
4. 黒人
5. 韓国人
6. 女性
7. 障害者
8. 富裕層／裕福な人々
9. 生活保護を受けている人々
10. 中国人

4. Tend to disagree
5. Strongly disagree

Q12. Some rich people donate a great deal of money to charitable causes. In your opinion, what is the main reason why people do that? Do they primarily donate because they want to benefit others, or primarily because they want to benefit themselves (e.g. for tax relief, to improve their reputation, etc)?

1. To benefit others
2. To benefit themselves
3. To benefit both themselves and others equally

Q13. Do you know anyone that is a millionaire? This could be family members, friends, people you know through friends and that you socialise at least occasionally with.

1. I personally know one millionaire
2. I personally know more than one millionaire
3. I personally don't know any millionaires

ASK IF SOMEONE KNOWS AT LEAST ONE MILLIONAIRE (Q13 = 1 OR 2)

Q14. Thinking about the millionaire you know best, to what extent do you say the person has a good or a bad character?

1. The person has a good character
2. The person has neither a good nor a bad character
3. The person has a bad character

as they do not work so much longer and harder than their employees.

2. As managers have a lot more responsibility, they should also earn a lot more.
3. I feel such high salaries for managers are inappropriate, as no-one needs that much money.
4. It is solely up to companies to decide how much their managers earn.
5. If managers earn so much more than employees, there is less money left over for employees' salaries.
6. I feel that such high salaries are generally obscene.
7. Companies can only hire and retain the best managers if they pay salaries of this kind, otherwise these managers will go to another company that pays more or they will work for themselves.
8. I would favour drastically reducing those managers' salaries and redistributing the money more evenly amongst their employees, even if that would mean that they would only get a few more pounds (dollars / euro) per month.
9. None of the above

ASK ALL

Q11. To what extent, if at all, do you agree or disagree with this statement? When I hear about a millionaire who made a risky business decision and lost a lot of money because of it, I think: It serves him right.

1. Strongly agree
2. Tend to agree
3. Neither agree nor disagree

state should not take too much away from them.

B: The rich should not only pay high taxes, but they should pay very high taxes. In this way, the state can ensure that the gap between the rich and the poor does not become too great here in our country.

1. I agree more with statement A than with statement B
2. I agree more with statement B than with statement A
3. Agree/disagree with both statements equally

Q9. To what extent do you agree or disagree with this statement?

I think it would be fair to increase taxes substantially for millionaires, even if I would not benefit from it personally.

1. Strongly agree
2. Tend to agree
3. Neither agree nor disagree
4. Tend to disagree
5. Strongly disagree

Q10. Here are a few statements about the differences in earnings found between **managers who earn 100 times more than their employees**. Which of these statements would you agree with?

Please select all that apply

1. I think it is inappropriate for managers to earn so much more

Please select all that apply.

1. Lottery winners
2. Entrepreneurs
3. Self-employed people
4. Top athletes
5. Financial investors
6. Creative people and artists, such as actors or musicians
7. Senior level managers
8. Heirs
9. Senior bankers
10. Property investors
11. None of the above

Q7. To what extent, do you agree or disagree with the statement; The more the rich have, the less there is for the poor.

1. Strongly agree
2. Tend to Agree
3. Neither agree nor disagree
4. Tend to disagree
5. Strongly disagree

Q8. On balance, which, if any, of the following statements do you agree with MOST?

A: The taxes on the rich should be high but not excessively high because they have generally worked hard to earn their wealth, and the

1. Intelligent
2. Self-centered
3. Industrious
4. Greedy
5. Honest
6. Materialistic
7. Arrogant
8. Imaginative
9. Optimistic
10. Ruthless
11. Superficial
12. Bold, daring
13. Cold-hearted
14. Visionary and farsighted
15. None of the Above

Q5. To what extent do you agree or disagree with the following statement: Rich people are good at earning money, but are not usually decent people.

1. Strongly agree
2. Tend to agree
3. Neither agree nor disagree
4. Tend to disagree
5. Strongly disagree

Q6. Which, if any, of the following groups of people do you personally believe deserve to be rich?

10. Most rich people only become rich through inheritances
11. Rich people are generally very industrious throughout their lives
12. Many rich people only obtained their wealth at the expense of others
13. Society as a whole benefits from the existence of rich people, as many of them are entrepreneurs who created new products
14. When it comes to getting rich, the decisive factor is how good you are at establishing important connections and contacts
15. Rich people who have succeeded through their own efforts are role models who motivate me
16. Those who are very rich and want more and more power, are to blame for many of the major problems in the world financial or humanitarian issues.
17. Most rich people are tax cheats
18. None of the above

ASK ALL

Q3. For some people, it is important to be rich. How important, if at all, it is for you personally to be rich?

1. Very important
2. Fairly important
3. Neither important nor unimportant
4. Not very important
5. Not at all important

Q4. Which, if any, of the following are most likely to apply to rich people?

The following questions are about wealthy and rich people. When answering the next few questions please think about people with assets worth at least 1 million [euros, Pounds, Dollars], not including the home they live in.

ASK ALL

Q2. Here is a list of things that people have said about rich people. Which, if any, of the statements on the list would you agree with?
Please think about people with assets worth at least 1 million [euros, Pounds, Dollars], not including the home they live in.

1. Becoming rich primarily depends on what abilities and ideas you have
2. People who are rich mainly have good luck
3. Society as a whole benefits from the existence of rich people because many of them they create jobs
4. Society as a whole benefits from the existence of rich people because they pay high taxes
5. The rich people in [INSERT COUNTRY] only became rich because there was injustice in our society
6. Many rich people become rich because they take more risks than others tend to
7. Becoming rich primarily depends on the connections and contacts you have through your parents and family
8. Many rich people only become rich because they ruthlessly pursued their interest
9. The state can afford to pay for our social system because the rich pay higher taxes

付録アンケート

The Questionnaire (Ipsos MORI) – Version for Europa / United States.

ASK ALL

Q1. It is sometimes said that there are certain groups of people that you have to be careful not to criticise in public. Which of these groups, if any, do you think this applies to?

Please select all that apply

1. Unemployed people
2. Immigrants
3. Homosexual people
4. Black people
5. Muslims
6. Women
7. Disabled people
8. People who are rich
9. People on benefits/welfare
10. Jews
11. Christians
12. None of these
13. Refused

ASK ALL

NEW SCREEN

Zitelmann, Rainer. Dare to Be Different and Grow Rich!, Mumbai, Indus Source Books, 2012.
Zitelmann, Rainer. Reich werden und bleiben. Ihr Wegweiser zur finanziellen Freiheit, Munich, Finanzbuch Verlag, 2015.
Zitelmann, Rainer. The Wealth Elite. A Groundbreaking Study of the Psychology of the Super Rich. London: LID Publishing Limited, 2018.
Zitelmann, Rainer. The Power of Capitalism. London, LID Publishing Limited, 2018.
Zizzo, Daniel John. "The Cognitive and Behavioral Economics of Envy." In: Smith, Richard H. (Ed.). Envy. Theory and Research. Oxford, New York: Oxford University Press 2008, 190-210.

Williams, Joan C. "The Class Culture Gap." In: Fiske, Susan T., Hazel Rose Markus (eds.). Facing Social Class. How Societal Rank Influences Interaction. New York: Russell Sage Foundation, 2012, 39-57.
Wojciszke, Bogdan, Róża Bazinska, Marcin Jaworski. "On the Dominance of Moral Categories in Impression Formation." In: PSPB, Vol. 24, No. 12, December 1998: 1251-1263.
Wolf, Elizabeth Baily, Peter Glick. "Competent but Cold: The Stereotype Content Model and Envy in Organizations." In: Smith, Richard H., Ugo Merlone, Michelle K. Duffy (eds.). Envy at Work and in Organizations. Oxford, New York: Oxford University Press 2017, 143-164.
Wolf, Heinz E. "Soziologie der Vorurteile. Zur methodischen Problematik der Forschung und Theoriebildung." In: René König (ed.). Handbuch der Empirischen Sozialforschung. Zwei Bände, Band II. Stuttgart: Ferdinand Enke Verlag 1969, 912-960.
Zhang, Weying, The Logic of the Market. An Insider's View of Chinese Economic Reform, Washington D.C.: Cato Institute, 2015.
Zhou, Fan, Dengfeng Wang. "Dissociation between implicit and explicit attitudes towards the rich in a developing country: The case of China." Social Behavior and Personality: An international journal, 35: 295-302.
Zick, Andreas, Beate Küpper. "Rassismus." In: Petersen, Lars-Eric, Bernd Six (eds.), Stereotype, Vorurteile und soziale Diskriminierung. Theorien, Befunde und Interventionen. Weinheim, Basel: Beltz Verlag 2008, 111-120.
Zitelmann, Rainer, "Zur Begründung des 'Lebensraum'-Motivs in Hitlers Weltanschauung." In: Michalka, Wolfgang (ed.), Der Zweite Weltkrieg. Munich and Zurich: Seehammer, 1997.
Zitelmann, Rainer, Hitler. The Policies of Seduction, London: London House, 1999.

American Public. Results of the Fourth Annual Maxwell School Survey. Conducted September 2007. https://www.maxwell.syr.edu/uploadedFiles/campbell/data_sources/InequalityinAmericanSocietyReportonMaxwellPollof2007.pdf (accessed May 20, 2018).

Sznycer, Daniel, Maria Florencia Lopez Seal, Aaaron Sell, Julian Lim, Roni Porat, Shaul Shalvi, Eran Halperin, Leda Cosmides, John Tooby. "Support for redistribution is shaped by compassion, envy, and self-interest, but not a taste of fairness." In: PNAS, August 1, 2017. Volk 114. No. 31.

Tesser, Abraham. "Toward a Self-Evaluation Maintenance Model of Social Behavior." In: Advances in Experimental Social Psychology, Vol. 21 (1988), 181-227.

Thiele, Martina. Medien und Stereotype. Konturen eines Forschungsfeldes. Bielefeld: Transcript Verlag, 2015.

Thomas, Tanja. Deutschstunden. Zur Konstruktion nationaler Identität im Fernsehtalk. Frankfurt, New York: Campus Verlag, 2003.

Ven, Niels van de, Marcel Zeelenberg, Rik Pieters. "Why Envy Outperforms Admiration." In: Personality and Social Psychology Bulletin 37 (2011): 784-795.

Weldon, Kathleen. "If I Were a Rich Man: Public Attitudes About Wealth and Taxes," Roper Center Public Opinion Archives. February 2015. https://ropercenter.cornell.edu/wp-content/uploads/2015/02/public-attitudes-about-wealth-taxes.pdf (accessed May 20, 2018).

Wenzel, Michael, Sven Waldzus. "Die Theorie der Selbstkategorisierung." In: Petersen, Lars-Eric, Bernd Six (eds.), Stereotype, Vorurteile und soziale Diskriminierung. Theorien, Befunde und Interventionen. Weinheim, Basel: Beltz Verlag 2008, 231-239.

Wilcox, Clifton W. Scapegoat: Targeted for Blame. Denver, Colorado: Outskirts Press, 2010.

ings in Envy." In: PSPB, Vol. 20 No. 6, December 1994: 705-711.
Smith, Richard. "Envy and the Sense of Injustice." In: Salovey, Peter (ed.). The Psychology of Jealousy and Envy. New York, London: The Guilford Press, 1991, 79-102.
Smith, Richard H. (ed.). Envy. Theory and Research. Oxford, New York: Oxford University Press, 2008.
Smith, Richard H., Ugo Merlone, Michelle K. Duffy (eds.). Envy at Work and in Organizations. Oxford, New York: Oxford University Press, 2017.
Smith, Richard H., Terence J. Turner, Ron Garonzik, Colin W. Leach, Vanessa Urch-Druskat, Christine M. Weston. "Envy and Schadenfreude." In: PSPB, Vol. 22, No. 2, February 1996, 158-168.
Spencer, Bettina, Emanuele Castano. "Social Class is Dead. Long Live Social Class! Stereotype Threat among Low Socioeconomic Status Individuals." In: Soc Just Res (2007) 20, 418-432.
Staub, Ervin. The Roots of Evil. The Origins of Genocide and Other Group Violence. New York: Cambridge University Press, 1989.
Staud, Wieland. Making Money. 51 Irrtümer, die Sie vermeiden sollten, Munich: Herbig, 2011.
Steed, Lyndall, Maxine Symes. "The Role of Perceived Wealth Competence, Wealth Values, and Internal Wealth Locus of Control in Predicting Wealth Creation Behavior." In: Journal of Applied Social Psychology, 2009, 39, 10: 2525-2540.
Sterling, Christopher M., Niels van de Ven, Richard H. Smith. "The Two Faces of Envy: Studying Benign and Malicious Envy in the Workplace." In: Smith, Richard H., Ugo Merlone, Michelle K. Duffy (eds.). Envy at Work and in Organizations. Oxford, New York: Oxford University Press 2017, 57-84.
Stonecash, Jeffrey M., Campell Public Affairs Institute. "Inequality and the

Cross-Cultural Psychology 2015, Vol. 46 (4): 525-548.
Rubin, Paul H. "Folk Economics." In: Southern Economic Journal, Vol. 70. No. 1 (2003): 157-171.
Sachweh, Patrick. Deutungsmuster sozialer Ungleichheit. Wahrnehmung und Legitimation gesellschaftlicher Privilegierung und Benachteiligung. Also submitted as a dissertation at Universität Bremen 2009. Frankfurt, New York: Campus Verlag, 2009.
Salovey, Peter (ed.). The Psychology of Jealousy and Envy. New York, London: The Guilford Press, 1991.
Schoeck, Helmut. Envy: A Theory of Social Behavior. Indianapolis, Liberty Fund, 1966.
Schor, Juliet B. Born to Buy. New York, London, Toronto, Sydney: Scribner, 2004.
Schwerhoff, Gerd, "Vom Alltagsverdacht zur Massenverfolgung. Neuere deutsche Forschung zum frühneuzeitlichen Hexenwesen." In: Geschichte in Wissenschaft und Unterricht (GWU), 46, 359-380.
Sennett, Richard, Jonathan Cobb. The Hidden Injuries of Class. New York, London: W. W. Norton & Company, 1972.
Sigelman, Carol K. "Rich man, poor man: Developmental differences in attributions and perceptions." In: Journal of Experimental Child Psychology 113 (2012): 415-429.
Singer, Peter, Famine, Affluence and Morality. Oxford: Oxford University Press, 2016.
Six-Materna, Iris. "Sexismus". In: Petersen, Lars-Eric, Bernd Six (eds.), Stereotype, Vorurteile und soziale Diskriminierung. Theorien, Befunde und Interventionen. Weinheim, Basel: Beltz Verlag 2008, 121-130.
Smith, Richard H., W. Gerrod Parrott, Daniel Ozer, Andrew Moniz. "Subjective Injustice and Inferiority as Predictors of Hostile and Depressive Feel-

Pettigrew, Thomas F., Roel W. Meertens. "Subtle and Blatant Prejudice in Western Europe." In: European Journal of Social Psychology, Vol. 25, 57-75 (1995): 57-75.
Piketty, Thomas, Capital in the Twenty-First Century. Harvard: Belknap Press, 2014.
Powell, Caitlin A.J., Richard H. Smith, David Ryan Schurtz. "Schadenfreude Caused by an Envied Person's Pain." In: Smith, Richard H. (ed.). Envy. Theory and Research. Oxford, New York: Oxford University Press 2008, 148-166.
PWC/UBS, Billionaires. Master architects of great wealth and lasting legacies, 2015.
Rand, Ayn, For The New Intellectual. The Philosophy of Ayn Rand. London: Random House, 1961.
Reutter, Linda I., Miriam J. Stewart, Gerry Veenstra, Rhonda Love, Dennis Raphael, Edward Makwarimba. "'Who Do They Think We Are, Anyway?': Perceptions of and Response to Poverty Stigma." In: Qualitative Health Research Vol. 19, No. 3, March 2009: 297-311.
Rowlingson, Karen, Stephen McKay (University of Birmingham). "What do the Public Think About the Wealth Gap?" https://www.birmingham.ac.uk/Documents/research/policycommission/BPCIV-Report-Summary---what-the-public-think.pdf (2013).
Różycka-Tran, Joanna, Pawel Jurek, Michal Olech, Jaroslaw Piotrowski, Magdalena Żemojtel-Piotrowska. "Measurement invariance of the Belief in a Zero-Sum Game scale across 36 countries." In: International Journal of Psychology, 2017. https://onlinelibrary.wiley.com/doi/abs/10.1002/ijop.12470 (accessed May 20, 2018).
Różycka-Tran, Joanna, Pawel Boski, Bogdan Wojciszke. "Belief in a Zero-Sum Game as a Social Axiom: A 37-Nation Study." In: Journal of

Warwick University 2007. First published by the Joseph Rowntree Foundation. https://warwick.ac.uk/fac/soc/ier/people/morton/mo-attitudes-economic-inequality.pdf (accessed May 20, 2018).
Palmer, Tom G., Foreword in: Delsol, Jean-Philippe et al. (eds.), Anti-Piketty. Capital for the 21st-Century, Cato Institute, Washington 2017, xi – xvi.
Parker, Kim, Pew Research Center (2012), "Yes, the Rich Are Different." http://www.pewsocialtrends.org/2012/08/27/yes-the-rich-are-different/ (accessed December 15, 2017).
Parrott, W. Gerrod, Patricia M. Rodriguez Mosquera. "On the Pleasures and Displeasures of Being Envied." In: Smith, Richard H. (ed.). Envy. Theory and Research. Oxford, New York: Oxford University Press 2008, 117-132.
Parrott, W. Gerrod. "The Emotional Experiences of Envy and Jealousy." In: Salovey, Peter (ed.). The Psychology of Jealousy and Envy. New York, London: The Guilford Press, 1991, 3-30.
Petersen, Lars-Eric. "Vorurteile und Diskriminierung." In: Petersen, Lars-Eric, Bernd Six (eds.), Stereotype, Vorurteile und soziale Diskriminierung. Theorien, Befunde und Interventionen. Weinheim, Basel: Beltz Verlag 2008, 192 – 199.
Petersen, Lars-Eric, Hartmut Blank. "Das Paradigma der minimalen Gruppen." In: Petersen, Lars-Eric, Bernd Six (eds.), Stereotype, Vorurteile und soziale Diskriminierung. Theorien, Befunde und Interventionen. Weinheim, Basel: Beltz Verlag 2008, 200-213.
Petersen, Lars-Eric, Bernd Six (eds.), Stereotype, Vorurteile und soziale Diskriminierung. Theorien, Befunde und Interventionen. Weinheim, Basel: Beltz Verlag 2008.
Petersen, Thomas. Der Fragebogen in der Sozialforschung. Konstanz, UVK Verlagsgesellschaft, 2014.

1996.
Meegan, Daniel V. "Zero-Sum Bias: Perceived Competition Despite Unlimited Resources." Frontiers in Psychology, 2010 https://www.ncbi.nlm.nih.gov/pmc/articles/PMC3153800/ (accessed 1.5. 2018).
Meiser, Thorsten. "Illusorischen Korrelationen." In: Petersen, Lars-Eric, Bernd Six (eds.), Stereotype, Vorurteile und soziale Diskriminierung. Theorien, Befunde und Interventionen. Weinheim, Basel: Beltz Verlag 2008, 53-61.
Mises, Ludwig von. Human Action. Indianapolis: Liberty Fund Inc., 2007.
Mora, Gonzalo Mora, Fernández de la, Egalitarian Envy. The Political Foundations of Social Justice. San Jose, New York, Lincoln, Shanghai: toExcel, 2000.
Müller, Hans-Peter. "Soziale Ungleichheit und Ressentiment." In: Merkur 58 (2004): 885-894.
Mujcic, Redzo, Andrew J. Oswald. "Is Envy Harmful to a Society's Psychological Health and Wellbeing? A Longitudinal Study of 18.000 Adults." In: Social Science & Medicine 198 (2018): 103-111.
Neuhäuser, Christian. Reichtum als moralisches Problem. Berlin: Suhrkamp 2018.
Nüchter, Oliver, Roland Bieräugel, Wolfgang Glatzer, Alfons Schmid. Der Sozialstaat im Urteil der Bevölkerung. Opladen / Farmington Hills: Verlag Barbara Budrich, 2010.
Nozick, Robert. "Why Do Intellectuals Oppose Capitalism?" In: Socratic Puzzles. Cambridge, MA: Harvard University Press, 1997.
Obermayer, Bastian, Frederik Obermaier, The Panama Papers. Breaking the Story of How the Rich & Powerful Hide Their Money. London: Oneworld Publications Ltd, 2016.
Orten, Michael, Karen Rowlingson, Public attitudes to economic inequality,

Lange, Jens, Jan Crusius. "Dispositional Envy Revisited: Unraveling the Motivational Dynamics of Benign and Malicious Envy." In: Personality and Social Psychology Bulletin (2015), Vol. 41 (2): 284-294.

Leach, Colin Wayne. "Envy, Inferiority, and Injustice: Three Basis for Anger About Inequality." In: Smith, Richard H. (ed.). Envy. Theory and Research. Oxford, New York: Oxford University Press 2008, 94-116.

Lin, Monica H., Virginia S. Y. Kwan, Anne Cheung, Susan T. Fiske. "Stereotype Content Model Explains Prejudice for an Envied Outgroup: Scale of Anti-Asian American Stereotypes." In: PSPB, Vol. 31, No.1 (2005): 34-47.

Lippmann, Walter. Public Opinion. La Vergne, Tennessee: BN Publishing, 2008.

Liu, William Ming, Social Class and Classism in the Helping Professions. Research, Theory, and Practice. Los Angeles, London, New Delhi, Singapore, Washington DC, Sage Publications, Inc., 2011.

Liu, William Ming. "Introduction to Social Class and Classism in Counseling Psychology." In: Liu, William M., The Oxford Handbook of Social Class in Counseling, March 2013. http://www.oxfordhandbooks.com/view/10.1093/oxfordhb/9780195398250.001.0001/oxfordhb-9780195398250-e-001

Lott, Bernice. "Cognitive and Behavioral Distancing From the Poor." In: American Psychologist, 2002, Vol. 57, No. 2: 100-110.

Lott, Bernice. "The Social Psychology of Class and Classism." In: American Psychologist, November 2012: 650-658.

Loughnan, Stephen, Nick Haslam. "Animals and Androids. Implicit Associations Between Social Categories and Nonhumans." In: Psychological Science, Vol. 18, No. 2 (Feb. 2007): 116-121.

Lunt, Peter, Adrian Furnham. Economic Socialization. The Economic Beliefs of Young People. Cheltenham, UK, Brookfield, US: Edward Elgar:

ination. Third Edition. New York, London: Routledge, 2013.
Klauer, Karl Christoph. “Soziale Kategorisierung und Stereotypisierung.” In: Petersen, Lars-Eric, Bernd Six (eds.), Stereotype, Vorurteile und soziale Diskriminierung. Theorien, Befunde und Interventionen. Weinheim, Basel: Beltz Verlag 2008, 23-32.
Kluegel, James R., Eliot R. Smith. Beliefs about Inequality. Americans' Views of What Is and What Ought to Be. New York: Aldine de Gruyter, 1986.
König, René (ed.). Handbuch der Empirischen Sozialforschung. Book II. Stuttgart: Ferdinand Enke Verlag 1969, 912-960.
Kraus, Michael W., Paul K. Piff, Dacher Keltner. “Social Class, Sense of Control, and Social Explanation.” In: Journal of Personality and Social Psychology (2009), Vol. 97, No. 6: 992-1004.
Kraus, Michael W., Paul K. Piff, Rodolfo Mendoza-Denton, Michelle L. Rheinschmidt, Dacher Keltner. “Social Class, Solipsism, and Contextualism: How the Rich Are Different From the Poor.” In: Psychological Review (2012), Vol. 119, No. 3: 546-572.
Kraus, Michael W., Michelle L. Rheinschmidt, Paul K. Piff. “The Intersection of Resources and Rank: Signaling Social Class in Face-to-Face Encounters.” In: Fiske, Susan T., Hazel Rose Markus (eds.). Facing Social Class. How Societal Rank Influences Interaction. New York: Russell Sage Foundation, 2012, 152-171.
Lamont, Michèle (ed.), The Cultural Territories of Race. Black and White Boundaries. Chicago, London: The University of Chicago Press, 1999.
Lamont, Michèle, “Above ‘People Above’? Status and Worth among White and Black Workers.” In: Lamont, Michèle (ed.), The Cultural Territories of Race. Black and White Boundaries. Chicago, London: The University of Chicago Press, 1999, 127-151.

Horwitz, Suzanne R., John F. Dovidio. "The rich – love them or hate them? Divergent implicit and explicit attitudes toward the wealthy." In: Group Processes & Intergroup Relations. 2017, Volk 20 (1): 3-31.
Irvine, Ben. Scapegoated Capitalism. Oldspeak Publishing, 2016.
Jensen, Barbara, Reading Classes. On Culture and Classism in America. Ithaca, London: ILR Press, 2012.
Jussim, Lee. Social Perception and Social Reality: Why Accuracy Dominates Bias and Self-Fulfilling Prophecy. Oxford, New York: Oxford University Press 2012.
Kahan, Alan S., Mind vs. Money. The War between Intellectuals and Capitalism. New Brunswick/London: Transaction Publishers, 2010.
Kemper, Andreas, Heike Weinbach. Klassismus: Eine Einführung. 2. Auflage. Münster: Unrast-Verlag 2016.
Kendall, Diana. Framing Class: Media Representations of Wealth and Poverty in America. Second Edition. Lanham, Boulder, New York, Toronto, Plymouth, UK: Rowman & Littlefield Publishers Inc., 2011.
Kepplinger, Hans Mathias. Die Mechanismen der Skandalisierung. Warum man den Medien gerade dann nicht vertrauen kann, wenn es darauf ankommt. 4. aktualisierte und erheblich erweiterte Auflage. Reinbek: Lau Verlag, 2018.
Kessler, Thomas, Nicole Syringa Harth. "Die Theorie relativer Deprivation." In: Petersen, Lars-Eric, Bernd Six (eds.), Stereotype, Vorurteile und soziale Diskriminierung. Theorien, Befunde und Interventionen. Weinheim, Basel: Beltz Verlag 2008, 249-258.
Khanna, Naveen, Annette B. Poulsen. "Managers of Financially Distressed Firms: Villains or Scapegoats?" In: The Journal of Finance, Vol. L, No. 3 (1995): 919-940.
Kite, Mary E., Bernard E. Whitley, Jr., Psychology of Prejudice and Discrim-

Development of Angry White Men and Women. Cham: Palgrave Macmillan, 2017.
Harris, Christine R., Nicole E. Henniger, "Envy, politics, and age." In: Frontiers in Psychology, March 2013, Volume 4: 1-5.
Harris, Lasana T., Mina Cikara, Susan T. Fiske. "Envy, as Predicted by the Stereotype Content Model: A Volatile Ambivalence." In: Smith, Richard H. (ed.). Envy. Theory and Research. Oxford, New York: Oxford University Press 2008, 133-147.
Harris, Christine R., Peter Salovey. "Reflections on Envy." In: Smith, Richard H. (ed.). Envy. Theory and Research. Oxford, New York: Oxford University Press 2008, 335-356.
Haslam, Nick, Brock Bastian, Paul Bain, Yoshihisa Kashima. "Psychological Essentialism, Implicit Theories, and Intergroup Relations." In: Group Processes & Intergroup Relations 2006 Vol. 9 (1): 63-76.
Haslam, Nick, "Dehumanization: An Integrative Review". In: Personality and Social Psychology Review 2006, Vol. 10, No. 3: 252-264.
Hill, Sarah E., David M. Buss. "The Evolutionary Psychology of Envy." In: Smith, Richard H. (ed.). Envy. Theory and Research. Oxford, New York: Oxford University Press 2008, 60-72.
Hitler, Adolf, Mein Kampf. London, New York, Melbourne: Hurst and Blackett Ltd., 1939.
Hoffmann, Johannes. Stereotypen, Vorurteile, Völkerbilder in Ost und West – in Wissenschaft und Unterricht. Eine Bibliographie. Wiesbaden: Otto Harrassowitz Verlag, 1986.
Hoogland, Charles E., Stephen Thielke, Richard H. Smith. "Envy as an Evolving Episode." In: Smith, Richard H., Ugo Merlone, Michelle K. Duffy (eds.). Envy at Work and in Organizations. Oxford, New York: Oxford University Press 2017, 57-84.

Nots", August 19, 2015. http://news.gallup.com/poll/184730/americans-themselves-haves-nots.aspx. (accessed May 20, 2018).

Gallup (2018) "Taxes". http://news.gallup.com/poll/1714/taxes.aspx (accessed May 21, 2018).

Gallup (2018), "Partisan Divide on Benefit of Having Rich People Expands." https://news.gallup.com/poll/235439/partisan-divide-benefit-having-rich-people-expands.aspx (accessed June 20, 2018).

Gibbons, Frederick X., Camilla Persson Benbow, Meg Gerrard. "From Top Dog to Bottom Half: Social Comparison Strategies in Response to Poor Performance." In: Journal of Personality and Social Psychology, 1994, Vol. 67, No. 4, 638-652.

Gilder, George. Wealth and Poverty. A New Edition for the Twenty-First Century. Washington DC: Regnery Publishing, 2012.

Glatzer, Wolfgang, Jens Becker, Roland Bieräugel, Geraldine Hallein-Benze, Oliver Nüchter, Alfons Schmid. Reichtum im Urteil der Bevölkerung: Legitimationsprobleme und Spannungspotentiale in Deutschland, Opladen / Farmington Hills: Verlag Barbara Budrich, 2009.

Glick, Peter. "Choice of Scapegoats." In: Dovidio, John F., Peter Glick, Laurie A. Rudman. On the Nature of Prejudice. Fifty Years after Allport. Malden MA, Oxford, Victoria: Blackwell Publishing, 2005, 244-261.

Gniechwitz, Susan. Antisemitismus im Licht der modernen Vorurteilsforschung. Kognitive Grundlagen latenter Vorurteile gegenüber Juden in Deutschland. Doctoral dissertation at the Faculty of Social and Behavioral Sciences at the Friedrich-Schiller-Universität Jena. Berlin: Wissenschaftlicher Verlag Berlin, 2006.

Gorman, Thomas J. "Cross-Class Perceptions of Social Class." In: Sociological Spectrum, 20 (2000): 93-120.

Gorman, Thomas J. Growing up Working Class. Hidden Injuries and the

Franco, Francesca M., Anne Maass. "Intentional control over prejudice: when the choice of the measure matters." In: European Journal of Social Psychology 29 (1999): 469-477.
Frank, Robert, Richistan. Eine Reise durch die Welt der Megareichen. Frankfurt, Fischer Taschenbuchverlag, 2009.
Furnham, Adrian, Michael Bond. "Hong Kong Chinese Explanations for Wealth." In: Journal of Economic Psychology 7 (1986): 447-460.
Furnham, Adrian. "Attributions for Affluence." In: Person. Individ. Diff. Vol. 4 (1983): 31-40.
Furnham, Adrian. The New Psychology of Money. London, New York: Routledge 2014.
Gaertner, Samuel, L., John F. Dovidio. "Categorization, Recategorization, and Intergroup Bias." In: Dovidio, John F., Peter Glick, Laurie A. Rudman, On the Nature of Prejudice. Fifty Years after Allport. Malden MA, Oxford, Victoria: Blackwell Publishing, 2005, 71-88.
Gallup (1998). "Have and Have-Nots: Perceptions of Fairness and Opportunity – 1998". http://news.gallup.com/poll/9877/havenots-perceptions-fairness-opportunity-1998.aspx (accessed January 8, 2018).
Gallup (2003 a), David W. Moore. "Half of Young People Expect to Strike It Rich." http://news.gallup.com/poll/7981/half-young-people-expect-strike-rich.aspx (accessed January 8, 2018).
Gallup (2003 b). Jack Ludwig. "Is America Divided Into 'Haves' and 'Have-Nots'?" http://news.gallup.com/poll/8275/america-divided-into-haves-havenots.aspx. (accessed January 8, 2018).
Gallup (2006). Jeffrey M. Jones. "Most Americans Do Not Have a Strong Desire to be Rich." http://news.gallup.com/poll/25846/most-americans-strong-desire-rich.aspx (accessed May 20, 2018).
Gallup (2015). "More Americans See Themselves as 'Haves' Than 'Have-

Verlag, 1983.
Feather, N.T. "Attitudes Towards the High Achiever: The Fall of the Tall Poppy." In: Australian Journal of Psychology, Vol. 41, No. 3 (1989): 239-267.
Fiske, Susan T., Amy J. C. Cuddy, Peter Glick, Jun Xu. "A Model of (Often Mixed) Stereotype Content: Competence and Warmth Respectively Follow From Perceived Status and Competition." In: Journal of Personality and Social Psychology, Vol. 82, No. 6 (2002), 878-902.
Fiske, Susan T. (2005) "Social Cognition and the Normality of Prejudgement." In: Dovidio, John F., Peter Glick, Laurie A. Rudman, On the Nature of Prejudice. Fifty Years after Allport. Malden MA, Oxford, Victoria: Blackwell Publishing, 2005, 36-53.
Fiske, Susan T. (2010). "Envy Up, Scorn Down: How Comparison Divides Us." Am. Psychol. 2010 November, https://www.ncbi.nlm.nih.gov/pmc/articles/PMC3825032/ (accessed 27.1.2018).
Fiske, Susan T. (2011). Envy Up, Scorn Down. How Status Divides Us. New York: Russell Sage Foundation 2011.
Fiske, Susan T., Hazel Rose Markus (eds.). Facing Social Class. How Societal Rank Influences Interaction. New York: Russell Sage Foundation, 2012.
Fiske, Susan T. (2013). "Divided by Status: Upward Envy and Downward Scorn." In: Proc Am Philos Soc. 2013 September; 157 (3): 261-268. https://www.ncbi.nlm.nih.gov/pmc/articles/PMC4479110/
Forgas, Joseph P., Susan L. Morris, Adrian Furnham. "Lay Explanations of Wealth: Attributions for Economic Success." In: Journal of Applied Social Psychology (1982): 381-397.
Foster, George M. "The Anatomy of Envy: A Study in Symbolic Behavior." In: The University of Chicago Press Journals, Vol. 13, No. 2, April 1972: 165-202.

London: Bloomsbury Paperbacks: 2016.
Dittmar, Helga. "Perceived material wealth and first impressions." In: British Journal of Social Psychology (1992), 31: 379-391.
Dovidio, John F., Peter Glick, Laurie A. Rudman. On the Nature of Prejudice. Fifty Years after Allport. Malden MA, Oxford, Victoria: Blackwell Publishing, 2005.
Dovidio, John F., Miles Hewstone, Peter Glick, Victoria M. Esses (eds.). The SAGE Handbook of Prejudice, Stereotyping and Discrimination. Los Angeles, London, New Delhi, Singapore, Washington DC: Saga Publication, 2010.
Dovidio, John F., Miles Hewstone, Peter Glick, Victoria M. Esses. "Prejudice, Stereotyping and Discrimination: Theoretical and Empirical Overview." In: Dovidio, John F., Miles Hewstone, Peter Glick, Victoria M. Esses (eds.). The SAGE Handbook of Prejudice, Stereotyping and Discrimination. Los Angeles, London, New Delhi, Singapore, Washington DC: Saga Publication, 2010, 3-28.
Drumont, Edouard, La France Juive, in: McClellan J.S. (ed.), The French Right: From de Maistre to Maurras. London: Jonathan Cape,1970.
Eagly, Alice H., Amanda B. Diekman, "What is the Problem? Prejudice as an Attitude-in-Context." In: Dovidio, John F., Peter Glick, Laurie A. Rudman. On the Nature of Prejudice. Fifty Years after Allport. Malden MA, Oxford, Victoria: Blackwell Publishing, 2005, 19-35.
Eckes, Thomas, "Messung von Stereotypen." In: Petersen, Lars-Eric, Bernd Six (eds.), Stereotype, Vorurteile und soziale Diskriminierung. Theorien, Befunde und Interventionen. Weinheim, Basel: Beltz Verlag, 2008, 97 – 110.
Estel, Bernd. Soziale Vorurteile und soziale Urteile. Kritik und wissenssoziologische Grundlegung der Vorurteilsforschung. Opladen: Westdeutscher

tent Model." In: Social Cognition, Vol. 27, No. 1 (2009): 138-149.
Corneo, Giacomo, Hans Peter Grüner. "Individual preferences for political redistribution." In: Journal of Public Economics 83 (2002): 83-107.
Courtois, Stéphane. "The Crimes of Communism." In: Courtois, Stéphane et al., The Black Book of Communism: Crimes, Terror, Repression. Harvard University Press, Cambridge, MA, 1999, 1-32.
Cuddy, Amy J. C., Peter Glick, Susan T. Fiske. "The BIAS Map: Behaviors From Intergroup Affect and Stereotypes." In: Journal of Personality and Social Psychology (2007). Vol 92, No. 4: 631-648.
Cushman, Thomas. "Intellectuals and Resentment Toward Capitalism." In: Soc no. 49 (2012): 247-255.
D'Arms, Justin, Alison Duncan Kerr. "Envy in the Philosophical Tradition." In: Smith, Richard H. (ed.). Envy. Theory and Research. Oxford, New York: Oxford University Press 2008, 39-59.
Delsol, Jean-Philippe et al. (eds.), Anti-Piketty. Capital for the 21st Century, Belknap Press, Washington 2017.
Degner, Juliana, Dirk Wentura. "Messung von Vorurteilen." In: Petersen, Lars-Eric, Bernd Six (eds.), Stereotype, Vorurteile und soziale Diskriminierung. Theorien, Befunde und Interventionen. Weinheim, Basel: Beltz Verlag 2008, 149-162.
Della Fave, L. Richard. "The Meek Shall not Inherit the Earth: Self-Evaluation and the Legitimacy of Stratification." In: American Sociological Review 1980, Vol. 45 (December): 955-971.
Dickinson, Julie, Nicholas Emler. "Developing ideas about distribution of wealth." In: Lunt, Peter, Adrian Furnham. Economic Socialization. The Economic Beliefs of Young People. Cheltenham, UK, Brookfield, US: Edward Elgar: 1996, 47-68.
Dikötter, Frank. The Cultural Revolution. A People's History 1962–1976.

Brown, Rupert, Hanna Zagefka. "Ingroup Affiliations and Prejudice." In: Dovidio, John F., Peter Glick, Laurie A. Rudman. On the Nature of Prejudice. Fifty Years after Allport. Malden MA, Oxford, Victoria: Blackwell Publishing, 2005, 54-70.
Brown, Rupert. Prejudice. Its Social Psychology. Second Edition, Chichester, West Sussex: John Wiley-Blackwell, 2010.
Bullock, Heather E., Karen Fraser Wyche, Wendy R. Williams, "Media Images of the Poor." In: Journal of Social Issues, Vol. 57, No. 2 (2001): 229-246.
Bultmann, Daniel. Kambodscha unter den Roten Khmer. Die Erschaffung des perfekten Sozialisten. Paderborn: Ferdinand Schöningh, 2017.
Christopher, Andrew N., Ryan D. Morgan, Pam Marek, Jordan D. Troisi, Jason R. Jones, David F. Reinhart. "Affluence cues and first impressions: Does it matter how the affluence was acquired?" In: Journal of Economic Psychology 26 (2005): 187-200.
Cikara, Mina, Susan T. Fiske. "Stereotypes and Schadenfreude. Affective and Physiological Markers of Pleasure at Outgroup Misfortunes." In: Social Psychological and Personality Science 3 (1), 2012: 63-71.
Cohen-Charash, Yochi, Elliott Larson. "What is the Nature of Envy?" In: Smith, Richard H., Ugo Merlone, Michelle K. Duffy (eds.). Envy at Work and in Organizations. Oxford, New York: Oxford University Press 2017, 1-38.
Colbow, Alexander J., Erin Cannella, Walter Vispoel, Carrie A. Morris, Charles Cederberg, Mandy Conrad, Alexander J. Rice, William M. Liu. "Development of the Classism Attitudinal Profile (CAP)." In: Journal of Counseling Psychology, 2016, Vol. 63, No. 5: 571-585.
Collange, Julie, Susan T. Fiske, Rasyid Sanitioso. "Maintaining a Positive Self-Image by Stereotyping Others: Self-Threat and the Stereotype Con-